타이탄의 도구들

최고의 자리에 오른 사람들의 61가지 성공 비밀

타이탄의 도구들
TOOLS OF TITANS

팀 페리스 지음 | 박선령 · 정지현 옮김

ORNADO
토 네 이 도

차례

TOOLS OF

2장

세 상에 서
가장 지혜로운
사람들의 **비밀**

TOOLS OF

3장

세 상에 서
가 장 건 강한
사람들의 **비밀**

세계 최고들이 매일 실천하는 것들

"가장자리에서는 중심에서 볼 수 없는 모든 것을 볼 수 있다.
꿈에도 생각 못한, 큰 것들을, 가장자리에 선 사람들이 맨 처음 발견한다."

_ 커트 보니것(소설가)

"탁월한 사람에게 규칙적인 습관이란, 야망의 또 다른 표현이다."

_ 위스턴 휴 오든(시인)

나는 강박적인 노트 수집가다.

더 정확히 말하자면, 18살 이후 나는 모든 것을 기록으로 남겨 왔다. 높이 2미터가 넘는 내 책장은 그 노트들로 가득 차 있다. 혹자들은 이를 두고 일개 편집광의 쓸데없는 짓으로 폄하할 수도 있겠다. 하지만 내게 이 노트들은 그렇지 않다. 그것들은 내가 깨달은 인생의 비결들을 한데 모은 것이다. 그리고 내 삶의 목표는 한 번 배워 익힌 지식과 경험을 두고두고 꺼내 쓰는 데 있다.

예를 들어 2007년 6월 5일에 찍은 내 사진을 어느 날 우연히 발견했다고 해보자. '다시 이때처럼 날렵하게 보인다면 정말 좋겠다'고 나는 생각한다. 문제없다. 책장에서 2007년에 기록한 노트들을 꺼내, 6월 5일을 전후한 8주 분량의 운동기록과 식사일지를 검토한 다음 그대로 따라한다. 그러면 얼마 후 짜잔, 보란 듯이 당시의 젊은 내 모습을 거의 그대로 재현해낼 수 있다(머리숱은 제외하고). 물론 언제나 이렇게 쉽지만은 않다. 하지만 이는 내 삶에서 꽤 자주 일어나는 일이다.

이 책《타이탄의 도구들》은 내가 기록하고 모은 노트들 가운데 단연 빛나는 보물이다. 이 노트를 삶에 남기기 위해 지난 몇 년간 '세상에서 가장 지혜롭고, 가장 부유하고, 가장 건강한 사람'이라고 평가받는 인물들을 만났다. 그리고 이 책에 그들과 벌였던 열띤 토론, 그들이 더 큰 결과를 얻기 위해 매일 실천하고 있는 것들에 대한 나의 성공적인 벤치마킹 경험, 그들의 놀라운 아이디어와 전략, 창의적인 습관, 세계 최고 수준의 성과 창출법 등등을 두루 담아낼 수 있었다. 마침내 나는 자신의 분야에서 최정상에 오른 그들을 거인이라는 뜻의 '타이탄titan'이라 부르기로 했다.

이 글을 쓰면서 나는 파리의 한 카페에 앉아 뤽상부르 공원을 내려다보고 있다. 이곳 생자크 거리는 파리에서 가장 오래된, 가장 문학적인 길이다. 불멸의 작가 빅토르 위고는 지금 내가 앉아 있는 곳에서 단 몇 블록 떨어진 곳에 살았다.《위대한 개츠비》의 스콧 피츠제럴드는 돌 던지면 닿을 거리에서 파티를 열곤 했다. 파리를 누구보다 사랑했던 헤밍웨이는 가슴에 뜨거운 문장들을 품고 와인을 찾아 밤거리를 안개처럼 흘러 다녔으리라.

　나는 평생 잊지 못할 프로젝트 하나를 마무리하기 위해 파리에 왔다. 나는 내 이름을 건 팟캐스트 방송 〈팀 페리스 쇼^{Tim Ferriss Show}〉를 통해 200명이 넘는 '타이탄'을 만났다. 2016년 말 현재, 애플 팟캐스트 비즈니스 분야 최초로 1억 회의 다운로드를 돌파한 이 방송은 청취자들의 폭발적인 사랑을 받았다. 자신의 목표와 삶의 위대한 가치를 손에 넣은 타이탄들의 모든 가르침과 경험, 깨달음을 검토하기 위해 나는 오랜 시간 동안 꼬박 이 프로젝트에 몰두했다.

　CEO, 창업가, 슈퍼 리치, 석학, 협상가, 전략가, 작가, 언론인, 군인, 스포츠 스타, 투자전문가, 전문직 종사자 등등 분야를 막론하고 자타가 공인하는 '월드 클래스'에 오른 사람들은 평범한 사람과 무엇이 다를까? 이 질문의 답을 얻기 위한 노력은 단지 그들과의 방송 인터뷰에서만 그칠 수 없었다.

　나는 그들과 함께 운동하고 함께 와인 잼을 만들었다. 뭔가 생각난 게 있으면 시도 때도 없이 그들과 문자 메시지와 이메일을 주고받았다. 저녁식사를 하다가, 늦은 밤 통화를 하다가 문득 얻어지는 놀라운 아이디어와 깨달음도 있었다. 한 발자국 물러서서 오랫동안 그들이 하는 일을 꼼꼼하게 관찰하기도 했다. 이를 통해 신문과 잡지의 커버스토리를 장식하는 화려함 뒤에 감춰진 그들의 진실한 모습에 대해 뚜렷하게 알게 되었다. 무엇보다, 그들을 알고 난 후 내 삶은 그들을 알기 전보다 훨씬 더 나아졌다.

모든 스케줄을 비워놓고 떠나온 파리에서 그들에 관한 수천 장의 노트를 추리고 또 추리는 작업을 지속했다. 모든 노트를 지배하는 최후의 노트를 만들고자 했다. 잠시 몇 분 읽는 것만으로도 유용하게 쓰일, 평생에 걸쳐 꺼내 읽는 그런 노트 말이다. 최후의 노트를 만드는 동안 여기에 담길 페이지는 물론, 최후의 노트를 위해 잘려나간 수많은 페이지들도 내게 커다란 힘과 도움을 제공했다.

누구나 그렇겠지만, 편집 작업을 하는 동안에도 인생은 계속 최선의 답을 요구하는 문제들을 제시했다. 막다른 골목을 만났을 때, 궁지에 몰렸을 때, 뭔가 절실하거나 몹시 화가 날 때, 갈등에 처했을 때, 그저 모든 게 막막할 때… 내가 한 일은 한 손에 커피 잔을 들고 타이탄들의 생생한 목소리와 경험이 담긴 페이지들을 뒤적이는 것이었다. 타이탄들을 다시 찾는 것만으로도 필요한 처방전이 불쑥불쑥 튀어나왔다.

자, 이제 그들은 당신의 가장 친한 친구가 될 것이다.

당신의 등을 두드리며 격려해줄 사람이 필요한가? 그에 적합한 인물이 이 책에 담겨 있다. 정신이 번쩍 나도록 세차게 뺨을 때려줄 사람을 원하는가? 그에 적합한 수많은 인물들이 또한 여기에 있다. 당신의 두려움과 불안에 대한 명쾌한 설명이 절실한가? 당신 삶을 빠르게 바꿔놓을 계기가 필요한가?

좋다. 이 책에서 모두 찾을 수 있을 것이다. 이 책은 당신 삶의 모든 것을 변화시켜줄 지혜로운 도구들을 갖춘 거대한 창고다. 창고에 들어서는 순간 생각도 못한 반전이 펼쳐질 것이다.

이 책에 실린 많은 것들이 내 삶에 사용되고 탐구되고 적용되었다. 그리고 내게 놀라운 성과를 선물해주었고, 오랜 시간에 걸친 결과 없던 노력과 좌절에서 나를 구원했다. 따라서 이 책에 실린 많은 것들은 당신이 가장 절박한 순간에도 즉각 효력을 발휘할 것이다.

▌무엇이 그들을 정상에 서게 했는가?

프랑스의 정치가 가스통 피에르 마르크는 말했다. "무슨 답을 하는지보다는, 무슨 질문을 하는지를 통해 사람을 판단하라."

한 가지는 분명하다. 이 책에 등장하는 세계적 클래스의 타이탄들에게는 초능력이 없었다. 대신 그들에게는 뚜렷한 '목표(계획)'가 있었다. 물론 우리에게도 목표가 있다. 다만 결정적인 차이가 하나 있다. 타이탄들이 갖고 있는 목표는 종종 일반 사람의 눈에는 정말 터무니없거나 실현 불가능한 것처럼 비친다는 것이다. 그들의 이 '말도 안 되는 목표'는 상식을 뛰어넘는 질문들로 나타나곤 한다.

예를 들어보자.

베스트셀러 《제로 투 원Zero to One》의 저자이자 '세계 최고의 부자' 순위에 늘 이름을 올리는 페이팔PayPal의 창업자 피터 틸Peter Thiel은 자기 자신에게, 그리고 다른 사람들에게 이렇게 묻는 것을 즐긴다. "만일 당신이 무엇인가에 도달하는 데 10년이 걸리는 계획을 갖고 있다면, 당신은 다음의 질문을 스스로에게 던져야 한다. '아니, 왜 이걸 6개월 안에는 해낼 수 없는 거지?'"

이 질문은 종종 이렇게 확장되기도 한다. "10년 걸릴 목표를 6개월 안에 달성하기 위해 당신은 무엇을 할 수 있는가? 그렇게 요구하며 누군가가 당신 머리에 총구를 겨누고 있다면?"

피터 틸은 진짜 당신이 10초 안에 답을 찾아내 마법처럼 10년짜리 꿈을 당장 몇 개월 안에 이뤄내기를 기대하는 걸까? 그럴 수도 있다. 이 책의 마지막 장을 덮고 나면 불가능한 얘기가 아니라는 걸 당신도 알게 될 것이다. 하지만 이 같은 질문을 끊임없이 자신에게 던져야 할 더 근본적인 이유는, 더 적극적이고 더 대담한 도전을 즐기고 더 생산적인 인물로 바뀌는 기회를 얻게 되기 때문이다. 이 책의 타이탄 들, 그리고 내가 그러했던 것처럼 말이다.

믿기지 않는다면, 이 책을 모두 읽은 후 가장 말도 안 되는 소리라고 생각되는 질문 하나를 붙들고 30분쯤 집중적으로 생각해보라. 그 의식의 흐름에 따라 떠오르는 것들을 적어보라. 분명 당신의 인생은 바뀔 것이다.

누구나 나비가 되어 날 수 있다. 단, 먼저 번데기에서 탈출할 수 있을 때만 가능하다. 여기서 번데기란 당신이 서 있는 세계의 '정상적이고 합리적인' 시스템이다. 당신에게 강요되는 사회규범들이다. 상식적이고 기본적인 프레임워크는 번데기를 안전한 은신처로 만들어줄 수는 있지만 그것을 벗어나게는 해주지 못한다. 타이탄들은 말한다. "당신이 지금껏 성공하지 못한 사람이라고 느껴진다면, 그건 당신이 상식적이고 합리적인 사람이기 때문이다."

우리는 미래를 창조할 수 없다. 그건 신의 영역이다. 대신 우리는 현실을 새롭게 조정할 수 있는 힘을 갖고 있다. 그 힘은 인공적인 제

약과 한계를 뛰어넘는 담대한 목표와 질문에서 출발한다.

물론 약간의 연습이 필요하다. 이 책이 그 필요를 충족시켜줄 것이다. 이 세상이 금광이라면 당신에겐 무엇이 필요하겠는가? 금을 캐낼 곡괭이다. 이 책에 등장하는 타이탄들이 제시한 모든 규칙과 질문은 당신에게 강력한 곡괭이를 선물할 것이다.

▌담대한 목표를 돕는 디테일들

나는 타이탄들의 자료를 정리하면서, 담대한 목표를 가진 사람일수록 '디테일detail'에 강하다는 사실을 배웠다.

체스 천재로 여덟 차례나 미국 챔피언에 올랐던 조시 웨이츠킨Josh Waitzkin은 그후 태극권에 입문해 스물한 차례나 세계 대회에서 우승을 거머쥔다. 서로 전혀 다른 분야에서 최고의 자리에 오른, 이 믿기지 않는 삶을 살아온 그는 말한다. "상상도 못할 기회는 아주 작은 곳에서 발견된다. 삶의 유일한 배움은 마이크로micro에서 매크로macro를 찾아내는 것이다."

성과를 10배 높이는 데에 늘 10배의 노력이 요구되는 것은 아니다. 타이탄들의 표현을 빌리자면, '큰 기회는 항상 작은 패키지 안에 담겨 배달되어 온다.'

당신의 삶을 극적으로 변화시키고자 100킬로미터 달리기를 할 필요도, 박사학위를 딸 필요도 없다. 자기 자신을 완전히 리셋하고 재발견하고자 몸부림칠 필요도 없다. 누군가 강력한 효과를 본 것을 자신에게 적용해 루틴을 만들고 성과로 이어질 수 있게 하는 꾸준한 노력이, 결국엔 큰 것이 되기 때문이다. 이 책을 효율적으로 읽는 방법들 중 하나는 타이탄들의 매일의 작은 습관, 태도, 명상, 주문, 보충학습 계획, 즐겨하는 질문들, 독서법 등등에 더 각별히 주목하는 것이다. 그것들이 곧 당신을 타이탄으로 만들어줄 탁월한 도구들이기 때문이다.

이 책 곳곳에 타이탄들이 심어놓은 디테일들 중 몇몇은 즉각 응용이 가능할 수 있다. 반면에 어떤 것들은 곧바로 감지하기 힘들거나 몇 주 후 샤워를 할 때 '망할, 이제야 좀 알겠네'와 같은 식의 번뜩이는 깨달음으로 당신을 도발할 것이다. 타이탄들은 조언한다. "하나의 옷을 완성하려면 수천 조각의 옷감을 들여다보는 작업을 거쳐야 한다. 아주 빠르고 흥미롭게 말이다."

당신은 이 책에서 내 기대보다 더 많은 디테일들을 발견한 후 빠르고, 흥미롭게 검토할 것이다. 그리고 당신만의 루틴과 전략을 완성하게 될 것이다. 마침내 당신이 찾아낸 그것들이 이 책에 담긴 타이탄들의 디테일들을 모두 합친 것보다 훨씬 더 훌륭해질 것이다.

▍그들에게는 어떤 공통점이 있는가?

이 책에서 내가 타이탄이라고 소개하는 인물들은 지금 이 세상에서 가장 부유하고 지혜롭고 건강한 사람들이다. 이 책을 구매한 당신은 어떻게든 하나라도 더 당신의 일과 삶에 적용할 수 있는 그들의 공통점을 찾으려 할 것이다. 그렇다, 그래야만 한다. 타이탄들에게 공통적으로 나타나는 남다른 습관들을 간략히 소개하면 다음과 같다.

- 그들 중 80퍼센트 이상이 매일 가벼운 명상을 한다.
- 45세 이상의 남성 타이탄들은 대부분 아침을 굶거나 아주 조금 먹는다.
- 많은 타이탄들이 잠자리에서 특별한 매트를 애용한다. 바로 칠리패드Chilipad다.
- 유발 하라리의 《사피엔스》, 찰스 멍거의 《불쌍한 찰리 이야기》, 로버트 치알다니의 《설득의 심리학》, 빅터 프랭클의 《죽음의 수용소에서》, 헤르만 헤세의 《싯다르타》를 다른 책들보다 훨씬 더 칭찬하고 더 많이 인용한다.
- 고도의 집중력이 요구되는 창의적인 작업 때마다 반복해서 틀어놓는 노래 한 곡, 앨범 하나를 갖고 있다.
- 거의 모든 타이탄이 오직 스스로의 힘으로 많은 고객과 클라이언트를 사로잡은 성공적인 프로젝트 완성 경험을 갖고 있다.
- 그들은 모두 '실패는 오래가지 않는다'는 확고한 믿음을 갖고 있다.
- 그들은 대부분 자신의 분명한 '약점들'을 받아들이고, 그것들을 커다란 경쟁력 있는 기회로 바꿔냈다.

물론 이러한 특징들은 이 책의 일부에 지나지 않는다. 나는 당신이 이 공통점들을 서로 연결할 수 있게 도울 것이다. 하지만 중요한 것은 당신을 가장 자극하고 고무시킬 새로운 점들을 그 연결선 바깥에서 찾아내야 한다는 것이다. 나는 당신이 오직 당신만의 까만 양을 찾아내기를 바란다.

싱크대 수리공에서 시가 10억 달러 가치의 회사를 만든 셰이 칼Shay Carl은 이렇게 말한다. "인생의 비밀은 '클리셰Cliché'라는 단어 뒤에 숨어 있다."

놀라운 변화와 혁신을 만든 셰이 칼의 이 말을 빌리면, 지극히 평범하고 오래된, 귀에 못이 박히도록 들어온 말들과 원칙 속에 당신의 까만 양이 숨어 있을지도 모른다. 이 책의 어디서든 자유롭게 빌려오고, 건너뛰고, 횡단하면서 특별한 방식으로 결합하라. 그것으로 당신만의 유일한 세계와 삶을 설계하라.

▌오직 두 가지를 기억하라

최근에 나는 루이 아라공 광장에 서 있었다. 많은 사람들이 내 곁을 스쳐 지나갔다. 어떤 이는 파리에 오겠다는 결심이 선 즉시 드골공항행 비행기에 몸을 실었을 것이다. 또 어떤 이는 그토록 열망하던 파리에 도착하기까지 몇십 년의 시간이 걸렸으리라.

당신이 전자에 속하든 후자에 속하든 간에, 나는 이 책을 통해 내가 알게 된 다음의 두 가지를 알려주고자 한다.

1. **성공은, 당신이 그걸 어떻게 정의하든 간에, 올바른 경험으로 얻어진 믿음과 습관들을 쌓아가다 보면 반드시 성취할 수 있다.** 정말 많은 사람들이 당신이 생각한 방식으로 당신보다 먼저 성공했을 것이다. 하지만 당신은 반드시 이렇게 물어야 한다. '아직 시

도되지 않은 건 뭘까? 심심한데 화성이나 점령해볼까?'

아직도 세상에는 꺼내지지 않은 많은 레시피가 존재한다. 아직 가보지 않은 곳으로 세력을 확대하라. 말도 안 되는 목표를 빠르고 흥미롭게 이뤄낸 사람들을 찾아라. 그들이 공유하고 있는 DNA로부터 뭔가를 빌려올 수 있을 것이다.

2. **당신 마음에 떠오르는 슈퍼 히어로들(기업가, 억만장자, 최고의 하이 퍼포머 등)은 모두 걸어 다니는 결점투성이들이다.** 그들은 단지 한두 개의 강점을 극대화했을 뿐이다. 인간은 불완전한 존재다. 빈틈없는 사람이 성공한다는 것은 착각이다. 이 세상에 존재하는 모든 인간은 자기 내면과 치열한 전쟁 중이다. 이 책의 타이탄들도 다를 것 없다. 우리는 모두 예외 없이 그저 허우적대며 앞으로 힘겹게 나아간다. 이는 우리 모두에게 큰 위안이 아닐 수 없다.

▌생각하고, 기다리고, 금식하라

많은 타이탄들이 추천한 헤르만 헤세의 《싯다르타》를 읽어보았는가? 이 책에는 구도자인 싯타르타와 부유한 상인의 대화가 실려 있다.

상인: "가진 게 아무것도 없다면, 어떻게 줄 수 있다는 말이오?"
싯타르타: "모든 사람이 가진 것들을 내놓습니다. 병사는 힘을, 상인
은 물건을, 교사는 가르침을, 농부는 쌀을, 어부는 물고기를."

상인: "그건 잘 알겠소. 그럼 당신은 뭘 줄 수 있다는 거요? 가진 게 아무것도 없잖소?"

싯타르타: "저는 생각하고, 기다리며, 금식할 수 있습니다. 그게 제가 가진 것들입니다."

상인: "그게 다요?"

싯타르타: "그렇습니다."

상인: "그것들이 뭔 쓸모가 있다는 거요? 금식 따위가 무슨 가치가 있다는 거요?"

싯타르타: "참으로 큰 가치가 있습니다. 만일 어떤 사람에게 먹을 것이 아무것도 없다면, 금식은 그가 할 수 있는 가장 현명한 방법입니다. 예를 들어 제가 금식을 몰랐다면, 저는 오늘날 먹고 살 일을 구하느라 전전긍긍하고 있었을 겁니다. 당신과 함께든, 혹은 다른 곳에서든. 왜냐하면 배고픔이 나를 부채질했을 것이기 때문이죠. 하지만 지금처럼, 나는 조용히 기다릴 수 있습니다. 나는 조급하지도 절박하지도 않으며, 오랜 시간 배고픔을 멀리하고, 그것을 비웃을 수도 있습니다."

나는 살아가면서 싯다르타가 찾아낸 답을 자주 떠올린다, 그리고 이를 다음과 같이 해석한다.

"나는 생각한다." → 결정을 내릴 때 좋은 원칙들을 갖는 것, 그리고 나와 다른 사람들을 위해 좋은 질문들을 갖는 것.

"나는 기다린다." → 장기적인 계획을 기획할 수 있는 것, 멀리 보고 게임을 즐기는 것, 그리고 에너지를 낭비하지 않는 것.

"나는 금식한다." → 어려움과 시련을 견딜 수 있는 것. 나 자신을 온 전히 회복해 큰 고통에도 관용과 평정을 잃지 않는 것.

이 책은 당신이 이 3가지를 모두 단련할 수 있도록 도울 것이다.

나는 이 3가지를 갖고 《타이탄의 도구들》을 만들었다. 평생에 걸쳐 내가 원했던 책이 바로 이것이었다.

내가 즐기면서 쓴 것처럼, 당신도 부디 즐기며 읽기를 바란다.

뿌라 비다![*]

팀 페리스,
프랑스 파리에서

------

* 코스타리카 말로 '인생은 즐거워!'라는 뜻.

** 이 책 《타이탄의 도구들》은 Houghton Mifflin Harcourt Publishing Company 사가 발행한 'Tools of Titans'의 한국어판이다. 원 저작권사와 지은이와의 긴밀한 협의를 거쳐 원 저작의 내용들 중 한국 독자들에게 깊은 통찰을 제공할 수 있는 내용을 엄선해 새로운 편집을 통해 출간했음을 밝힌다.

*** 이 책에 등장하는 인물들의 영문 이름 옆에, 트위터와 인스타그램을 운영하고 있는 인물들은 그 계정을 함께 병기했으니 참고하기 바란다.

1장

세상에서 가장 성공한 사람들의 비밀

"아침에 일찍 일어나는 게 중요한 게 아니다.
아침을 얼마나 일관적으로 시작하느냐가 중요하다."
_B. J. 노박 **B. J. Novak**

"운이 좋았을 수도 있지만, 우연히 생긴 일은 아니다."
_크리스 사카 **Chris Sacca**

"아무도 모르는 걸 나만 아는 것이 독창성이 아니다.
독창성은 아주 소수의 사람만이 아는 것을 아는 것이다."
_마크 앤드리슨 **Marc Andreessen**

TOOLS OF
TITANS

01
승리하는 아침을 만드는 5가지 의식

수백 명의 타이탄을 만날 때마다 나는 물었다. "당신들은 아침에 일어나면 뭘 합니까?"

그들은 하루를 시작하는 매력적인 방법들을 알려주었다. 그들이 아침에 하는 일은 5가지로 압축될 수 있는데, 내 경험에 비춰보건대 이 가운데 3가지만 해내도 훨씬 충만한 삶을 살 수 있게 된다.

타이탄들은 하루의 첫 60분이 얼마나 중요한지 목소리 높여 강조한다. 이 시간이 그후의 12시간 이상을 결정한다는 것이다. 5가지 모두가 사소한 것처럼 느껴질 수도 있다. 하지만 작은 디테일이 우리의 삶에 강력한 영향력을 끼친다는 사실을 기억해야 한다.

1. 잠자리를 정리하라(3분)

2011년 토론토에서 열린 한 지식포럼 행사에서 단다파니Dandapani라는 이름의 영성 높은 승려를 만난 적 있다. 당시 나는 매우 힘든 날들을 보내고 있었다. 모든 에너지가 백만 개의 방향으로 1밀리미터씩 흘러나가는 듯한 기분이었다. 그런 내게 그는 말했다. "삶의 기초가 흔들린다고 생각될 때는 우선 잠자리부터 정리해보세요."

웃기는 얘기였다. 하지만 오사마 빈 라덴 체포작전을 성공적으로 진두지휘한 해군 제독 윌리엄 맥레이븐William McRaven의 말을 듣고 나니 그냥 코웃음칠 일이 아니었다. 그는 텍사스 대학교 졸업식에서 이렇게 연설했다.

"매일 아침 잠자리를 정돈한다는 건 그날의 첫 번째 과업을 달성했다는 뜻입니다. 작지만 뭔가 해냈다는 성취감이 자존감으로 이어집니다. 그리고 또 다른 일을 해내야겠다는 용기로 발전합니다. 하루를 마무리할 무렵이 되면 아침에 끝마친 간단한 일 하나가 수많은 과업 완료로 바뀌게 됩니다. 그렇게 살아가면서 우리는 깨닫게 됩니다. 인생에서는 이런 사소한 일들이 얼마나 중요한지를."

타이탄들의 잠자리 정돈 방식은 호텔 수준의 정리와는 거리가 멀다. 목표는 그저 시각적인 깔끔함이다. 그래서 흐트러진 시트를 일일이 정리하지는 않는다. 커다란 담요나 이불로 시트 전체를 덮고 주름을 펴준다. 그런 다음 베개를 담요 아래나 위에 가지런히 놓으면 끝이다.

이게 전부다. 정말 간단하지 않은가? 당신이 집에서 일하는 프리랜서나 재택근무자라면, 특히 침실이나 침실과 가까운 장소에서 일을 한다면 이런 정리 작업의 효과는 배가 된다. 3분이면 마음을 산만하게 만드는 주변의 어질러짐을 해결할 수 있다. 해마다 수백만 달러의 수익을 올리는 최고의 온라인 마케터 노아 케이건Noah Kagan은 호텔에 묵을 때조차 손수 침대를 '정리'한다. 그는 강조한다. "3분 내에 잠자리를 정리하라. 그 이상의 시간을 쏟으면 며칠 하다가 포기하게 된다."

인생은 예측 불가능하다. 살다 보면 생각도 못한 문제들이 일어난다. 나는 타이탄들의 잠자리 정리법을 벤치마킹하면서 삶의 높은 파도를 헤쳐 나가는 데 도움이 되는 방법 두 가지를 발견했다. 둘 다 아침에 하는 일이다.

첫째, 마르쿠스 아우렐리우스의 《명상록》 같은 스토아 철학서를 몇 페이지 읽는다.

둘째, 내가 직접 통제할 수 있는 일들을 찾아서 한다.

무슨 얘기냐고? 자세히 살펴보자.

나는 냉장고 문에 다음과 같은 아우렐리우스의 명언들을 붙여두곤 한다(《명상록》을 읽다가 밑줄 친 문장들을 그때그때 처한 상황에 맞게 교체해가며 붙여둔다).

"아침에 일어나면 자신에게 이렇게 말하라. 오늘 내가 만날 사람들은 내 일에 간섭할 것이고, 고마워할 줄 모를 것이며, 거만하고, 정직하지 않고, 질투심 많고, 무례할 것이다. 하지만 그들 중 누구도 나를 해칠 수 없다."

그리고 '내가 직접 통제할 수 있는 일들'의 대표적인 것이 바로 잠자리 정리다. 아무리 형편없는 하루를 보냈더라도, 아무리 슬픈 일이 벌어지더라도 잠자리 정리는 할 수 있다. 그리고 그 일을 하고 나면 비참한 날에도 손톱으로 절벽 끄트머리를 잡고 매달린 덕에 간신히 추락하는 건 면했다는 기분을 느끼게 된다(최소한 나는 그렇다).

내 힘으로 제어할 수 있는 일이 적어도 한 가지는 있다는 사실은 삶에 생각보다 큰 위안과 도움을 준다. 하루 일과가 끝났을 때 당신이 마지막으로 하는 일은 '자신이 뭔가를 이뤄놓은 곳으로 돌아오는 것'이다. 돌아왔을 때 깔끔하게 정돈된 침대를 보면 마음이 평온해지면서 자존감도 높아진다. 재차 강조하지만 잠자리 정리가 아침에 할 수 있는 일들 중 으뜸이다.

2. 명상하라(10~20분)

서문에서 밝혔듯이 타이탄들 중 80퍼센트 이상이 매일 아침 어떤 식으로든 '마음 챙김' 수련을 한다. 명상을 삶의 중요한 연습으로 받아들이는 그들은 고대 그리스 시인 아르킬로코스의 명언을 마음에 품고 산다. "우리는 기대하는 수준까지 올라가는 게 아니라, 훈련한 수준까지 떨어진다."

타이탄들이 명상을 하는 이유는 명확하다. 현재 상황을 직시하고, 사소한 일에 예민하게 반응하지 않고, 침착한 태도를 유지하는 데 도움이 되기 때문이다.

보디빌딩 챔피언이자 배우인 아널드 슈워제네거Arnold Schwarzeneger, 발표하는 앨범마다 빌보드 차트를 석권하는 글리치몹 밴드의 저스틴 보레타Justin Boreta, 미국 최고의 운동선수이자 법학박사인 아멜리아 분Amelia Boone, 수백만 독자를 거느린 작가 마리아 포포바Maria Popova

등등 세계적인 수준에 오른 타이탄들의 가장 일관된 패턴을 꼽으라면 단연 '명상'이었다. 그들은 이렇게 말했다. "명상은 인간의 모든 능력을 향상시키는 '원천 기술'이다."

막 깨어난 아침은 하루 전체를 놓고 볼 때 집중력이나 긴장감이 크게 요구되지 않는 시간이다. 10~20분쯤 소파에 앉아 정신을 한 곳으로 모으는 연습으로 하루를 시작한다. 그러면 고도의 집중력이 요구되는 시간(협상, 프레젠테이션, 애인과의 대화(?), 전신근육 강화에 중요한 운동인 데드리프트, 스타크래프트 게임 등)에 훨씬 뛰어난 능력을 발휘할 수 있다.

타이탄들은 이렇게 설명했다. "명상을 할 때는, 스트레스는 덜 받으면서 결과는 더 좋게 나와야 한다. '아, 그때 이렇게 말했어야 했는데…' 등과 같은 생각이 계속 되풀이되는 걸 피해야 한다. 명상은 정신을 위한 따뜻한 목욕이다."

어쩌면 당신은 이미 최고의 집중력을 소유한 인물일 수도 있겠다. 하지만 그 능력을 완전히 발휘하려면 하루에 몇 분씩은 의식적으로 기분을 가라앉힐 필요가 있다. 명상을 하면 한 걸음 뒤로 물러난 '목격자의 관점'을 얻게 된다. 생각에 사로잡혀 휘둘리는 대신 일정한 거리 뒤에서 나 자신을 관찰할 수 있다. 빠르게 돌아가는 세탁기에서 빠져나와 그 안을 들여다볼 수 있는 것이다.

우리는 깨어 있는 시간 동안 머리 위로 총알이 쌩쌩 날아다니는 최전선 참호 속에 웅크리고 있는 듯한 기분을 매일 느낀다. 10~20분 정도의 꾸준한 명상을 통해 우리는 참호를 나와 언덕 꼭대기에 서서 전장 전체를 내려다보는 지휘관이 될 수 있다.

타이탄들은 강조했다. "자기 삶의 지휘관이 되는 건 중요한 일이다. 전체 지도를 살펴보면서 수준 높은 의사결정을 내릴 수 있기 때문이다. 목표 달성을 위한 절차와 순서, 필요한 자원, 무시해도 될 조건 등을 결정하는 일은 결코 쉽지 않다. 하지만 명상은 이를 가능하게 해준다. 극단적으로 말해, 때론 심호흡 하나가 인생을 바꿔놓는다."

나에게 맞는 명상법을 찾아라

선택 가능한 명상법은 많다. 당연한 말이지만 자신에게 잘 맞는 것을 찾아야 한다. 지금부터 나 자신과 이 책에서 소개하는 타이탄들, 그리고 수만 명의 내 독자들과 팟캐스트 청취자들이 성공적으로 활용한 명상법들을 소개해보자.

1. **헤드스페이스**Headspace**나 캄**Calm **등의 앱**app**을 이용한다.** 헤드스페이스가 무료 배포하는 '테이크10Take10'은 열흘 동안 하루 10분씩 명상법을 안내해준다. 명성 높은 저널리스트인 〈비즈니스 인사이더Business Insider〉의 리치 펠로니Rich Feloni는 헤드스페이스 앱이 어떻게 자신의 삶을 바꿔놓았는지를 장편소설 분량의 기록으로 남겼다. 최고의 운동력을 자랑하는 아멜리아 분은 그때그때 상황에 맞춰 헤드스페이스와 캄을 번갈아 사용한다. 나 또한 이 두 앱의 애용자다. 특히 캄은 긴장된 신경을 풀어주는 자연의 소리를 배경음으로 깔아줘서 좋다.

2. **유도 명상**guided meditation**에 귀 기울이는 것도 좋은 방법이다.** 유도 명상은 혼자서 하는 게 아니라, 누군가의 안내를 받는 방법이다. 유튜브Youtube에는 많은 지혜로운 사람들의 유도 명상법이 올라와 있다. 그 가운데 나에게 맞는 것을 찾으면 된다. 타이탄들은 세계적인 석학이자 신경과학자인 샘 해리스Sam Harris, 그리고 미국을 대표하는 심리학자이자 불교명상가인 타라 브랙Tara Brach의 유도 명상을 적극 추천한다. 작가 마리아 포포바는 매일 아침 타라 브랙의 '미소 유도 명상Smile Guided Meditation'을 경청한다. 당신이 전혀 영어를 하지 못한다고 해도 실망할 것 없다. 유튜브를 찾으면 당신의 언어를 사용하는 지혜로운 사람의 유도 명상 프로그램이 분명 올라와 있을 것이다. 사실 명상에는 언어가 큰 장애가 되지 않는다.

3. **만트라를 읊조리는 초월 명상**transcendental meditation**도 추천한다.** 산스크리트어로 만트라(mantra, 진리의 말)는 타인에게 은혜와 축복을 주고, 자신의 몸을 보호하고, 깨달음의 지혜를 획득하기 위한 주문이다. 아침에 일어나자마자 10~20분 정도 짧은 한두 마디를 눈을 감고 조용히 되뇌이면 된다. 거창할 것 없다. '나는 할 수 있다.' '내 안의 두려움의 용과 싸우자' 등과 같은 말도 좋은 만트라가 될 수 있다. 나는 '자연스럽게natural'라는 단어를 즐겨 외우곤 한다. 초월 명상은 움직이는 모든 표적과 갑자기 튀어나오는 상상의 적에 구애됨 없이 중요한 몇 가지 일에 집중할 수

있도록 도와준다. 전설적인 록그룹 비틀즈의 조지 해리슨도 생전에 초월 명상에 심취했으며, 세계 최고의 방송 진행자 오프라 윈프리 또한 초월 명상의 열렬한 지지자다. 만트라 중심의 명상을 할 때는 몸이 편안해지는 것을 목표로 삼도록 하자. 책상다리 자세를 취하거나 요가를 하듯이 몸을 뒤틀 필요는 없다. 의자에 똑바로 앉아서 발을 바닥에 대고, 손은 허벅지나 무릎 위에 올리고, 의자 등받이에 등을 기대는 게 기본자세다.

목표는 생각의 관찰이다

명상이 효과를 발휘하려면 한번 시작했을 때 최소한 7일은 지속해야 한다. 그보다 짧게 해서는 효과가 없다. 의사가 항생제를 일주일치 처방해주었는데 사흘만 약을 먹었다면, 염증이 완치되지 않아 결국 원점으로 돌아갈 확률이 높다.

그렇다고 처음부터 너무 야심차게 한 달, 두 달, 1년씩 하루도 빠짐없이 명상을 하겠노라 결심하지는 말자. 하루 10분, 7일이면 충분하다. 하루에 30분이나 60분씩 명상하겠다는 생각도 과욕이다. 타이탄들은 이렇게 말했다. "무슨 일을 하든 간에, 목표는 낮게 잡아라. 그리고 자신이 반드시 이길 수 있도록 게임의 규칙을 조작하라."

한 번은 달라이 라마에게 어떤 훈련이나 연습이, 삶에 뚜렷한 변화를 일으키는 데에는 얼마나 시간이 걸릴지 질문한 적 있다. 그의 답은 간단명료했다. "50시간 정도다."

세상에 50시간이라니. 생각보다 정말 짧지 않은가? 명상에 관한 최근 연구들에 따르면 '앉아 있는' 시간이 단 100분만 누적돼도 개인적으로 상당한 변화를 이루는 데 충분한 것으로 드러났다.

아널드 슈워제네거는 흥미로운 얘기를 내게 들려주었다. "나는 1년만 부지런히 명상 수행을 하라고 권하고 싶다. 그러면 다시는 명상을 하지 않더라도 평생 동안 효과를 누릴 수 있다."

연습과 훈련의 효과가 나타나는 건 언제나 '최후의 순간'이다. 나는 20분 동안 명상을 할 때 15분은 마음속 흙탕물을 가라앉히는 데 쓴다. 따라서 명상을 통해 얻고자 했던 평화와 조화, 충만함은 마지막 5분에 나타난다. 15분을 노력해 5분을 얻었다는 건 명상에서 꽤 성공적인 결과다. 하지만 명상을 할 때마다 이런 결과를 얻는 건 아니다.

20분 중 19분 30초 동안 해야 할 일의 목록이나 예전에 벌였던 언쟁, 어젯밤에 보았던 에로틱한 영화에 대해 생각할 때도 많다. 이런 결과는 명상에서 F학점일까? 그렇지 않다. 명상의 핵심은 정신을 집중하는 데 있지 않다. '정신이 방황하고 있다'는 걸 알아차리는 데 있다. 정신이 흩어지고 있다는 걸 알아챈 후 단 1초만이라도 다시 만트라(혹은 뭐가 됐든)에 주의를 집중하면 그건 '성공적인' 명상이라고 할 수 있다.

유도 명상의 전문가 타라 브랙은 이렇게 설명했다. "명상이 필요한 이유는 간단하다. 지금껏 우리는 관심을 이곳저곳으로 흩어지게 하는 근육을 주로 단련해왔기 때문이다. 명상의 99퍼센트가 딴생각으로 이루어지는 건 자연스러운 일이다. 중요한 건 나머지 1퍼센트다."

다시 강조하지만 하루 10분, 7일 동안 당신이 이길 수 있도록 게임의 규칙을 조작하라. '마음을 차분하게 가라앉히는' 게 목표가 아니다. 그러면 주의가 산만한 뇌가 화를 낼 것이다. 목표는 '자신의 생각을 관찰하는 것'이다.

많은 타이탄들과 내가 꾸준한 명상을 통해 얻은 보상은 날마다 일을 30~50퍼센트 더 하면서도 스트레스는 절반으로 줄어든 것이다. 아침에 일어나 자리에 가만히 앉아 10~20분 정도 짧은 주문을 외운 결과 치곤 엄청난 횡재가 아닐 수 없다. 아침에 준비운동 삼아 '집중'으로 돌아가는 연습을 했기 때문에, 업무시간 중에 정신이 산만해지거나 방해를 받더라도 예전보다 훨씬 빨리 원래 업무로 돌아갈 수 있었다.

에이브러햄 링컨은 말했다. "나무를 베는 데 6시간을 준다면, 4시간은 도끼날을 가는 데 쓸 것이다."

무딘 도끼로 나무 밑동을 찍어대는 건 제대로 인생을 살아가는 방법이 아니다. 7일 동안 명상 훈련을 하면서 정신을 날카롭게 벼려보자.

컬럼비아레코드의 CEO이자 MTV 선정 '역대 최고의 음악 프로듀서 20인' 중 한 명인 릭 루빈Rick Rubin과 전 세계에서 상업적으로 가장 큰 성공을 거둔 사진작가 체이스 자비스Chase Jarvis는 내게 이런 조언을 남겼다. "얻어야 할 것에 집중하지 마라. 버려야 할 것이 무엇인지에 집중하라. 그것이 명상이다."

3. 한 동작을 5~10회 반복하라(1분)

〈뉴욕 타임스〉 베스트셀러 《익스트림 오너십Extreme Ownership》의 저자이자 미 해군 특수부대 네이비실Navy SEAL 팀의 최우수 지휘관으로 이라크 전쟁에서 가장 많은 훈장을 받은 조코 윌링크Jocko Willink. 세상에서 가장 무시무시하고 용감한 사람들 중 한 명인 그는 매일 늦어도 새벽 4시 35분에는 일어난다. 그는 말한다. "적보다 먼저 일어났다는 심리적 승리감이 좋기 때문이다."

그는 경쟁자들이 일어나기 전에 훈련을 한다. 거창한 것이 아니라 가벼운 스트레칭을 1분 이내로 한다. 타인보다 먼저 깨어 있다는 사실, 타인보다 먼저 뭔가를 했다는 사실이 그의 삶에 끼치는 긍정적 영향력은 강력하다.

나 또한 그와 몇 차례 만난 뒤 이 방법을 쓰기 시작했다. 이 시간에 하는 5~10회의 동작 반복은 운동이 아니다. '상태 준비'와 잠을 깨기 위한 것이다. 단 30초만이라도 몸을 움직여서 잠을 깨우면 기분에 극적인 영향을 미치고 산란했던 정신도 가라앉는다.

내가 선호하는 동작은 '팔굽혀 펴기'다. 이걸 하면 잠들었던 신경계가 멋지게 깨어난다. 그런 다음에는 세계적인 동기부여가이자 밀리언셀러 《네 안에 잠든 거인을 깨워라》의 작가 토니 로빈스Tony Robbins처럼 30~60초 동안 찬물로 샤워를 하곤 한다.

4. 차를 마셔라(2~3분)

타이탄들은 아침에 차를 마신다.

아침에 마시는 차는 인지능력 개선과 지방 분해에 탁월한 효과가 있기 때문이다. 그 덕분에 나 또한 차를 즐기게 됐다. 당신에게 추천하고 싶은 차는 '숙성시킨 보이차', '용정차(또는 다른 종류의 녹차)'다. 보이차와 용정차(녹차)의 찻잎을 섞어 유리 찻주전자에 넣어 우려낸다. 여기에 얇게 저민 강황과 생강 조각을 곁들여도 좋다. 섞은 찻잎에 뜨거운 물을 붓고 1~2분 정도 우려내면 되는데, 다도茶道 전문가들은 격하게 항의하면서 이렇게 말하기도 한다.

"이건 말도 안 돼, 페리스 씨. 공부 좀 더 하셔야겠어요. 보이차와 용정차는 각각 우려내는 온도가 달라요. 그리고 처음에는 15초만 우려야 하고요!"

맞는 말이다. 하지만 정신이 혼미한 아침시간에는 격식을 따질 여유가 없다. 목표는 간단히 마시는 것이다. 보이차와 용정차의 복잡 미묘한 매력은 느긋한 주말에 탐구하자. 물 온도는 섭씨 85도 정도가 딱 좋다.

이렇게 만든 차와 찬 물 한 컵을 준비해 편안한 식탁 앞에 앉아 '아침 일기'를 펼친다.

5. 아침 일기를 써라(5~10분)

차를 마시며 아침에 일기를 쓴다? 머리를 절레절레 흔드는 당신의 모습이 보인다. 누누이 말하지만 거창한 게 아니다. 차 한 잔 마시는 시간이면 충분하다. 타이탄들은 이렇게 말했다. "밤에만 일기를 쓰면 '오늘은 정말 스트레스 많았고 짜증나는 하루였어'로 채워질 가능성이 높다. 일기는 피곤한 하루의 마무리가 아니라 활기찬 하루의 시작을 위해 쓸 때 가장 효과적이다. 시작이 활기차면 하루가 몰라보게 달라진다. 밤의 일기 내용도 확 달라진다. 그런 하루가 모여 성공하는 삶이 된다."

나는 타이탄들의 조언을 얻어 '5분 저널5-minute journal'이라는 일기장을 사용한다. 5분 저널은 우선순위를 정하고 감사를 표하는 데 효과적이다.

5분 저널 자체는 매우 단순하지만 다양한 용도로 사용할 수 있다. 아침에 5분 동안 몇 가지 질문에 대한 답을 적고, 저녁에도 5분 동안 똑같이 한다. 각각의 질문에는 3가지의 답을 적는다.

아침에 대답해야 하는 내용:

내가 감사하게 여기는 것들

① _____ ② _____ ③ _____

오늘을 기분 좋게 만드는 것은?

① _____ ② _____ ③ _____

오늘의 다짐

① _____ ② _____ ③ _____

밤에 써야 하는 내용:

오늘 있었던 굉장한 일 3가지

① _____ ② _____ ③ _____

오늘을 어떻게 더 좋은 날로 만들었나?

① _____ ② _____ ③ _____

굵은 글씨로 표시한 부분이 나에게 가장 중요한 부분이다. 내 인생은 늘 체크리스트와 실행의 연속이었다. 나는 일을 계속 밀고 나가는 데만 집착하기 쉬운 성격이다. 그러다보니 밤이나 낮이나 계속 '미래'에만 집중한다. 미래에만 매달리는 사람의 가장 친한 친구는 '불안'이다. 내일에 대한 불안이 커질 때는 2~3분만이라도 지금 이 순간에 감사하는 마음을 갖는 게 가장 좋은 처방전이다. 타이탄들은 이렇게 말했다. "추구하는 것에만 집착하면 현재 갖고 있는 걸 잃는다. 반대로 현재 갖고 있는 것에 감사하면 마침내 추구하는 것을 얻게 된다. 5분 저널은 우리에게 이 진리를 일깨워주는 탁월한 도구다."

'내가 감사하게 여기는 것들'에 대한 답을 적을 때는, 4가지 범주로 나누어 생각해보는 걸 추천한다. 그렇지 않으면 자동 모드가 되어 매일 똑같은 답만 적게 될 것이다('건강한 가족들', '사랑하는 개' 등). 이런 반복적인 답은 아침 일기를 쓰는 목적에 어긋난다. 다음과 같은 4가지 범주에서 당신이 감사하게 여기는 것들을 생각해보라. 나는 매일 아침 5분 저널을 작성할 때마다 스스로에게 이 질문을 던지면서, 떠오른 것들 중 가장 마음에 드는 3가지를 고른다.

1. 내게 정말 많은 도움을 주었거나, 내가 매우 높이 평가하는 오랜 지인들.
2. 오늘 내게 주어진 기회. 부모님께 전화를 걸 기회일 수도 있고, 원하는 회사에 면접을 보러가는 기회일 수도 있다. 아주 특별한 기회일 필요는 없다.
3. 어제 있었던 근사한 일. 당신이 직접 경험했거나 목격 또는 발견한 것.
4. 가까이에 있거나 눈에 보이는 단순한 것들. 이는 토니 로빈스가 적극 추천하는 방법이다. 단순하면서도 구체적인 대상으로 눈을 돌려보라. 창밖으로 흘러가는 양털구름, 감싸 쥔 찻잔, 사각사각 쓰고 있는 펜, 잔잔한 음악 소리…. 무엇이든 문득 새롭게 느껴지는 것들이면 다 괜찮다.

밤에 집에 돌아와 작성하는 '오늘의 굉장한 일들'은 최소 한 달에 한 번씩 다시 살펴보기를 권한다. 그러면 그것이 정말 재미있고 유익한 심리 치유의 역할을 하고 있음을 깨닫게 된다. 5분 저널 한 권을 작성하는 작은 노력이 당신 삶의 얼마나 큰 활력소가 되는지를 알고 나면, 당신은 결코 그 노트 작성을 포기하지 않게 될 것이다.

이상 세계 최고 수준의 성과를 올리는 사람들이 매일 아침에 하는 5가지에 대해 살펴보았다. 어떤가? 너무 길다고 생각되는가? 그럴 수도 있지만 이 5가지를 모두 하는 데 걸리는 시간은 40분이 채 되지 않는다. 더 기쁜 소식은 타이탄들 또한 이 5가지를 모두 하는 날이 1년 중 30퍼센트가 되지 않는다는 것이다. 다만 중요한 사실은, 타이탄들은 모두 최소한 매일 한 가지 이상은 해치운다는 것이다. 그리고 만일 3가지 이상을 해낸다면 그날 하루가 성공적으로 지나갈 가능성이 엄청나게 커진다는 것이다.

02
남들보다 뛰어난 감각을 동원하라

에드 캣멀Ed Catmull, @edcatmull은 스티브 잡스, 존 래시터John Lasseter와 함께 픽사Pixar 애니메이션 스튜디오를 만든 인물이다. 현재 그는 픽사와 월트 디즈니 애니메이션 스튜디오의 사장직을 맡고 있다. 5개의 아카데미상을 받았고 컴퓨터 그래픽의 중요한 발전에 많은 기여를 했다. 페이스북의 마크 주커버그가 극찬한 그의 책《창의성을 지휘하라》는 글로벌 CEO들과 언론으로부터 '역대 최고의 비즈니스서'로 평가받고 있다. 에드 캣멀은 독창적이고 창의적인 것들은 어떻게 탄생하는지를 가장 잘 설명해줄 수 있는, 와튼스쿨의 애덤 그랜트Adam Grant의 표현을 빌리자면, 최고의 '오리지널original'이다.

첫 번째 버전은 언제나 실패작이다
공전의 히트작 〈토이스토리 2〉를 제작할 때도, 〈라따뚜이〉를 만들 때도 에드 캣멀과 픽사는 '처음부터' 완전히 다시 시작해야 했다. 에드는 이렇게 말했다. "흔히들 최종 완성된 작품은 '초안草案'을 잘 다듬어 내놓는 것이라고 생각한다. 나도 그렇게 생각했다. 이는 완전한 착각이었다. 물론 모든 작품은 초안에서 출발한다. 하지만 많은 사람들의 사랑을 받은 작품의 면면을 살펴보면, 모두가 처음의 초안과는 전혀 상관없는 결과물이었다. 마침내 나와 픽사의 직원들은 깨달았다. 첫 번째 버전은 언제나 실패작이라는 것을."

에드의 말은 울림이 크다. 작품의 완성도를 높이려면, 작품의 창의성을 극대화하려면 언제나 그 밑바탕이 되어준 아이디어, 시놉시스, 밑그림 스케치를 완전히 뛰어넘어 전혀 다른 것을 만들어야 한다. 처음에는 아주 신선했던 아이디어도 그 전개과정에선 식상해질 수 있다. 바로 그 순간 우리는 그 아이디어를 수정 · 보완 · 개선하는 데 힘을 쏟기보다는 아이디어 자체를 지워버리고 다시 처음으로 돌아가야 한다. 물론 이때의 처음은 아이디어가 막 탄생했던 때의 처음과는 다르다. 에드는 다시 이렇게 말했다. "아이디어와 창의성의 진보는 백지 위에 처음 밑그림을 그리는 순간과, 그렸던 밑그림을 지우고 그 위에 다시 그리는 순간 사이에 존재한다."

그러니까 성공적인 작품을 만들려면 초안을 그리고, 그걸 지우고, 다시 그리는 걸 반복하면서 결국 아무것도 그려지지 않은 채 완성되는 것이다. '진부해지지 않으려면 그려지지 않아야 한다.'

놀라운 얘기다. 오랫동안 곱씹어보라. 분명 큰 것을 얻게 될 것이다.

읽지 못한다면 귀를 기울여라

인간의 뇌는 각각 다른 방식으로 작동한다. 어떤 사람은 유난히 어려운 책을 잘 읽고, 어떤 사람은 숨어 있는 걸 곧잘 발견한다. 어떤 사람은 다른 사람보다 훨씬 잘 듣고, 어떤 사람은 결정적일 때 설득력 있는 말을 잘한다. 따라서 우리는 어떤 사물과 대상을 바라볼 때 가장 잘 활용할 수 있는 감각을 선택하는 습관을 들여야 한다.

에드는 다음과 같이 말했다. "나는 시를 읽지 못한다. 시를 읽으면 몇 초도 안 돼 뇌 작동이 멈춘다. 언젠가 호머의《일리아드》를 읽기 위해 끙끙대다가 결국 포기했는데, 그 작품이 운문시韻文詩로 이루어져 있었기 때문이다. 그러던 어느 날 저녁식사 자리에서 한 여성이 '그럼 읽지 말고 들어 보세요'라고 권했다. 그래서 오디오북 버전을 구입해 들어봤는데, 놀라우리만치 귀에 쏙쏙 들어왔다.《일리아드》가 그렇게 아름다운 작품인 줄 미처 몰랐다."

그는 독창적이고 창의적인 인물이 되는 선결 조건으로 '해석력'을 들었다. 우리가 완전히 새로운 것을 만들어낼 기회는 거의 없다. 따라서 기존의 것들을 독창적이고 창의적으로 해석하는 게 크리에이티브의 본질일지도 모른다. 간단히 말해 '창의력은 창의적 해석력이다.' '독창성은 독창적인 해석력이다.'

내가 남들보다 더 잘 해석할 수 있는 감각을 선택하는 일이 중요한 이유가 여기에 있다. 내 분야가 아니라서, 내 취향이 아니라서, 내 능력이 부족해서, 나와 거리가 멀어서… 등과 같은 이유들이 당신을 진부한 사람으로 만든다. 한두 개의 강점을 극대화하면 모두가 타이탄이 될 수 있다는 서문의 메시지를 떠올려야 하는 순간이다.

고등학생 시절 에드는 애니메이터가 되고 싶었고 미술에도 뛰어났다. 하지만 막상 대학에 진학할 무렵에 이르러 곰곰이 생각해보니, 디즈니의 애니메이터가 되기엔 자신의 실력이 턱없이 부족하다는 걸 깨달았다. 그래서 그는 물리학으로 전향했다. 물리학과 애니메이션

이 서로 전혀 어울리지 않는다고 생각하는 사람들이 많았지만 에드는 결국 세계 최고의 애니메이터로 돌아왔다. 그는 자신의 성공비결에 대해 이렇게 말했다. "지금도 정말 많은 사람들이 그 두 가지가 서로 완전히 다르다고 생각한다. 이는 예술에 대해 갖고 있는 근본적인 오해에서 비롯된 것이다. 그들은 예술이란 그림을 잘 그리는 법, 그리고 탁월한 자신만의 표현법을 배우는 것이라고 생각한다. 하지만 창의적인 예술가들이 하는 일은 끊임없이 '보는 법'을 배우고 훈련하는 것뿐이다."

03
인생을 걸어볼 목표를 찾아라

페이팔의 창업자이자 페이스북Facebook을 비롯한 100개 이상의 기업을 발굴, 투자해 억만장자가 된 피터 틸Peter Thiel, @peterthiel을 소개해보자.

2016년 12월 현재 그의 트위터에 올라온 트윗은 한 개뿐인데 팔로어 수는 15만 명을 웃돈다. 젊은 창업가들의 바이블로 꼽히는《제로 투 원》의 작가이기도 한 그는 전 세계 젊은 비즈니스맨들 사이에서 큰 존경을 받고 있는 인물이다. 나 또한 그의 가르침 덕분에 내 인생에서 가장 훌륭한 투자 결정(우버Uber와 알리바바Alibaba 등)을 내릴 수 있었다.

그는 이렇게 말했다. "특히 젊은 독자들은 목표가 생겼다면 기다릴 필요 없다는 것을 알아야 한다. 인생을 걸고 뭔가를 해보겠다는 목표가 있다면, 그걸 이루기 위해 10년 계획을 세워두고 있다면, 즉각 스스로에게 다음의 질문을 던져야 한다. '왜 6개월 안에 그 일을 시작하지 못하는가?' 물론 진짜 10년이 걸릴 수도 있다. 하지만 대부분 이 같은 목표는 '지금 당장 무모하게 시작해서는 절대 안 되지. 10년이나 걸릴 거창한 거니까 진지하고 신중하게 시작해야 해'라는 변명에 다름 아니다. 즉각 시작하지 못하는 자기 합리화에 목표가 쓰이면,

어떤 삶도 가망이 없다. 목표가 머릿속에만 존재하는 시나리오라면, 죽을 때까지 절대 시작하지 못한다."

실패란, 완전히 실패하는 것이다

우리는 안다. 당장 시작하지 못하는 가장 큰 이유는 게으름 때문이 아니라 '두려움' 때문이라는 것을. 실패하면 인생을 망칠 수도 있다는 불안이 우리의 발목을 붙잡는다. 피터 틸을 비롯한 혁신적인 창업가들은 다음의 굳은 확신을 갖고 있다. "실패는 오래 가지 않는다."

무슨 뜻일까? 대부분의 사람들은 한 가지 이상의 이유 때문에 실패를 겪는다. 실패하는 이유가 총 10가지라면, 그중 어느 한 가지가 결정적으로 작용해 실패하는 게 아니다. 1번부터 10번까지의 이유 '전부' 때문에 실패한다. 돈이 없었기 때문이 아니다. 시간이 없었기 때문이 아니다. 동업자를 잘못 만났기 때문이 아니다. 돈도 없고 시간도 없고 파트너도 잘못 만났기 때문에 실패한 것이다. 이는 매우 중요하다. 어떤 일을 그르쳤을 때, 그 실패를 안겨준 결정적 원인 한 가지를 찾는 데 집착하면, 다음번에도, 그 다음번에도 그 한 가지 때문에 실패한다. 마치 도박장에서 '그때 운만 좀 따랐더라면…' 하며 계속 돈을 잃는 것과 같다. 주식 투자에서 '그 뉴스가 그때 나오지만 않았더라면…' 하며 계속 잃는 기업에 베팅을 하는 것과 같다.

결정적인 한 가지에 집착하지 마라. 타이탄들의 말을 빌리자면 "실패란, '완전히' 실패하는 것"이다. 존재하는 모든 이유 때문에 실패했다는 사실을 깨닫고 났을 때, 비로소 우리는 실패에서 배울 수 있게 된다. 완전한 실패만이 계속되는 실패를 멈출 수 있다. 남김없이 완전하게 실패했기에 백지 위에서, 처음부터 다시 시작할 수 있게 이끈다. 그래서 '실패는 오래 가지 않는다.'

대체 불가능한 사명을 찾아라

실패는 짧아야 하고 성공은 길어야 한다. 지속 가능한 성공을 위해선 사람들의 관심이 현재 어디에 있는지, 앞으로 어디로 이동할 것인지를 먼저 파악해야 한다고 우리는 생각한다. 그래서 나는 피터 틸에게 "미래를 결정지을 수 있는 가장 중요한 트렌드는 무엇인가?"라고 물었다. 그의 답은 뜻밖이었다. "트렌드는 중요하지 않다. 미래의 삶에 가장 중요한 역할을 하는 건 '사명감'이다."

일단 어떤 트렌드가 생겨나면 곧장 엄청난 사람들이 몰려든다. 그리고 많은 사람들이 어떤 한 가지 일에 매달리면 경쟁은 치열해지는 반면 차별화는 약해진다. 따라서 1등을 차지하지 못하면 트렌드는 의미가 없다. 망한다는 건 '특정 트렌드의 n번째 순위'를 기록하면서 사라진다는 뜻이다. 트렌드를 탐색하는 시간을 대신해 우리는 '사명'을 찾아야 한다. 사명이란, 다른 사람들이 해결하지 못한 문제를 찾아내는 것이다. 다른 사람들은 엄두도 내지 못하는 문제를 해결하는 노력이다.

테슬라모터스의 CEO 엘론 머스크Elon Musk가 '스페이스XSpaceX' 프로젝트를 시작했을 때 그 누구도 이 프로젝트가 21세기의 가장 중요한 사업이 될 것으로는 짐작조차 못했다. '지구의 대안을 찾아 화성에 가겠다'는 생각은 웃음거리에 지나지 않았다. 하지만 엘론 머스크에게 이 생각은 가장 소중한 사명이었다. 현재 스페이스X 프로젝트는 대체 불가능한 사업이다. 스페이스X 말고는 누구도 해결할 수 없는 문제다. 거기에서 일하는 사람들은 모두 그런 사실을 알고 있고, 그것이 엄청난 동기로 작용한다. 그가 성공한다면 엄청난 수익을 거둘 것이다. 설령 실패한다 해도, 많은 사람들이 다시 '언제나 새로운 것을 가장 빨리 찾아내는' 그에게 베팅할 것이다. 그래서 실패는 오래 가지 않을 것이다. 엘론 머스크는 이렇게 말했다. "인생을 걸 만한 계획이나 목표가 있다면, 가장 먼저 해야 할 일은 타인이 절대 대체할 수 없는 나만의 사명을 찾는 것이다. 찾다가, 찾다가, 오죽했으면 화성에 갈 생각을 했겠는가? 이건 아무도 못할 일이라고 생각했더니 웃음이 사라지고 진지해지기 시작했다."

피터 틸도 맞장구를 친다. "다음에 등장할 빌 게이츠는 운영체제를 개발하지 않을 것이다. 다음에 등장할 래리 페이지나 세르게이 브린은 검색 엔진을 만들지 않을 것이다. 그리고 다음에 등장할 마크 주커버그는 소셜 네트워크를 창조하지 않을 것이다. 당신이 그들을 멋지게 모방했다는 건 그들에게서 아무것도 배우지 못했다는 뜻이다."

답이 아니라 질문을 찾아라

피터는 강의실에 앉아 있는 대신 새로운 걸 만들고자 노력하는 청년들에게 10만 달러를 지급하는 장학금 제도를 운영하고 있다. 그는 재능 있는 사람들이 모두 똑같은 명문대에 진학해 몇 개 안 되는 똑같은 과목을 공부하고, 결국 몇 개의 똑같은 직업을 선택하는 사회는 비전이 없다고 강조한다. 그 또한 스탠퍼드 대학에서 법학을 공부하던 시절, 이 같은 잘못된 길과 답에 열중했었다고 회상한다. 그는 끝없는 경쟁에 내몰리는 젊은이들을 위해 이렇게 조언했다. "어디서 어떻게 누구와 경쟁할 것인지를 고민하지 마라. 그 대신 '더 큰 성공을 위해 경쟁심을 버리려면 어떻게 해야 할까?'를 자신에게 질문하라."

승부욕(경쟁심)이 강한 체스 선수가 있다고 해보자. 그의 뜨거운 승부욕은 마침내 그를 체스 대회 우승자로 만들 수 있을 것이다. 하지만 체스 외의 다른 능력을 성장시키는 데 그 승부욕은 별 도움이 되지 않는다. 오직 체스 경기에서 승리하는 데만 몰두시키기 때문이다. 경쟁심은 한 분야의 성장을 돕는 데는 유용하다. 하지만 바야흐로 세상은 한 분야에서만 특출한 인재를 원하지 않는다. 피터 틸은 덧붙인다. "큰 성공을 거둔 사람들을 보라. 그들은 창업가이자 투자자이자 작가이자 크리에이터이자 아티스트다. 한 우물을 판 사람이 아니라는 뜻이다. 경쟁심을 버려야 한다. 대부분의 사람들이 경쟁에서 승리하는 것이 성공이라고 합의한 것을 깨라. 성공은 아주 극소수의 사람들만 동의할 것 같은 진실을 손에 넣는 것이다."

나아가 그는 자신의 일과 사업, 아이디어를 시작하고자 하는 사람들이 스스로에게 던져야 할 두 개의 질문을 제시한다.

첫째, '내가 매일 떠올리는 문제들 중 아직 아무도 해결하지 못한 것은 무엇인가?'

둘째, '아직 아무도 세우지 않은 멋진 회사에 대한 아이디어는 무

엇인가?'

나는 그의 이 지혜로운 질문들을 빌려 내 자신에게 질문을 던진다. '다른 사람들은 미쳤다고 생각하지만 나는 사실이라고 믿는 게 있다면 무엇인가?'

피터는 특히 열정을 가진 젊은 창업가들이 가장 먼저 다음 3가지 질문에서 답을 찾아야 한다고 강조한다.

> **독점 문제** : 소규모 시장에서 큰 폭의 점유율을 차지하며 시작하는가?'
>
> **비밀 문제** : 다른 사람들은 미처 알아차리지 못한 독특한 기회를 발견했는가?
>
> **유통 문제** : 제품을 만드는 데서 끝나는 게 아니라 고객들에게 전달할 수 있는 방법도 있는가?

인생을 걸어볼 만한 것이 있는가? 그렇다면 답이 아니라 질문을 찾아야 한다. 그래야 극소수의 사람들만 동의할 것 같은 독특한 아이디어와 기회와 방법을 얻을 수 있다. 그곳에서 시작할 때 우리는 아무도 생각지 못한 결과를 이끌어낸다.

04
폭발적인 아이디어는 어떻게 탄생하는가

아이디어는 왜 필요한가? 아이디어가 없으면 타인의 아이디어가 내 아이디어가 되기 때문이다. 타인의 사명이 내 사명이 되고 말기 때문이다. 아침 9시가 되면 기다렸다는 듯 전화벨이 울어대고 수많은 사람들이 수화기를 붙잡고 소리를 질러가며 분주하게 뭔가를 한다. 내 아이디어가 없으면 그 수많은 사람들 중 한 명이 되고 만다. 늘 벌어지는 풍경인 만큼 문제될 것은 없다. 하지만 당신이 원하는 변화는 기대하지 않아야 한다.

《린치핀》《종족들Tribes》《보랏빛 소가 온다》 등을 비롯한 18권의 베스트셀러를 쓴 작가 세스 고딘Seth Godin, @thisissethsblog만큼 우리에게 '아이디어'에 대해 잘 알려줄 인물도 없다. 그의 책들은 35개가 넘는 언어로 번역되었고 그의 아이디어가 전파되는 방식과 리마커블한 마케팅 전략에 관한 글들은 수백만 비즈니스맨들을 사로잡았다. 그는 요요다인과 스퀴두 등 여러 회사를 설립했고 그가 운영하는 블로그(구글에서 '세스Seth'라고 입력하면 찾을 수 있다)는 전 세계에서 가장 인기 있는 블로그 중 하나다. 2013년 그는 '다이렉트 마케팅 명예의 전당Direct Marketing Hall of Fame'에 입성했다. 최근에는 킥스타터(Kickstarter, 미국의 크라우드 펀딩 서비스 – 옮긴이)를 통해 4권의 책을 연달아 출간함으로써 출판업계를 깜짝 놀라게 했다. 책 출간을 위한 모금 캠페인은 단 3시간 만에 목표액에 도달함으로써 킥스타터 역사상 가장 성공적인 출판 프로젝트로 기록되었다.

10개를 떠올리기 힘들다면 20개를 떠올려라

세스는 이렇게 말했다. "좋은 아이디어를 떠올리지 못해 힘겨워하는 사람들은 사실 신통찮은 아이디어도 별로 떠올리지 못한다. 반면에 좋은 아이디어가 많은 사람들은, 황당하고 터무니없는 아이디어를 그보다 몇 배는 더 많이 갖고 있다. 황당한 아이디어를 끊임없이 내놓다 보면 좋은 아이디어도 몇 개쯤은 반짝 나타나는 법이다."

20개가 넘는 회사를 설립해 그중 17개는 실패했지만 남은 3개가 성공한 덕분에 수천만 달러를 벌어들인 제임스 알투처James Altucher, @jaltucher 또한 세스 고딘의 의견에 동의한다. 그는 미국에서 가장 명성 높은 헤지펀드 매니저이자 기업가, 베스트셀러 작가다. 나는 그보다 더 빠르게 거대하고 열성적인 팬덤을 구축한 인물을 본 적이 없다.

제임스는 매일 아침 메모장이나 작은 노트에 아이디어 10가지를 적는 습관을 들이라고 강력하게 권한다. 이 연습은 '아이디어 근육'을 발달시키고 필요한 상황에서 창의력을 발휘할 수 있는 자신감을 키워준다. 아이디어의 주제는 무엇이든 상관없다. 중요한 건 꾸준한 연습이다. 그는 이렇게 말했다. "아이디어 10개가 떠오르지 않으면 20개를 생각해내면 된다. 우리는 스스로에게 완벽한 아이디어를 꺼내라고 심한 압박을 가한다. 완벽주의는 아이디어 근육의 '적'이다.

우리의 뇌는 우리를 보호하기 위해 당황스럽거나 바보 같거나 고통을 줄 것 같은 아이디어가 떠오르는 걸 막으려고 한다. 이런 방어기제를 차단하는 방법은 뇌가 터무니없는 아이디어를 떠올리도록 강제하는 것이다."

우리에게 필요한 건 완벽한 아이디어가 아니라 좋은 아이디어라는 사실을 잊지 말자. 무엇이든 떠올려 아이디어 풀ᵖᵒᵒˡ을 풍성하게 채울수록 좋은 아이디어의 탄생 가능성이 높아진다.

예를 들어 당신에게 책을 쓰기 위한 꽤 좋은 아이디어가 5개 있다고 해보자. 그런데 이제 더 이상 아이디어가 떠오르지 않는다. 이때 터무니없는 생각들이 위력을 발휘한다.

막힌 아이디어의 출구를 찾을 때 제임스와 세스가 즐겨 쓰는 방법이 있다. 우연히 책상 위에 놓인 책《도로시와 오즈의 마법사》를 들추면서 '도로시와 월스트리트의 마법사'라는 이야기를 생각해내는 것이다.

캔자스 주에 사는 도로시가 어느 날 태풍에 휘말려 월스트리트 한복판에 떨어진다. 고향집으로 돌아가려면 월스트리트의 마법사(이를테면 골드만삭스의 CEO 로이드 블랭크파인 같은)를 찾아가야 한다. 그런데 우여곡절 끝에 찾아간 마법사는 도로시에게 '초단타 펀드 매니저'로 일해 볼 것을 제안한다….

이 얼마나 황당한 이야기인가. 하지만 이 어이없는 스토리가 도로시라는 널리 알려진 동화 속 캐릭터를 더 현대적이고, 더 매력적이고, 더 입체적인 새로운 인물로 만드는 데 도움이 될 수도 있다. 아니,

분명 도움이 된다. 이 책의 많은 타이탄들이 실제로 이 같은 방법을 크리에이티브한 아이디어를 짜는 데 활용하고 있다.

아이디어가 막혔을 때는 주변의 책장을 둘러보라. 많은 사람들의 사랑을 받은 책도 있고, 많은 사람에게 읽히지 않아 안타까운 책도 있을 것이다. 당신을 매료시킨 홍보 카피가 박힌 책도 있고, 진부한 제목 때문에 실패한 책도 있을 것이다. 그것들을 서로 결합해 재미있는, 황당한, 누구도 들어보지 못했을 법한 이야기를 짜봐라.

첫 걸음을 뗄 수 있어야 진짜 아이디어다

제임스를 비롯한 타이탄들의 아이디어 노트는 대부분 두 개의 단으로 나뉘어 있다. 한쪽 단에는 아이디어 목록을 기록한다. 다른 쪽 단에는 각각의 아이디어를 끌어가는 '첫 번째 단계'를 적어놓는다. 이 첫 번째 단계의 기록이 중요하다. 첫 걸음을 떼는 순간 아이디어가 당신을 어디로 이끌어줄지 몹시 흥미로워지기 때문이다.

파격적인 아이디어로 늘 사람들의 관심을 받는 버진그룹의 CEO 리처드 브랜슨Richard Branson을 예로 들어보자.

이제 막 자신의 사업을 한창 시작하던 무렵의 어느 날, 그는 자신이 즐겨 이용하는 항공사의 서비스가 그날따라 영 마음에 들지 않았다. 그래서였을까, 문득 아이디어 하나가 떠올랐다. 그는 노트 한쪽 단에 이렇게 적어 넣었다. "항공사를 만든다."

그러고 나자 피식 웃음이 났다. 아직 돈도 없고, 아무런 사전 지식도 없는 일개 잡지 발행인이 어떻게 항공사를 만들 수 있단 말인가?

그렇게 웃다가 그는 잠시 숨을 고르고는 노트의 다른 쪽 단에 이렇게 적어 넣었다. '보잉사를 찾아간다. 내가 임대할 수 있는 비행기가 있는지 알아본다.'

와우. 리처드는 진짜 보잉사를 찾아갔고 항공기 두 대를 임대하는 거래를 성사시켰다. 그리고 이것이 곧 보통사람은 꿈도 꾸지 못했을 버진항공의 첫 걸음이었다.

제임스는 이렇게 말했다. "첫 걸음을 떼는 게 너무 힘들게 느껴지는 아이디어는 버려라. 그건 갖고 있을수록 계속 머릿속만 복잡해진다. 아이디어는 무조건 많아야 하고, 아이디어의 실행 플랜은 무조건 간단해야 한다. 좋은 아이디어를 떠올린다는 것은 모두 '연습'일 뿐이다. 많은 걸 떠올리고 많은 걸 버려라. 폐기하라. 안 되는 걸 끌어안고 평생을 쓰는 사람이 얼마나 많은지 알면 깜짝 놀랄 것이다."

몇 년 전 나는 〈와이어드Wired〉에서 주최한 컨퍼런스에 참석한 적이 있다. 그 자리엔 내로라하는 독창적 사상가와 인물들이 모여들었는데, 그들 중 플라톤Platon이라는 사진작가의 강연이 가장 인상 깊었다. 그는 이렇게 말했다. "당신이 할 수 있는 가장 정신 나간 일의 목록을 만들어라. 사람들은 당신의 진지하고 뛰어난 생각보다 당신의 그 미친 생각을 더 좋아할 가능성이 크다."

나는 목록을 만들었다. '내 돈을 모두 기부한다.' '전 세계 서점에 진열된 내 책을 모두 사들인다.' '6개월 동안 인터넷 접속을 완전히 끊는다.' 그러다가 점점 황당하고 터무니없는 아이디어의 영역으로 빠져 들어갔다. '내 양발을 절단한다(헉, 뭐라고?)'에까지 이르렀지만 목록은 점점 불어났다. 그 중에는 '창업한 회사를 떠나 무기한 방학 갖기'도 포함되었다. CEO인 내가 무기한 방학? 그러면 100퍼센트 회사는 망할 터였다. 하지만 이것은 마침내 최근 5년 사이에 내가 생각해낸 가장 중요한 아이디어 가운데 하나가 되었다.

타이탄들이 추천하는 '매일 10개 아이디어 만들기' 연습

세스와 제임스를 비롯한 타이탄들은 강조했다. "당신이 떠올릴 수 있는 근사한 사업 아이디어는 1년에 몇 개 안 될 것이다. 중요한 건 재미다. 돈이 될 만한 게 아니라 흥미를 자극할 만한 아이디어를 최대한 작성해야 한다."

이 책의 타이탄들이 추천하는 아이디어 작성 목록은 다음과 같다.

- 내가 새롭게 만들 수 있는 낡은 아이디어 10가지
- 내가 직접 발명할 수 있는 우스꽝스러운 물건 10가지(인공지능 변기 같은)
- 내가 쓸 수 있는 10권의 책
- 구글, 아마존, 트위터 등을 이용한 사업 아이디어 10가지
- 내가 아이디어를 보낼 수 있는 사람 10명
- 내가 촬영할 수 있는 팟캐스트나 동영상 아이디어 10가지
- 중간 상인을 없앨 수 있는 업계 10곳
- 다른 사람들은 종교처럼 떠받들지만 나는 동의하지 않는 10가지 물건(브랜드)이나 가치(대학 진학, 내 집 마련, 메이저리그, 스마트

폰 등)

- 내가 예전에 쓴 짧은 메모나 게시물을 이용해 돈을 벌 수 있는 10가지 방법
- 친구가 되고 싶은 전혀 모르는 사람 10명(그런 다음 그들과 연락하는 첫 번째 단계가 무엇일지 모색한다)
- 어제 배운 것 10가지
- 오늘 평소와 다르게 할 수 있는 일 10가지
- 시간을 절약할 수 있는 10가지 방법

전혀 다른 이야기를 찾아내라

결국 모든 아이디어는 '이야기'를 위해 존재한다. 큰 성공을 거둔 인물들의 공통점 중 하나는 많은 사람들을 사로잡는 매력적인 이야기를 가졌다는 것이다. 아이디어는 이야기의 입구와도 같다. 세스 고딘은 이렇게 말했다. "우리는 잠잘 곳도, 먹을 것도 풍족한 곳에 사는데 자꾸만 잘못된 것들을 떠올리는 악순환에 빠지곤 한다. 얼마나 많이 거절당했는지, 일이 제대로 풀리지 않은 경우가 얼마나 많았는지를 시도 때도 없이 떠올린다. 누군가의 마음을 상하게 하거나 배신하거나 실망시켰던 일들 또한 기회만 되면 떠올린다. 대체 왜 그래야 할까? 왜 그것들을 기억해야 할까? 그런 기억들이 우리를 더 나은 사람으로 만들어줄까? 그럴 리 없다. 그럼에도 우리는 이 악순환에 매달려 있다. 매력적인 생각이 떠오를 시간이 없다."

세스에 따르면, 좋은 아이디어를 생각해낼 수 있는 마인드와 환경

을 갖기 위해선 먼저 일이 굉장히 잘 풀린 경우를 떠올려야 한다. 위험을 감수하고 모험을 감행했던 가슴 벅찬 시간을 떠올려야 한다. 누군가의 하루를 환하게 밝혀줄 수 있었던 뿌듯한 순간을 떠올려야 한다. 그렇게 한 순간, 우리는 우리 스스로를 세상에 영향을 미칠 수 있는 사람으로 재정립할 수 있게 된다. 그리고 마침내 내게 어울리는 이야기를 풀어낼 아이디어를 떠올리게 된다. 그리고 그 아이디어로 이야기를 만들어 세상을 사로잡게 된다. 세스는 다시 이렇게 덧붙였다. "당신의 머리와 가슴 속에 있는 이야기가, 당신의 삶에 울림을 주지 못하면 즉시 사용을 멈춰라."

이 책에 등장하는 많은 크리에이티브 디렉터들과 창의적인 아티스트들 또한 세스에게 동의하며 말했다. "아이디어는 당신에게 주어지는 게 아니다. 당신이 직접 선택하는 것이다. 자신의 내면을 깊게 파고들어가 아직 하지 못한, 차마 하지 못했던, 전혀 다른 이야기를 찾아내라. 그러면 당신은 게임의 판도를 바꿔놓을 수 있다."

아이디어에 굶주린 곳으로 가라

엄마와 아이들 사이에서 선풍적인 인기를 모은 바 있는 디자이너 린 고든Lynn Gordon은 이렇게 말했다. "아이디어를 갖고 성공적인 사업을 하고 싶다면 답은 하나다. 아이디어가 넘치는 곳이 아니라 아이디어에 굶주린 곳으로 가라."

린 고든은 여러 해 동안 장난감과 영유아를 위한 물건들을 디자인하는 사업을 운영해왔다. 그런데 그녀의 사업은 늘 난관에 부딪쳤다.

미국의 장난감 회사들이 좀처럼 그녀를 사업 파트너로 인정하려 하지 않았던 것이다. 무리도 아니다. 대형 장난감 회사들에게는 린 고든이 제안하는 것 말고도 엄청난 아이디어들이 이미 한가득 쌓여 있기 때문이다.

린은 친분이 두터운 세스 고딘에게 이런 고민을 털어놓았다. 그러자 세스는 그녀를 설득하기 시작했다. "린, 나랑 같이 책 사업이나 하는 게 어때? 출판업계는 제대로 보수도 못 받는데도 정말 똑똑한 사람들이 매일같이 자기 책상 위에서 다음 아이디어를 발견하기를 기다리고 있다고. 아마도 그들은 네가 팔려는 걸 사고 싶어 혈안이 될 걸?"

세스의 조언이 있고 난 두 달 후 린은 어린이들의 창의적 활동을 돕는 〈52® 활동 카드^{52® activity decks}〉 시리즈를 만들어냈다. 그리고 그녀는 출판사를 통해 전 세계적으로 500만 세트 이상의 카드를 팔아치웠다.

최초의 10명에게 보내라

앞에서 타이탄들이 추천한 '아이디어 작성 목록'을 살펴보면 유난히 눈에 띄는 리스트가 하나 있다. '내가 아이디어를 보낼 수 있는 사람 10명'이다. 이는 무슨 뜻일까? 세스가 명쾌한 답을 제시한다. "사람들에게 보여주고픈 아이디어가 생겼다면 10명에게 말하고, 보여주고, 공유하라는 것이다. 이때 그 10명은 이미 당신을 신뢰하고 좋아하는 사람들이어야 한다. 만일 그들이 자기가 보고 들은 걸 다른 사람에게 말하지 않는다면, 그건 당신의 아이디어가 별로 마음에 들지 않았다는 얘기다. 그러면 처음부터 다시 시작해야 한다. 그들이 다른 사람에게 소문을 내기 시작한다면, 이제 당신의 아이디어는 궤도에 올랐다고 봐도 된다."

엄청난 것을 만들려면 아주 작게 시작하라

아이디어를 떠올릴 때도 우리는 작게 시작해야 한다. 매 순간 '내가 남길 수 있는 가장 작은 족적은 뭘까?', '내가 시간을 들일 가치가 있는 가장 소소한 프로젝트는?', '내가 영향을 미칠 수 있는 가장 소규모 집단은 어디에 있을까?' 등을 자문해볼 것을 타이탄들은 권한다. 가장 작은 것은 달성하기가 쉽기 때문이다. 세스는 마지막으로 이렇게 조언했다. "우리는 가능하다면 큰 걸 고르고 싶어 한다. 큰 것 속에는 숨을 곳이 많기 때문이다. 성공하고 싶다면 절대로 숨어 있지 마라. 사람들이 당신을 찾을 수 있는 장소에 항상 있어라. 그곳에서 구명정이 몇 척 없는 사람들과 항해를 시작하라."

05
원하는 곳에서 원하는 방식으로 하라

구글의 임원을 지냈던 크리스 사카Chris Sacca, @sacca는 2015년 〈포브스Forbes〉의 커버 스토리를 장식했다. 그 이유는 '로어케이스 아이 오브 로어케이스 캐피탈Lowercase I of Lowercase Capital' 때문이다. 그가 운영하는 이 당황스러울 정도로 이름이 긴 회사는 역사상 가장 큰 성공을 거둔 벤처 금융으로 손꼽힌다. 크리스는 또한 트위터, 우버, 인스타그램, 킥스타터를 비롯한 수십 개 기업에 초기 투자자로 상상을 초월하는 부를 축적했다.

원치 않는 곳에 있지 마라

사람들은 크리스를 '실리콘밸리의 전설적 투자자'로 꼽는다. 그런데 특이한 사실이 하나 있다. 그는 실리콘밸리가 있는 샌프란시스코에 살지 않는다는 것이다. 그는 트러키Truckee라는 시골 마을에 있는 통나무집에서 산다. 첨단 기술과 투자와는 전혀 거리가 먼 스키와 하이킹을 즐기기에 맞춤한 곳에 전설적 투자자가 살고 있다는 건 어떤 의미일까?

그는 이렇게 말했다. "공격적인 삶을 살고 싶었다. 끊임없이 커피를 들이키며 하루를 보내는 대신 좀 더 삶의 본질적 가치에 집중할 시간을 갖고 싶었다. 내가 배우고 싶은 걸 배우고, 만들고 싶은 걸 만들고, 진심으로 성장시키고 싶은 관계에 투자하고 싶었다."

돈을 많이 벌어 아름다운 휴양지에 으리으리한 별장을 마련하는 벼락부자와 그는 아무 상관이 없다. 그가 이 통나무집으로 온 것은 아직 투자 게임에서 돈을 벌지 못했던 젊은 시절의 일이다. 모두가 실리콘밸리로 모여들 때 그는 가까스로 돈을 빌려 이곳으로 온 것이다. 크리스는 지금껏 자신의 삶에서 이 통나무집을 산 것을 최고의 투자로 꼽는다. "돈을 벌려면 '내가 지금 어디에 있는지'를 아는 게 무척이나 중요하다. 내가 원하는 곳에 있어야 내가 원하는 방식으로 돈을 벌 수 있다. 원하는 방식으로 돈을 벌지 않으면, 돈을 벌어도 행복해지지 않는다."

높은 연봉을 받을 수 있었지만 그는 대도시, 고층빌딩 숲, 전화벨, 서류 더미, 회의에서의 탈출을 선택했다. 매달 꼬박꼬박 대출을 갚아야 하는 신세였지만 원하지 않는 모임에 출석해야 한다는 압박감에서 벗어났다. 참석하고 싶지 않은 조찬 모임이나 즉흥적으로 밤늦게까지 벌어지는 술자리에서 풀려났다. 그 대신 그의 시골집은 점점 입소문이 나면서 젊고 유망한 창업가들의 창조적 아이디어 구상을 돕는 아지트가 되었다. 그들은 작은 욕조와 좁은 침대이긴 하지만 창밖으로는 아름다운 풍경이 펼쳐지는 크리스의 오두막에서 뜻을 같이하는 사람들과 인생의 중요한 가치들에 대해 마음껏 대화하고 머리를 식히고 마음을 힐링했다. 그것은 친밀한 우정과 돈독한 신뢰, 연대감, 공감, 크리에이티브한 협업의 밑바탕이 되어주었고, 결국 돈을 벌어다주었다. 우버와 트위터, 인스타그램과 킥스타터는 그렇게 탄생했고, 그의 시골집엔 이제 창업가들은 물론 늘 영감을 필요로 하는 작가들과 아티스트들의 분주한 발걸음이 이어지고 있다.

크리스는 이렇게 말했다. "인생에는 두 가지 패턴이 존재한다. 공격적인 삶과 수비적인 삶이다. 돈을 잃고 싶지 않다면 수비적인 삶을, 돈을 벌고 싶다면 공격적인 삶을 살아야 한다. 수비적인 삶은 내 삶을 타인에게 맡기는 것이다. 공격적인 삶이란 내가 내 삶의 조건들을 주도해나가는 삶이다. 이 둘 중 어느 것을 선택해도 좋다. 단, 돈을 벌고 싶다면 공격적인 삶을 살아야 한다. 승부를 결정하는 골은 대부분 공격수들이 넣기 때문이다."

크리스는 '오늘의 할 일 목록'을 대신해 '오직 나만의 할 일 목록'을 만들 것을 주문했다. 아침마다 타인에게 받은 메일함을 뒤지는 건 수비적인 삶이다. 메일함을 빠져나와 나만의 할 일 목록으로 삶의 중심을 옮기는 것, 그것이 성공의 첫 걸음이다. 크리스는 미소를 지으며 이렇게 덧붙였다. "돈을 벌려면 투자를 해야 하고, 모든 투자는 '사람'에게 하는 것이다. 누구에게 투자해야 할지 모르겠다면, 주위를 둘러보라. 출퇴근에 두세 시간씩 걸리는 먼 곳에 살면서도 표정이 밝은 사람이 있다면, 그가 바로 당신이 찾고 있던 사람이다."

수준 높은 모임에 최대한 참석하라

돈을 벌려면 최대한 많이 배우고, 최고의 능력을 키워야 한다. 이를 위해 먼저 원치 않는 모임들을 지우는 데 성공했다면, 이제 자신이 진짜 참석해야 할 모임을 찾아야 한다. 크리스는 이렇게 조언했다. "초대받지 않았지만 내가 가고 싶은 모임엔 최대한 참석해서 어떻게 하면 그 자리에 있는 사람들에게 도움이 될지 방법을 찾아야 한다. 당신이 왜 그 자리에 있는지 다른 사람들이 의아해하면, 그냥 모르는 척 메모를 시작한다. 그 모임과 관련해 찾을 수 있는 모든 내용을 다 읽고, 자신의 제한적인 직무 안에서는 얻을 수 없는 전반적인 지식을 얻어내야 한다. 이를 통해 스스로를 유용하고 도움이 되는 존재로 만들어야 한다. 그러면 소문이 난다. 반드시 시도해보기를 권한다."

크리스는 구글에서 일할 때 불쑥불쑥 자신과 상관없는 회의에 얼굴을 내비치는 걸로 유명했다. 처음에는 사람들이 '그가 왜 이 자리에 왔지?' 하며 서로의 얼굴을 쳐다보곤 했지만, 그를 쫓아내지는 않았다. 생각해보라, 당신이 참석한 회의나 모임에 전혀 상관없는 사람이 와서 관심을 표하며 메모를 한다면, 기분 나쁘겠는가? 그렇지 않을 것이다. 타인의 관심을 받는다는 건 본질적으로 유쾌한 일이기 때문이다. 점점 사내에서 유명해진 크리스는 마침내 구글의 최고위 임원들이 앉는 맨 앞줄에서까지 자리를 얻어낼 수 있었고, 회의가 끝나면 참석자들은 그의 객관적인 의견과 피드백을 듣기 위해 그의 앞으로 오기 시작했다. 이것이 곧 상대와 내가 함께 성장하는 최고의 '윈윈win-win' 학습전략임을 크리스는 거듭 강조한다. "성공하려면 다른 사람에 대해 정말 잘 알고 있어야 한다. 그들의 눈에 비친 세상이 어떤 것인지에 대한 지식이 반드시 필요하다. 건축가나 변호사, 직장인, 학생과 부모에 대해 아는 게 별로 없으면, 어떻게 그들을 위해 뭔가를 만들 수 있겠는가?"

크리스의 신조는 '좋은 이야기는 언제나 뛰어난 스프레드시트를 이긴다'다. "당신이 돈을 마련하거나, 고객들에게 제품을 홍보하거나, 회사를 팔거나, 직원을 채용하는 등 그 어떤 일을 할 때도 절대 잊지 말아야 할 것은 아무리 회계가 어떻고 MBA가 어떻고 하는 소리를 늘어놔도, 우리는 결국 여전히 감정에 좌우되는 인간이라는 사실이다. 우리는 숫자가 아니라 늘 어떤 서사와 연결되고 싶어 한다. 우리는 방정식 때문에 행동에 나서지 않는다. 우리는 자신의 신념을 지키며 감정을 자극하는 리더들의 뒤를 따른다. 그러므로 당신이 당신의 일과 사업을 할 때 자꾸만 숫자에 깊이 몰입하는 모습을 보인다면, 그건 사람들이 아직 당신에게 진지한 관심을 기울일 만한 이유를 찾는 데 어려움을 겪고 있다는 뜻이다."

독특하고 별나게 살아가라

크리스는 미네소타 대학교 졸업식에서 연설한 적이 있다. 그 감동적이었던 연설의 한 부분을 인용하며 크리스와의 만남을 마무리해보자.

"생각해보십시오. 여러분의 오랜 친구들이 여러분을 좋아한 이유를요. 아마도 그들은 여러분이 뭔가 독특한 부분이 있어서 좋아했을 겁니다. 유난히 개구쟁이였거나 뭔가를 유독 잘 만들었거나, 노래를 간드러지게 불렀거나 달리기를 잘했거나, 아니면 유난히 말수가 적고 조용했다거나… 앞으로 수십 년 동안, 친구들이 좋아했던 당신만의 독특함과 유별남을 당당하게 드러내며 살아가세요. 당신의 독특함과 유별남이 새로운 사람을 만나게 해주고, 당신을 돋보이게 해주고, 취업과 사업에 도움을 줄 것입니다. 커다란 스트레스와 압박을 받는다는 이유로 당신의 독특함과 유별남을 꼭꼭 가면 뒤에 숨겨 놓지 마십시오. 그러면 타인과 똑같은 얼굴로 살게 됩니다. 유별나게 살다 보면, 독특하게 살다 보면 최고의 행복을 발견하게 될지도 모릅니다."

06
레드 팀을 이끌어라

마크 앤드리슨Marc Andreessen, @pmarca은 URL, HTTP, 초기 HTML 표준을 만든 팀 버너스리Tim Berners-Lee 같은 선구자들과 함께 현대 인터넷의 창시자로 꼽힌다. 그가 제품을 만들어 내놓을 때마다 세상은 바뀌었다. 첨단 디지털 시대를 이끈 그보다 더 매력적인 아이콘을 찾아내기란 쉽지 않다. 그는 엄청난 영향력을 발휘한 모자이크Mosaic 브라우저를 개발했고 넷스케이프Netscape를 공동 설립했다. 넷스케이프는 훗날 42억 달러에 AOL에 매각됐다. 그 뒤 마크는 라우드클라우드Loudcloud라는 회사를 만들어 이를 옵스웨어Opsware라는 이름으로 휴렛패커드에 16억 달러를 받고 팔았다. 그는 10억 명 이상의 사람들이 사용하는 소프트웨어를 만들고 수십억 달러 규모의 기업을 다수 설립한 아주 드문 인물들 중 하나가 되었다. 현재는 앤드리슨 호로위츠Andreessen Horowitz라는 벤처캐피탈 회사의 공동설립자 겸 무한책임 사원으로 일하면서 지구상에서 가장 영향력 있고 지배적인 기술투자자로 평가받고 있다.

가격을 올려라
나는 그에게 "샌프란시스코 한복판에 광고판을 세운다면, 어떤 내용으로 그 광고판을 채울 생각인가?"라고 물었다. 그는 이렇게 답했다. "한 줄이면 충분하다. '가격을 올려라.'"

사업에 실패한 사람들은 곧잘 후회하곤 한다. 자신의 제품과 서비스가 제 가격을 받지 못했다고. 고객의 지갑을 열려면 무엇보다 가격이 저렴해야 하기 때문에 신제품 개발과 마케팅 비용을 감당할 수 있는 수준의 가격을 책정하는 건 불가능한 시대라고 그들은 굳게 믿고 있다. 하지만 마크의 생각은 다르다. "당신이 뭔가를 팔아서 돈을 벌고자 하는 사람이라면 한 가지를 반드시 머릿속에 새겨야 한다. '사람들이 내 제품을 사지 않는 건, 더 많은 돈을 지불하고서라도 내 것보다 더 좋은 걸 사려고 기다리고 있는 것이다.' 그러면 문제 정의가 달라질 것이다. 당신의 물건이 비싸서 안 사는 게 아니다. 더 좋은 걸 사려는 것뿐이다."

마크는 가격을 충분히 올려야 한다고 생각한다. 가격을 25달러로 할지, 30달러로 할지를 고민하는 건 아무 의미가 없다. '파는 사람이 제 값을 받고자 한다면 사는 사람 또한 제 값을 치르고자 한다'는 것이 그의 풍부한 경험에 바탕한 장사 철학이다. 그는 이렇게 말했다. "나는 두 가지 성공에 대한 원칙을 갖고 있다. 첫째, 사람들이 무시할 수 없는 실력을 갖춰야 한다는 것이다. 둘째, 무엇이든 물건을 만드는 사람은 반드시 똑똑해야 한다는 것이다."

똑똑한 사람들을 어디에서 찾을 것인가

성공을 위한 마크의 가장 큰 노력은 가장 똑똑하고 실력을 갖춘 인재가 물건을 만들게 하는 것이다. 그런 인재들은 어디에 존재할까?

마크에 따르면, 그들은 어디에나 존재한다. 그들은 오라클, 세일즈포스닷컴, 어도비, 애플, 인텔 등의 회사에서 일하고 있다. 아니면 맥도날드 매장에서 아르바이트를 하고 있다. 보험사나 은행에서 일하고 있다. 어디서 뭘 하고 있든 상관없다. 마크는 이렇게 말했다. "중요한 것은 그들이 회사에서 퇴근해 무엇을 하느냐다. 우리는 그들의 낮 시간에는 관심 없다. 십중팔구 그들은 돈을 벌기 위해 회사에서 시키는 일들을 하고 있을 테니까. 우리가 집중하는 건 그들의 취미가 무엇이냐다. 밤 시간과 주말에 그들이 매달려 하고 있는 일이 무엇인지를 끈질기게 추적 관찰해 정보를 얻는다. 뭔가 우리가 전혀 생각지도 못한 흥미로운 일을 하고 있는 사람, 그 사람이 우리에게 엄청난 돈을 벌어다줄 사람이다."

철저하게 부숴줄 힘이 필요하다

마크의 회사에서 가장 스마트하고 똑똑한 직원들은 모두 별도의 의사결정 투표나 합의 없이 계약을 체결할 수 있는 권한을 가진다. 어떤 프로젝트나 계약을 가장 가까운 거리에서 담당해온 사람이 그 일에 대해 가장 잘 알고, 가장 잘 성공시킬 수 있는 가능성이 크다는 믿음에서다. 다만, 마크는 '레드 팀red team'을 고용해 그들을 테스트한다.

레드 팀은 기업이 직면할 수 있는 다양한 상황을 시뮬레이션을 통해 객관적으로 사전 예측하고 취약점을 포착해 전략을 재검토하고,

대안 분석을 통해 의사결정자에게 새로운 통찰력을 제공하는 역할을 한다.

그는 이렇게 말했다. "처음엔 레드 팀 운영이 어려웠다. 같은 동료들끼리 약점을 파고들어 서로 자칫 모욕으로 빠지기 쉬운 비판을 주고받는 게 쉬운 일은 아니었다. 그래서 나는 나와 함께 창업한 벤 호로위츠Ben Horowitz를 시범 케이스로 삼았다. 나는 벤이 새로운 계약이나 프로젝트 건을 가져올 때마다 무조건 먼저 그 내용을 호되게 비판했다. 속으로는 정말 좋은 아이디어라는 생각이 들어도, 일단 심한 말로 흠씬 두들겼다. 그래야 다른 사람들도 자기 속내를 털어놓는 법이니까 말이다. 그렇게 뜨겁게 싸우다가 마지막에 이르러서도 벤이 주먹으로 탁자를 탕탕 내리치며, '빌어먹을, 이건 정말 괜찮은 거래라니까!'라고 외치면 박수를 쳐주고 퇴장한다. 벤도 나한테 똑같이 그런다. 이는 거의 고문에 가까운 테스트다. 그러다 보니 점점 사내에 '레드 팀' 문화가 정착되기 시작했다. 비판하는 사람도, 그것을 달게 받는 사람도 모두 자기 자신과 상대, 회사를 위해 기여하고 있다는 걸 깨닫는 순간, 우리는 성공을 직감한다."

마크는 기업이든 개인이든 간에, 레드 팀이 반드시 필요하다고 강조한다. 개인이라면 3~5명 정도 반대편에 서서 나의 가장 소중한 신념과 철학을 처절하게 부숴줄 팀이 필요하다. 그래야 강해지기 때문이다. 마크는 이렇게 덧붙였다. "점점 똑똑해진다는 것은 점점 강해진다는 뜻이다. 사내 레드 팀의 공격을 극복하지 못하면, '세상'이라는 진짜 무시무시한 레드 팀에 무릎 꿇고 만다."

반대편을 연구하라

레드 팀을 만들 환경이 아니라면, 이를 대신해 당신의 생각과 정반대 방향에 있을 만한 사람을 찾아보라. 당신과는 180도 다른 가치, 생각, 아이디어, 철학을 갖고 있는 사람은 당신의 성장에 훌륭한 자양분을 계속 제공해줄 수 있다.

마크는 요즘 가치투자자인 워렌 버핏Warren Buffett에 대해 연구 중이다. 그 이유는 무엇일까? "워렌 버핏과 나는 서로 완전히 반대되는 방향에서 일해왔다. 기본적으로 워렌은 변화를 거스르는 쪽에 돈을 건다. 그리고 우리 회사는 변화에 돈을 건다. 만일 그가 실수를 한다면, 그건 미처 그가 예상치 못한 뭔가가 변했기 때문이다. 우리가 실수를 한다면, 그건 우리가 생각했던 변화가 일어나지 않았기 때문이다. 이렇게 놓고 보면, 워렌과 나는 더 이상 전혀 다른 존재일 수가 없다는 사실을 깨닫게 된다. 오히려 그와 나는 아주 중요한 공통점을 갖고 있다는 사실 또한 알게 된다. 그와 나는 독창적인 생각을 지향한다. 그리고 그와 나는 항상 반대편을 살펴봄으로써 내 편에 있는 사람들이 동의하는 것, 그래야만 한다고 생각하는 것에 가려진 실체를 보고자 노력한다. 성공하고 싶다면, 당신도 이 같은 경험을 해야 할 것이다."

강력한 의견, 침착한 태도

'강력한 의견과 침착한 태도를 가져라.' 이 문장은 오랫동안 마크의 트위터 프로필이었다. 그에 따르면, 성공의 가장 큰 적은 '합의'다. 대부분의 사람들은 살면서 어떤 일에 대해 자신의 강력한 의견을 개진하거나 발전시키거나 구체적으로 진행시켜 본 경험이 없다. 늘 상대와의 합의를 더 중시해왔기 때문이다. 그래서 레드 팀의 존재가 절실한 것이다. 레드 팀을 통해 우리는 더 강력한 의견을 소유할 수 있게 되고 일반적 통념과 완전히 반대되는 것을 찾는 습관을 들이게 된다. 마크는 이렇게 말했다. "흔히 실패라고 하면, 돈만 잃는 것으로 생각하기 쉽다. 틀렸다. 돈뿐 아니라 시간도 잃는다. 따라서 우리는 늘 두 배로 위험한 도박을 하고 있는 것이다. 그런 만큼 강력한 확신을 갖고 있어야 한다."

강력한 의견과 확신을 키우는 동시에 우리는 침착한 태도와 평정을 유지할 수 있어야 한다. 세상은 예측 불가능한 일이 비일비재하게 일어나기 때문이다. 내가 이 책을 쓰기 위해 만난 타이탄들도 '침착한 태도'의 중요성을 강조한다. 당신이 그들을 초대한다면, 그들은 어떤 주제를 놓고 당신과 필사적으로 논쟁을 벌일 것이다. 당신과 함께 저녁식사 자리에 나온 당신 친구들의 얼을 쏙 빼놓을 것이다. 하지만 당신과 친구들이 자신들보다 더 나은 정보나 논리를 들이대면, 그들은 곧바로 고개를 끄덕이며 "당신 말이 전적으로 옳아요. 그런 생각은 해보지 못했네요"라고 말할 것이다.

강력한 의견과 침착한 태도, 이 둘이 당신을 타이탄으로 만들어줄 것임을 의심하지 마라.

세상에 없는 길을 가라

다음은 마크의 젊은 트위터 팔로어들이 가장 좋아하고 자극을 얻는 짧은 글들이다. 나만의 길, 세상에 없는 길을 가는 사람들에게 좋은 동행이 되어 주리라 생각해 마지막으로 몇 개 소개해본다. 소용에 닿는다면 갖고 가라.

- 지금 몹시 힘겨운 상황이라면 전신 거울을 들여다보라. 당신의 모든 근육과 자세가 '앞을 향해' 있는가? 그렇다면 당신은 멈추지 않는 사람이다.

- 내 목표는 빨리 실패하지 않는 게 아니다. 장기적으로 성공하는 것이다. 이 둘은 하늘과 땅만큼 서로 다르다.

- 아무도 모르는 걸 나만 아는 것이 독창성이 아니다. 독창성은 아주 소수의 사람만이 아는 것을 아는 것이다.

- 반짝 성공에 그치는 이유는 하나다. 한번 성공하고 나면 "이봐, 지금 네가 갖고 있는 아이디어가 얼마나 시시한 줄 알아?"라고 말해줄 사람들이 사라지기 때문이다.

- 폭락을 예측하려던 투자자들이 잃은 돈이, 폭락 자체로 사라진 돈보다 훨씬 많다.

07
영웅적인 날들로 복귀하라

'성공'이란 단어처럼 모호한 것도 없을 것이다. 대체 뭐가 성공의 기준이란 말인가? 그럼에도 우리는 슈퍼히어로들의 이야기를 좋아한다. 물론 그들의 역경을 극복한 드라마틱한 스토리는 우리에게 동기를 부여하고 힘을 불어넣어 주기도 한다. 하지만 우리는 늘 이렇게 말하는 것도 잊지 않는다. "음… 그건 진짜 영웅들에게나 가능한 일이지. 난 지극히 평범한 사람인걸."

그렇다. 당신과 나는 슈퍼히어로가 아니다. 하지만 그와 동시에 늘 '평범한 사람'도 아니다.

2013년 내게 일어난 일들

2013년은 내게 유난히 힘든 해였다. 그해 내가 만든 노트를 보면, 그해의 어느 3개월 동안 내가 얼마나 힘들었는지 구체적으로 나타나 있다.

- 나는 드라마를 보며 눈물을 흘리곤 했다.
- 일주일에 이삼일은 지각을 했다.
- 모든 걸 버리고 몬트리올이나 세비야, 아이슬란드로 탈출하는

것을 진지하게 고려했다.

- 비관적인 생각을 떨치지 못해 난생처음으로 심리치료사에게 상담을 받았다.
- 긴급한 업무가 있음에도 웹서핑을 하는 데 시간을 썼다.
- 매일 카페인을 너무 많이 섭취했다. 평균 8잔의 커피를 하루에 마셨다.
- 일주일 내내 똑같은 청바지만 입고 다녔다.

그런데 말이다. 위와 같은 심한 강박과 조울증, 스트레스를 받았던 이 3개월의 마지막 8주 동안 나는 또 다른 노트에 다음과 같은 기록을 남기고 있었다.

- 소극적 소득^{passive income}이 20퍼센트 이상 늘었다.
- 꿈꾸던 집을 장만했다.
- 매일 아침 20분씩 하루도 빠지지 않고 명상을 했다. 이렇게 꾸준히 할 수 있었던 건 처음이었다.
- 한 달 사이에 카페인 섭취량을 거의 0으로 줄였다.
- 불우아동을 돕는 자선기금 캠페인을 통해 10만 달러를 모았다.
- 지난 10년간 체결한 계약들 중 가장 흥미로운 비즈니스 계약을 성사시켰다.
- 근육량이 9킬로그램 정도 늘었다.
- 조울증은 기업가 생활의 일부일 뿐이라는 사실을 새삼 깨달

왔다.

- 가까운 사람들에게 더 친근한 느낌을 갖게 되었다.

어떻게 이럴 수가 있었을까? 거의 같은 시기에 이처럼 완전히 상반되는 일들이 내 삶에 있었다니?

결론은 앞에서도 말한 바와 같이 하나다. '슈퍼히어로들은 존재하지 않는다.' 다만 때로는 영웅적으로, 때로는 평범하게 살아가는 걸 반복하는 사람들이 존재할 뿐이다.

내가 만난 타이탄들은 대부분 다양한 자멸적 습관과 혼잣말을 중얼거리는 버릇을 갖고 있었다. 그럼에도 그들은 기어이 대단한 일을 해내는 신경질적인 존재였다.

마크 앤드리슨과 에어비앤비Airbnb의 CEO 브라이언 체스키Brian Chesky는 내게 1995년 스티브 잡스가 했던 말을 들려주곤 한다. 아직 큰 성과를 거두기 전인 넥스트NeXT에서 일하던 시절, 잡스는 한 인터뷰에서 이렇게 말했다.

"단순한 사실 한 가지만 깨달으면 인생의 폭이 훨씬 넓어질 수 있다. 그건 바로 우리가 '일상life'이라고 부르는 건 모두 우리보다 별로 똑똑할 것 없는 사람들이 만들어낸 것이라는 사실이다. 그리고 우리는 그걸 바꾸거나, 거기에 영향을 미치거나, 자신만의 뭔가를 만들어 타인이 좀 더 지혜롭고 편하게 사용하도록 할 수 있다. 이 사실을 깨닫고 나면 다시는 세상이 예전 같지 않을 것이다."

잡스의 이 말은 천천히 곱씹어볼 만하다. 큰 성공을 거둔 사람들은 생각보다 뛰어난 사람들이 아니다. 그리고 꿈을 위해 노력하고 있는 당신과 나는 생각보다 뛰어난 사람들이다. 이걸 깨닫고 나면 다시는 세상이 예전 같지 않을 것이다.

한 가지 규칙에 집중하라

좋은 성과를 기록하다가 어느 날 갑자기 우울해지고 절망의 나락으로 떨어지는 것 같은 기분이 들 때는 이 책에 등장하는 타이탄들이 권유하는 처방을 활용해보라. 간단하다. 그들은 '한 가지 규칙에 집중하라'고 권장한다.

그날 가장 중요하게 생각되는 일 한 가지에 2~3시간을 집중하면 썩 괜찮은 하루를 살게 된다. 슬럼프 탈출에도 효과 만점이다. 주의할 것은 여기서 10분, 저기서 10분씩 조각조각을 모아 120~180분을 만들면 안 된다는 것이다. 오로지 한 가지에 집중할 수 있는 2~3시간을 확보하면 빠른 속도로 다시 성과를 내는 영웅적인 날들로 복귀할 수 있을 것이다. 2~3시간을 한 가지에 집중하면, 반드시 그날 한 가지의 성과는 남길 수 있다고 타이탄들은 한 목소리로 말한다.

나는 최선의 노력을 했음에도 절망의 구덩이에 빠질 때마다 한 시대를 풍미한 작가 커트 보니것의 말을 떠올린다. "나는 글을 쓸 때마다 팔다리가 없는 상태에서 입에 크레용을 물고 있는 기분이 든다."

최고 중에서도 최고로 평가받는 사람들도 내가 만나보니 별 것 없었다. 단 한 가지 규칙만을 배우면 충분하다. 그들을 키운 팔 할은 이한 가지였다. '성과를 내는 날을 그렇지 못한 날보다 많이 만들 것.'

그러니 세상을 너무 과대평가할 것도 없고, 자신을 과소평가할 일도 아니다. 우리는 생각보다 뛰어난 사람이다.

그리고 무엇보다, 우리는 혼자가 아니다.

08
눈에 잘 띄는 곳에 존재하라

1947년 오스트리아에서 태어난 아널드 슈워제네거Arnold Schwarzenegger, @Schwarzenegger는 스무 살에 미스터 유니버스Mr. Universe 타이틀을 획득한 최연소 보디빌더로 기록되었다. 1968년 미국으로 이민을 가 미스터 유니버스 타이틀 5개와 미스터 올림피아Mr. Olympia 타이틀 7개를 획득한 뒤 은퇴한 그는 영화배우의 길로 나선다.

　1982년 〈코난Conan the Barbarian〉을 통해 영화에 데뷔한 그는 지금껏 전 세계적으로 30억 달러 이상의 수익을 올린 배우가 되었다. 나아가 2003~2010년까지 캘리포니아 주지사로서 봉사했고 더 나은 세상을 만들기 위한 아이디어를 찾기 위해 다양한 계층의 리더들과 협업하고 있다.

나는 이기러 나간다

아널드는 언제나 자신감에 차 있는 사람이다. 열아홉 살 때 첫 보디빌딩 대회에 나가 우승한 직후 찍은 그의 사진을 보면 새파랗게 어린 나이임에도 자신감 하나만은 압도적으로 빛나고 있다. 그는 그런 도도한 자신감이 어디서 나오는지 묻는 내게 이렇게 답했다. "내 자신감은 비전에서 나온다. 자신이 도달하고자 하는 지점에 대한 명확한

청사진을 갖고 있는 사람은 극한 고통을 버텨낸다. 사소한 장애물 따위에 걸려 넘어지지 않는다. 내 비전은 '이길 수 있다'였다. 나는 경쟁하러 경기에 나간 게 아니다. 이기러 나간 것이다. 그래서 나는 상대가 느끼는 가장 큰 고통보다 한 걸음 더 지난 극한점까지 가 있을 줄 알았다."

아널드는 함께 대회에 출전한 경쟁자들에게 이런 말을 하고 다녔다. "뭐 하나 물어봅시다. 혹시 무릎 부상이나 뭐 그런 걸 당한 적 있나요?" 그러면 경쟁자들은 어이가 없다는 듯 피식 웃었다. "아뇨, 왜요? 난 무릎을 다친 적이 없는데…"

아널드가 다시 말했다. "아, 그렇군요. 댁의 허벅지가 나보다 얇은 것 같아서요. 혹시 부상을 당해 제대로 훈련을 하지 못한 건 아닌가 싶었습니다. 실례했소."

아널드의 갑작스런 방문을 받은 선수들은 계속 전신거울 앞을 서성이며 자신의 허벅지 상태를 확인한다. 그러고는 결국 그에게 진다. 아널드의 심리적 공격에 맥없이 무너진 것이다.

아널드는 믿기 힘들겠지만 이런 방법을 쓰면 쉽게 경쟁자들을 떨쳐낼 수 있다고 강조한다. "상대를 넘어뜨리고 싶으면 이렇게 말하라. '최근에 몸이 좀 부은 것 같네요.' '무슨 고민 있어요? 지난주만큼 활력에 넘치는 것 같진 않네요.' 그러면 당신이 이길 확률은 엄청나게 커진다."

아널드는 실력의 차이가 승리를 만드는 게 아니라고 설명한다. 치열한 경쟁사회에서 실력의 우열은 큰 의미가 없다. 중요한 건 승리는 경쟁하러 나온 사람이 아니라, 이기려고 나온 사람이 갖고 간다는 것이다.

사소한 것처럼 보이긴 하지만 아널드의 심리전술은 정말 일리가 있다.

버티는 자가 이긴다

아널드가 처음 할리우드에 발을 들여놓았을 때 제작자들은 그를 거들떠보지도 않았다. 더스틴 호프먼, 알 파치노, 우디 앨런처럼 체구가 작고 지적인 이미지를 가진 배우들이 각광을 받는 시대였기 때문이다. 110킬로그램이나 나가는 아널드는 할리우드에서 쓸 모가 별로 없는 거인이었다. 하지만 그는 태연했다. 흔한 오디션 한 번 보지 않았다. 그럼에도 여전히 그는 스무 살 때의 넘치는 자신감을 여전히 유지하고 있었는데 그 비결에 대해 그는 똑같이 답했다. "나는 경쟁하러 나간 게 아니다. 이기러 나간 것이다. 나는 평범하게 생긴 사람이 아니기 때문에 고정 배역을 맡으려고 굳이 경쟁하려 노력하지 않았다. 다만 누군가 나를 발견해줄 때를 기다렸다. 모두가 살을 빼고 금발 미남처럼 보이려 노력할 때 내가 그들을 이길 수 있는 방법은, 그들처럼 하지 않는 것이었다. 내가 한 것은 그저 버티는 것이었다. 제작자들의 눈에 잘 띄는 곳에 계속 머물면서 팝콘이나 먹는 것이었다."

결국 아널드는 사람들이 잘생기고 매끈한 배우에게 점점 식상해지면서 기회를 잡았다.

그는 한 식당에서 〈트윈스Twins〉의 메가폰을 잡은 이반 라이트맨Ivan Reitman 감독과 계약하는 데 성공했다. 계약서는 냅킨 위에 작성되었고, 출연료는 공짜였다. 대신 이익이 나면 러닝개런티를 받기로 했다. 코미디와 아널드의 조합은 논리적으로는 말이 안 됐지만, 영화 팬들에겐 신선한 충격이었다. 〈트윈스〉는 아널드에게 약 3억 달러의 수익을 안겨주었다.

아널드의 이야기를 듣고 있자니 조지 루카스George Lucas가 〈스타워즈Star Wars〉를 만들 때 체결한 계약이 떠올랐다. 루카스는 영화 캐릭터를 상품으로 만들고 싶다는 뜻을 스튜디오에 전달했다. 그러자 스튜디오 측에서는 "장난감을 만들고 싶다고요? 네, 뭐, 상관없어요. 장난감이든 뭐든, 상관 안 할 테니 만드세요."

이는 수십억 달러짜리 실수였고, 〈스타워즈〉 캐릭터를 이용한 장난감은 지금껏 80억 개 이상 팔린 것으로 추산된다.

거래를 할 때는 스스로에게 자문해봐야 한다. '장기적으로 판도를 바꿔놓을 만한 잠재적 이익을 얻기 위해 단기적이고 점진적인 이익을 포기할 수 있을 것인가? 5~10년쯤 뒤에 훨씬 큰 가치가 생길 수 있는 요소가 이 거래에 들어 있지는 않은가?'

이 질문을 던지지 않아 엄청난 기회를 놓친 수많은 이야기를 나는 알고 있다. 다시 한 번 말하지만 아널드의 비전은 '경쟁'이 아니라 '승리'였다. 커다란 기회는 작은 승리들 속에 들어 있다.

아널드는 이렇게 말했다.

"아무도 쳐다보지 않는다고 해서 스스로 사라지지 마라. 그들이 고개를 들어 나를 바라볼 때까지 기다려라. 퇴장만 하지 않으면 반드시 누군가가 나를 기어이, 본다."

09
세 번째 떠오르는 것이 진짜다

데릭 시버스^{Derek Sivers, @sivers}는 성공을 꿈꾸는 사람들을 위한 최고의 교사이자 최고의 크리에이터이자 최고의 장난꾸러기다. 1998년 데릭은 CD 베이비^{CD Baby}라는 온라인 음반 스토어를 만들었는데, 15만 명의 음악가가 등록되어 연간 1억 달러의 매출을 올렸다. 2008년 데릭은 CD 베이비를 220억 달러에 매각한 뒤, 그 수익금을 음악 교육을 위한 자선단체에 기부했다. 그는 가장 인기 있는 테드^{TED} 컨퍼런스의 강연자이자 우드 에그^{Wood Egg}라는 자신의 회사를 통해 33권의 책을 펴낸 베스트셀러 작가이기도 하다.

세 번째 떠오르는 것이 정답이다

'성공'이라는 단어를 들으면 무엇이 떠오르냐는 질문에 데릭은 이렇게 답했다. "세 번째 떠오르는 게 정답이다."

어떤 질문에 가장 먼저 떠오르는 대답은 별로 재미가 없다. 그냥 자동으로 튀어나오기 때문이다. 지금 머릿속에 떠오르는 첫 번째 그림은? 모나리자. 천재의 이름을 한 명 댄다면? 아인슈타인. 퍼뜩 생각나는 음악가는? 모차르트.

이를 두고 경제학자 대니얼 카너먼^{Daniel Kahneman}은 즉각적이고 무의식적인 '자동 사고'라고 불렀다. 그런데 우리가 주목해야 할 것은 자동 사고가 아니다. 자동 사고보다 느리지만 의식적이고 이성적인 사고가 있다. 데릭은 이 의도적 사고를 활용해야 새로운 것을 만들어 낼 수 있다고 설명한다. 그는 이렇게 말했다. "성공, 하면 가장 먼저 떠오르는 사람이 아마 리처드 브랜슨이나 스티브 잡스일 것이다. 대부분의 사람이 이들을 떠올려 답을 할 때 잠시 숨을 고르며 세 번째 인물을 생각해보라. 좀 다르고 새로운 인물이 나타날 것이다. 할아버지나 아버지처럼 교과서에는 실리지 않았지만 뭔가 가치 있는 삶을 살았던 인물이 떠오를 때 우리는 성공에 대해 더 근원적인 생각을 가질 수 있게 된다. 이게 아이디어의 진보이고, 발전이다."

느리게 가야 빠르게 얻는다

데릭은 "성공하려면 가격을 올려야 한다"는 마크 앤드리슨의 철학을 유감없이 실천에 옮겨 대성공을 거둔 인물이다.

사업 아이템을 고민하던 그는 어느 날 우연히 뉴욕 주 우드스톡에 있는 작고 귀여운 레코드 가게를 방문했다. 매장에는 그 지역 뮤지션들의 위탁 판매 CD가 진열돼 있었다. 그는 주인에게 물었다. "여기서 내 CD를 팔고 싶으면 어떻게 해야 합니까?" 주인이 답했다. "원하는 판매가를 정해주세요. 그러면 우리는 CD가 한 장 팔릴 때마다 4달러의 수수료를 받아요. 매주 한 번씩 방문하시면 수수료를 제외한 판매 금액을 드릴게요."

그날 밤 데릭은 새롭게 웹 사이트를 만들었고 이렇게 공지했다.

"원하는 판매가만 직접 정하세요. 우리는 CD 한 장당 4달러의 수수료만 받고 나머지 판매금액은 매주 정산해드리겠습니다."

그런데 작업을 하다 보니 새로운 앨범 한 장을 시스템에 등록하는 데 45분이나 걸린다는 사실을 깨달았다. 앨범 표지를 스캔하고 포토샵으로 작업해 필요 없는 부분을 잘라내고, 뮤지션이 직접 쓴 앨범 소개문의 맞춤법 오류를 수정하는 등 생각지 못한 잡다한 일이 많았기 때문이다.

그는 천천히 생각하기 시작했다. 그러고는 자신이 들이는 45분이라는 시간이 25달러의 가치가 있다는 답을 얻었다. 그는 사이트에 등록하려는 사람들에게 25달러의 등록비를 받기로 했다. 그런데 다시 생각해보니 이런…. 비용 면에서 볼 때 25달러와 35달러는 별 차이가 없다는 생각이 문득 들었다. 10달러와 50달러라면 얘기가 다르다. 하지만 25달러와 35달러는 머릿속에서 똑같은 공간을 차지하고 있지 않겠는가? 데릭은 좀 더 고민하다가 마침내 등록비를 35달러로 책정했다. 그는 이렇게 말했다. "단지 가격을 올린 차원이 아니었다. 누군가 분명 깎아달라고 부탁할 것에 대비한 여유분 확보도 염두에 두었다. 별 것 아닌 듯 보이지만 이 미세한 차이는 결과에서 엄청난 차이를 불러온다."

데릭은 가격을 올림으로써 사람들이 좋아하는 가격 할인에도 성공할 수 있었다. 35달러의 등록비와 CD가 한 장 팔릴 때마다 4달러의 수수료, 그리고 종종 벌인 할인 이벤트. 이 3가지가 데릭의 사업을 10년 동안 가능하게 했다. "좀 더 느리게 생각할수록 상황이 단순해지면서 가야 할 길이 보인다. 사업 아이디어를 다수가 즉각 쉽게 떠올리는 패턴에 맡기지 않았기에 나는 온라인 비즈니스 아이템을 동네 레코드 가게에서 얻을 수 있었다. 그리고 방문한 지 5분 만에 내 사업 아이디어를 실행에 옮길 답을 얻었다. 성공은 이처럼 늘 역설적이다. 느리게 가면 가장 좋은 것을 빠르게 얻는다."

인생은 속도가 아니라 방향이다

다음은 데릭이 자신의 강연을 듣기 위해 모인 사람들에게 들려주는 이야기다. 그의 이야기를 다 듣고 나면 분명 당신은 뭔가 바뀌어 있을 것이다. 천천히 그의 이야기를 따라가 보라.

"산타모니카 해변 근처에 살 때 저는 한 친구 덕분에 자전거 타기에 푹 빠진 적이 있습니다. 당시 해변 옆으로는 아주 훌륭한 자전거 도로가 40킬로미터 가까이 뻗어 있었죠. 난 그 도로에 접어들면 고개를 푹 숙이고 페달을 최대한 힘차게 밟으면서 새빨개진 얼굴로 씩씩거리며 달렸습니다. 그렇게 도로 끝까지 전속력으로 달렸다가 전속력으로 다시 돌아오는 게 제 운동 습관이었어요. 그때마다 타이머로 시간을 재면 늘 43분이 걸렸죠. 그런데 시간이 흐를수록 점점 자전거 도로를 달리고 싶다는 생각이 줄어들었어요. 전속력으로 달릴 생각을 할 때마다 고통스러운 느낌이 먼저 들었던 겁니다. 그래서 하루는 이렇게 생각했죠. '너무 빨리 달리지 말고, 그렇다고 아주 느리게는 아니더라도 그냥 좀 느긋하게 달려보자.'

그날 똑같은 도로를 달리는 동안 몸을 똑바로 세우고 평소보다 주위를 더 많이 둘러보았습니다. 바다 쪽을 바라보니 돌고래들이 점프하는 모습이 보였죠. 반환점 부근에서는 펠리컨 한 마리가 제 머리 위를 날아다녔습니다. 위를 쳐다보며 '와, 펠리칸이네!'라고 감탄하는 순간 그놈이 제 입에 똥을 싸더군요.

어쨌든 중요한 건 아주 멋진 시간을 보냈다는 겁니다. 정말 순수하게 즐거운 시간이었습니다. 얼굴이 벌겋게 달아오르지도 않았고 숨을 씩씩 몰아쉬지도 않았죠. 그리고 완전히 돌아와 자전거를 멈추고는 평소처럼 타이머를 들여다보니, 45분이 막 지나 있었습니다. 세상에, 어떻게 45분밖에 걸리지 않았을까요? 이건 정말 말도 안 됐어요. 하지만 사실이었습니다. 43분이 아니라 45분…. 이 2분 차이에서 깨달음을 얻은 저는 인생에 접근하는 방식이 완전히 바뀌었습니다.

눈치채셨나요? 시뻘겋게 달아오른 얼굴과 숨 막히는 고통과 스트레스는 제 삶에서 겨우 2분의 시간을 줄여주었을 뿐입니다. 극한의 노력이라고 생각했지만 결국 별 것 아닌 헛된 노력이었죠. 우리는 살아가는 동안 온갖 군데서 돈을 최대한 짜내고 분초를 다투면서까지 시간을 빈틈없이 쓰려고 노력합니다. 하지만 우리에게 필요한 건 '멈추는 것'입니다. 내면에서 흘러나오는 '으악' 하는 소리를 알아차려야 합니다. 그게 신호입니다. 내가 지금 무엇을 해야 할지 생각하지 마십시오. '내가 지금 뭘 하고 있는 거지?'라고 틈틈이 질문을 던져야 합니다. 이상 신호를 감지하고 멈출 줄 아는 것, 그리고 좋은 신호를 얻기 위해 2분 정도 기다려줄 줄 아는 것. 그것이 곧 우리가 추구해야 할 성공입니다."

다음에 소개할 오토매틱 사의 CEO 매트 뮬렌웨그는 이렇게 말했다. "우리는 천천히 해도 충분하다. 우리가 저지른 실수들은 대부분 나태함 때문이 아니다. 야심과 욕심 때문이다. 그러니 명상을 하든, 컴퓨터 모니터 앞에서 벗어나 나 자신을 위해 시간을 쓰든, 아니면 지금 대화를 나누거나 함께 있는 사람에 집중하든지 하면서 속도를 늦춰야 한다."

10
매일 손님을 맞이하라, 환대하라

매트 뮬렌웨그Matt Mullenweg는 전 세계 인터넷 사이트 중 25퍼센트가 사용하는 오픈소스 콘텐츠관리시스템CMS인 워드프레스WordPress를 개발한 인물이다. 어느 날 〈월스트리트 저널〉이나 〈포브스〉, 테드TED, 〈로이터 통신사〉의 웹사이트를 방문한 적이 있다면 그건 워드프레스가 실제로 사용되는 모습을 본 것이다. 워드프레스의 가치는 10억 달러 이상으로 알려져 있고 매트의 개인재산은 4,000만 달러에 이른다. 나아가 그는 500명의 직원이 세계 각지에 흩어져 일하고 있는 오토매틱Automattic 사의 CEO이기도 하다. 나는 이 회사의 고문을 맡는 영광을 누리고 있다.

달리는 개는 어떻게 되었을까

매트와 나는 많은 날을 함께 여행했다. 여행을 통해 매트가 장르를 가리지 않는 독서광임을 알게 되었고, 그것이 그의 엄청난 성공을 일군 밑바탕이 되었다는 사실 또한 알았다. 특히 매트는 피터 드러커와 그가 쓴《자기경영 노트》의 열렬한 팬이었고, 동시에 이 책에도 등장하는 알랭 드 보통Alain de Botton의《프루스트를 좋아하세요》같은 철학서들을 여행 내내 손에서 놓지 않는다.

2008년 그리스로 향하는 비행기 안에서, 나는 내가 쓴 《4시간The 4-Hour Workweek》의 저작권을 침해하는 사람들 때문에 잔뜩 흥분하고 있었다. 그런데 매트가 "그게 그렇게 화를 낼 문제인가요?"라고 하는 바람에 순간 멍해졌다. 아니, 이게 정녕 그토록 책을 좋아한다는 사람이 할 말인가? 매트가 담담한 어조로 덧붙였다. "팀, 화를 낸다고 해서 그 사람들이 당신의 정식 판본을 사지는 않을 거잖아요. 그러니까 그냥 무료로 광고한 셈 쳐요. 아니면 그들을 수면 위로 끌어올리는 재미난 이벤트를 생각해보든지요."

매트는 자신의 회사에 심각한 상황이 닥쳐도 무심한 얼굴로 평온하게 맥주를 마시고 당구를 친다. 당구공을 포켓에 넣으며 그는 생각한다. '자, 이젠 어떡하지? 오늘 일어난 이 일이 1년 후, 10년 후에 생각하면 어떤 의미일까?'

화를 내고 속상해하는 것은 백해무익이다. 그 시간에 '대안'을 찾는 것, 왜 그런 일이 일어났는지에 대한 질문을 통해 뭔가 배우고 얻어야 한다는 것이 매트의 지론이다. 그래서 나는 부정적인 감정에 휩싸일 때면 재빨리 '매트라면 어떻게 생각할까?'라는 질문을 던지면서 빠져나온다.

매트는 이렇게 말했다.

"자동차 뒤꽁무니를 쫓아서 맹렬하게 달리는 개가 있다고 해보자. 갖은 노력 끝에 마침내 그 개가 자동차를 따라잡는 데 성공했다고 치자. 자, 그러면 이제 그 개는 무엇을 해야 할까? 그렇다. 그 개는 이제 뭘 해야 할지 모른다. '그후의 계획'이 부재하기 때문이다. 나는 이런 사람들과 기업들을 자주 목격해왔다. 모두가 한 번은 어떻게든 성공한다. 그러고는 번번이 실패하는 길로 옮겨간다. '자, 그다음은?'이라는 질문을 미리 검토하지 않았기 때문이다. 우리는 예상치 못한 걱정, 화, 두려움이 어느 날 갑자기 자신을 찾아왔다고 생각한다. 천만에. 그렇지 않다. 다음을 생각하는 계획의 부재가 불러온 결과일 뿐이다. 매일 새로운 대안을 찾아라. 우리에겐 날마다 '새로운 하루'라는 손님이 찾아오기 때문이다. 어떤 손님은 환대하고, 어떤 손님은 박대하는 장사꾼이 부자가 되는 걸 본 적 있는가? 우리에게 필요한 건 갑자기 진상으로 변한 손님에 대한 걱정과 불평, 두려움이 아니다. 모든 손님을 환대할 수 있는 계획이다."

우리는 모두 맨 끝에 서 있다

샌프란시스코에서 하이킹을 하는 도중에, 매트가 내게 팀 어번^{Tim Urban}이 운영하는 '웨잇 벗 와이^{Wait But Why}'라는 블로그에 실린 '맨 끝^{The Tail End}'이라는 글을 읽어보라고 권해주었다. 우리가 오직 하나의 글만 읽을 수 있다면 꼭 그걸 읽어야 한다면서. 이 글은 숫자와 도표를 사용해 우리의 삶이 실제로 얼마나 짧은지를 잘 보여준다. 특히 다음에 인용한 글은 우리를 깊은 생각에 잠기게 한다.

"고등학교를 졸업할 무렵이면 우리는 부모님과 직접 대면할 수 있는 시간의 93퍼센트를 써버린 것이다. 어른이 된다는 건 7퍼센트, 5퍼센트, 3퍼센트의 삶을 살아가고 있다는 뜻이다. 이처럼 우리는 모두 맨 끝에 서 있다."

매트는 우리에게 묻는다. "남은 7퍼센트 가운데 당신은 몇 퍼센트를 화를 내고 걱정하고 좌절하는 데 사용하고 있는가?"

현자와 부자로 만들어줄 도구들

매트는 많은 언론으로부터 인터넷 사업을 통해 억만장자가 된 아이콘으로 소개되어 왔다. 하지만 이것만으로는 그를 온전히 표현하기엔 많이 부족하다. 내가 만난 매트는 부자라기보다는 '현자賢者'에 가까웠다.

매트는 가장 중요하게 여기는 습관에 대해 묻는 내 질문에 1초의 망설임도 없이 매일 잠자리에 들기 전 하는 '팔굽혀펴기 1회'를 꼽았다. 그렇다, 딱 한 번이다. 그는 말한다. "아무리 늦게까지 일을 했더라도, 또 세상이 아무리 어수선하더라도 팔굽혀펴기 한 번도 못할 만큼 힘들기는 불가능하다. 목표와 계획을 세울 때 가장 중요한 것은 '변명의 여지를 없애는 것'이다. 그래야 달성할 수 있다. 일단 쉽게 쉽게 습관이 들게 하는 것이 핵심이다. 습관이 되고 나면 두 번, 세 번, 열 번으로 늘려가도 어렵지 않다는 것을 깨달을 수 있다."

그를 현자와 부자로 만들어준, 그가 강력하게 추천하는 최고의 성과 도구 몇 가지를 소개한다. 당신도 충분히 활용할 수 있는 멋지면서도 쉬운 대안들인 만큼 눈여겨보기 바란다.

P2(워드프레스 테마) : 이메일의 대안-p2theme.com

슬랙Slack : 인스턴트 메신지의 대안-slack.com

모멘텀Momentum : 집중력을 도와주는 구글 크롬의 확장 프로그램

분더리스트Wunderlist : 일을 끝마치도록 도와주는 할 일 관리 앱 · 툴

텔레그램Telegram : 암호화 기능이 뛰어난 메시징 앱

캄calm : 쉽게 명상을 접할 수 있는 탁월한 앱

글을 쓰는 사람이 미래를 얻는다

오토매틱에 근무하는 직원은 500명이 넘는다. 그리고 그들은 전 세계 50개국에 흩어져 있다. 그들은 대면 회의나 화상전화 회의 따위는 거의 하지 않는다. 소위 '본사'의 개념도 없다. 사무실을 따로 두지 않고도 전 세계 최고의 인재들을 채용하며, 이렇게 해서 절약한 돈을 활용해 월 250달러의 협업 수당을 비롯한 다양한 수당을 지급한다. 아울러 대면 면접 채용도 없다. 오토매틱의 직원 채용은 순전히 이메일을 통한 지원서류로 결정된다.

어떻게 이런 시스템이 가능한가에 대한 질문에 매트는 이렇게 답했다. "이메일로 첨부된 서류, 양식, 글꼴, 서체, 복사 기능 사용여부 등을 꼼꼼히 확인한다. 하지만 당락을 결정하는 가장 중요한 기준은 글을 명확하게 쓸 줄 아느냐다. 글의 명확성이 곧 사고의 명확성을 나타내는 지표라고 굳게 믿는다. 디지털 시대가 발전하면 할수록 글을 쓰는 사람이 기회를 얻게 될 것이다. 오늘날 큰 성공을 거두는 사람들 모두는 말하기와 글쓰기에 탁월한 실력을 갖추고 있음을 우리는 어렵잖게 발견한다."

매트는 직접 글을 쓸 때도 단어 선택과 어순, 어휘와 문법에 엄청

난 관심을 집중한다. 앞에서도 말했듯이 우리는 부모님과조차 직접 대면할 시간이 10퍼센트도 남지 않은 삶을 살고 있다. 하물며 가족이 아닌 사람과 대면할 시간이 얼마나 남아 있겠는가? 이를 생각하면 오토매틱의 인재 채용 시스템을 어렵잖게 이해할 수도 있다.

바야흐로 그 어느 때보다도 글로 사람들의 마음을 사로잡고, 설득하고, 변화시키는 시대가 왔다. 글을 잘 쓰는 사람이 미래를 얻게 될 것이라는 매트의 말에 나 또한 전적으로 동의하는 바다. 그는 마지막으로 덧붙인다. "코드 시인code poet, 즉 우아하고 시적인 스타일을 지닌 프로그래머들이 미래의 주인공이 될 것이다."

11
가장 현명한 교사를 직접 찾아가라

토니 로빈스Tony Robbins, @tonyrobbins는 세계에서 가장 유명한 성과향상 코치다. 그는 빌 클린턴부터 세레나 윌리엄스, 레오나르도 디카프리오, 오프라 윈프리, 넬슨 만델라, 미하일 고르바초프, 마거릿 대처, 프랑수아 미테랑, 다이애나 황태자비에 이르기까지 수많은 사람들에게 자신의 지혜와 조언을 나눠주고 있다. 그의 불멸의 베스트셀러《네 안에 잠든 거인을 깨워라》는 전 세계 수백만 독자들의 삶을 바꿔놓았다.

의문을 질문으로 바꿔라
토니는 새로운 삶에 대한 조언을 구하는 사람들에게 이렇게 말한다. "당신이 품고 있는 의문의 수준이 당신 삶의 수준을 결정한다."

헷갈리지 마라. 질문이 아니라 '의문疑問'이다.

지금 이 순간, 당신은 지금 어떤 생각을 하고 있는가?

'나는 왜 늘 이 모양일까?'

'내가 능력이 부족한 걸까?'

'나는 정말 운이 없는 걸까?'

'나는 불행을 타고난 사람일까?'

이건 모두 의문이다. 의문은 우리를 부정적인 감정에 집중시킨다. 무의식적이든 의식적이든, 자신에 대해 의심을 갖는 사람은 아무것도 이룰 수 없다. 올바른 우선순위를 갖지 못한다.

토니는 이렇게 말했다. "언젠가 나는 넬슨 만델라에게 물었다. '감옥에서 그 긴 세월을 어떻게 견뎌내셨습니까?' 그러자 만델라가 답했다. '난 견뎌낸 게 아니라오. 준비하고 있었던 거지.'"

만델라는 토니의 의문을 훌륭한 질문으로 바꿔놓는 답을 내놓았다. 바로 이것이다.

의문은 '삶의 수준'을 결정하고, 질문은 '삶 자체'를 바꾼다.

위대한 사람을 직접 찾아가라

토니는 지금껏 자신이 성공한 최고의 투자로, 17살 때 짐 론^{Jim Rohn}의 3시간짜리 세미나를 듣기 위해 지불한 35달러를 꼽는다. 당시 그는 청소부로 일하면서 주급 40달러를 버는 형편이었기에 35달러를 지출한다는 건 큰 모험이었다. 하지만 3시간 후 짐 론은 토니의 인생이 나아갈 방향을 결정해주었다. 그로부터 수십 년 뒤 토니는 워렌 버핏에게 물었다. "당신 삶에서 가장 위대했던 투자는 무엇이었나요?" 워렌은 답했다. "스무 살 때 들었던 데일 카네기^{Dale Carnegie}의 공개연설 강좌였죠. 그의 가르침 덕분에 나는 사람들 앞에만 서면 울렁거리는 증상을 완전히 고칠 수 있었어요."

'이게 정말 가능할까?' '내가 이걸 해낼 수 있을까?' 등의 의문을 좋은 질문으로 바꾸는 탁월한 방법은 위대한 사람에게서 배우는 것이다. 그 사람의 글이나 책도 훌륭한 교사이지만, 기회가 된다면 어떻게든 직접 만나 대화를 나눠보는 게 훨씬 더 효과가 크다. 토니는 그 이유에 대해 설명한다. "워렌 버핏과의 점심식사를 위해 천문학적인 돈을 내는 사람은, 정말 주체할 수 없이 돈이 많아서 그럴까? 아마도 그는 부자여서가 아니라, 질문으로 바꿔야 할 의문이 남아 있기 때문일 것이다. 뒤집어 말하면 그런 사람이 더 크게 성공하고 더 큰 부자가 된다."

우리 안의 놀라운 능력

위대한 사람을 통해 의문을 질문으로 바꿨다면, 즉 부정적인 삶의 상태에서 벗어나 앞으로 나가는 가능성과 잠재력에 초점을 맞추기 시작했다면, 이제 내 안에 잠든 거인을 깨울 차례다. 토니 로빈스는 해마다 수천, 수만 명이 참석하는 '우리 안의 놀라운 능력Unleash the Power Within, UPW'이라는 행사를 연다.

그는 수많은 사람들 앞에서 가장 먼저 그들의 두려움과 불안부터 직시하게 이끈다. 그는 말한다. "한 번 천천히 생각해보라. 여러분이 갖고 있는 문제와 부정적 감정의 대부분은 아침을 좀 더 빨리 먹거나, 팔굽혀펴기를 10번 하거나, 잠을 한 시간 더 자기만 하면 해결됐을 문제들 아닌가? 그런 문제들에 대해 일기를 쓰느라 너무 많은 시간을 허비하고 있지 않은가?"

나도 이 행사에 참석했을 때 토니의 이 말을 듣고 망치로 머리를 한 대 얻어맞은 느낌이었다. 토니는 아침에 일어났을 때 가장 먼저 우리를 짓누르는 문제들을 아주 작은 것으로 만드는 의도적인 노력을 해야 한다고 설명한다. 그 노력이 곧 우리의 가장 놀라운 능력이라고 강조한다. 거창할 건 없다. 토니가 제시하는 다음의 3가지 방법을 실천에 옮겨보라. 어제까지 무거웠던 문제들이 점점 가벼워지면서 새로운 긍정적 활력이 솟아날 것이다.

첫째, '호흡하며 걷기'다.

3분 동안 걸으면서 코로 4번 짧게 숨을 들이쉬었다가 입을 통해 짧게 4번 내뱉는 호흡주기를 반복한다. 이는 내 안의 긍정적인 감정들을 깨우기 위한 방법이다.

둘째, '3가지 사실에 감사하기'다.

얼굴을 스치는 바람, 구름의 그림자처럼 작고 부드럽고 단순한 것을 골라 감사한다. 그런 다음 그 감사의 마음이 영혼을 가득 채우게 이끈다. 그러면 점점 내 안의 어떤 큰 힘이 내 몸과 마음, 감정, 대인관계, 금전 문제 등등 모든 일을 치유해주는 걸 느끼게 된다. 해결해야 할 모든 문제를 해결해주는 걸 본다.

셋째, '내가 꼭 해내리라고 결심한 일 3가지', 또는 '성공을 위한 3가지 꿈'에 정신을 집중한다. 이미 그 일들이 이루어진 모습을 생각하면서 그 감정을 천천히 느껴본다.

이 3가지 방법에 각각 3분씩만 투자하면 충분하다. 10분이 채 되지 않는 시간으로 우리는 내면의 깊은 평화를 얻을 수 있는 지혜로운 방법을 얻게 된다. 어떤 일을 하는 데 10분의 시간도 내지 못하는 사람은 결국 그 일을 하는 데 10시간을 써도 하지 못하게 된다.

토니는 마지막으로 이렇게 덧붙였다. "이 10분의 시간을 연습하는 동안 당신은 마침내 당신 안의 거인을 만나게 될 것이다. 그 거인은 바로 당신이다. 지금껏 너무 많은 문제들과 부정적 감정들을 지나치게 키워왔기에, 그 밑에서 당신은 난쟁이처럼 보였을 뿐이다."

12
언제나 가능한 것을 시작하라

케이시 네이스탯Casey Neistat, @CaseyNeistat은 뉴욕을 무대로 활동하는 영화 제작자이자 가장 영향력 있는 유튜버다. 그의 온라인 영화는 지난 5년 동안 3억 회에 가까운 조회 수를 기록했다. 그는 작가, 감독, 편집자이자 HBO에서 방영한 〈네이스탯 브라더스The Neistat Brothers〉 시리즈에 출연한 스타이고, 2011년에는 영화 〈키다리 아저씨Daddy Longlegs〉로 인디펜던트 스피릿 어워드Independent Spirit Awards에서 존 카사베츠 상John Cassavetes Award을 받기도 했다. 그의 작품들은 인터넷에서만 독점 공개되며 대부분 단편 영화들이다. 하지만 공개될 때마다 평론가와 관객들의 극찬을 불러 모았다. 나아가 그는 아주 간단한 동영상 제작과 공유를 목표로 하는 스타트업 기업인 빔Beme의 설립자이기도 하다.

당신의 분노를 따라가라

케이시를 스타 반열에 올린 작품은 2011년에 그가 만든 〈자전거 전용도로Bike Lanes〉라는 단편 영화였다. 그의 실제 경험에 바탕한 이 영화는 입소문을 타고 폭발적인 인기를 불러 모았다.

케이시는 자전거 전용도로가 아닌 곳에서 자전거를 탔다는 이유로 뉴욕 경찰에게 소환장을 받았을 때 화가 머리끝까지 치밀어 올랐다. 하지만 그는 법원에 출두해 50달러짜리 소환장 때문에 한나절 동안 싸우며 시간을 허비하는 대신, 자신의 분노 방향을 다른 쪽으로 돌려 그것을 영리한 방법으로 표현한 영화를 만들었다.

케이시는 경찰이 자신에게 한 말을 관객들에게 되풀이하면서 영화를 시작한다. '자전거 운전자는 안전과 법적인 이유 때문에 반드시 자전거 전용도로로만 다녀야 한다.'

그는 자전거를 타고 뉴욕 시 여기저기를 돌아다니면서 사람들이 이 규칙을 지키지 못하게 만드는 자전거 전용도로 내의 온갖 시설물들과 충돌한다. 이 영화의 클라이맥스는 케이시가 자전거 전용도로 한복판에 주차되어 있는 경찰차와 충돌하는 장면이다.

관객들의 반응은 상상을 초월했다. 공개 첫날에만 500만 건의 조회 수를 기록했다. 마침내 마이클 블룸버그Michael Bloomberg 뉴욕 시장이 기자회견을 열어 이 영화에 담긴 질문들에 답하고 적절한 조치와 개선을 약속해야 했다.

케이시는 이렇게 말했다. "어떤 창조적인 프로젝트를 하는 게 좋을지 잘 모를 때가 있는가? 그때는 자신의 분노를 따라가 보라. 내가 그랬던 것처럼 소득이 있을 것이다."

맥도날드 햄버거만 30일 동안 하루 세 끼 직접 먹는 체험을 통해 비만사회와 패스트푸드 기업에 일침을 날린 다큐멘터리 〈슈퍼사이즈 미〉의 모건 스펄록Morgan Spurlock 감독 또한 세상을 바꿀 만한 것을 만들려면 세상의 분노 속으로 직접 들어가야 한다고 강조한 바 있다. 〈슈퍼사이즈 미〉는 세계적으로 큰 반향을 불러 일으켰고 아카데미 상 다큐멘터리 부문 후보에 오르는 등 큰 성공을 거두었다. 미국 최고의 코미디언이자 배우이자 작가인 휘트니 커밍스[Whitney Cummings] 또한 이렇게 말한 바 있다. "뭔가가 당신을 불쾌하게 한다면, 그 안을 들여다봐라. 무언가 있다는 신호다."

당신이 할 수 있는 가장 충격적인 일은?

유튜브에서만 2,000만 명 이상이 관람한 동영상 〈가치 있는 순간을 만들어라[Make It Count]〉에는 케이시의 성공 비결이 함축적으로 담겨 있다.

2011년 케이시는 그 재능을 인정받아 광고계에서 성공적인 경력을 쌓아가고 있었다. 하지만 그의 표현을 빌리자면 '말할 수 없이 따분한' 시기이기도 했다. 그는 당시 나이키[Nike]와 3건의 광고 계약을 맺고 있었다. 그가 처음 만든 두 편은 안정적인 성공을 거뒀다. 몸값이 1억 달러에 달하는 거물급 운동선수들이 출연했기 때문에 고객들의 반응이 매우 좋았다. 그런데 세 번째 광고를 제작할 때에 이르자 그는 갑자기 몹시 지루하고 피곤한 감정을 느꼈다. 앞에서 거둔 성공을 무심코 흉내 내다 보면 순식간에 삼류감독으로 전락할 것 같았다. 그는 나이키 광고 담당자에게 전화를 걸었다. "이봐요, 1~2편처럼 가는 건 너무 지루하지 않아요? 때려치웁시다. 대신 내가 늘 하고 싶었던 걸 해볼게요. 광고 제작 예산이 다 떨어질 때까지 무작정 세상을 돌아다니며 그 과정을 기록해볼게요. 그러면 그에 대한 영상도 만들 수 있을 겁니다." 그러자 담당자는 이렇게 말하며 전화를 끊었다. "당신, 미쳤군요. 하지만 좋아요."

나이키가 손을 들어준 미친 감독의 영화 〈가치 있는 순간을 만들어라〉는 이렇게 탄생했다. 영화는 다음과 같은 자막으로 시작된다. "나이키는 내게 가치 있는 순간을 만든다는 게 어떤 의미인지에 대한 영상을 만들어달라고 부탁했다. 나는 그들을 위한 영화를 만드는 대신, 오직 나 자신에게 가치 있는 순간을 만들기 위해 친구 맥스와 함께 세계를 돌아다니며 제작비를 다 썼다. 우리는 돈이 떨어질 때까지 돌아다녔다. 총 10일 동안 15개 나라를 돌아다녔다…"

'타인이 아니라 나에게 중요한 것을 따라가라'는 메시지를 담은 이 영상은 메가 히트했다. 광고 영상의 공식과 판도를 송두리째 뒤엎어버렸고, 지난 몇 년 동안 지구상의 모든 메시지와 캠페인의 방식을 혁신적으로 바꿔놓았다.

언제나 가능한 것은 무엇인가?

케이시는 15살에 가출해 17살에 한 아이의 아빠가 되었다. 생활보호 대상자로 지정되어 분유와 기저귀 값을 지원받는 어린 가장이었다. 이처럼 일찍부터 시련과 불우함의 연속이었던 그는 어떻게 자신의 삶을 가장 혁신적인 방식으로 바꿀 수 있었을까? 이 궁금증에 대한 그의 답은 진짜 멋지다. "가치 있는 일을 할 때 우리는 바뀐다. 그러면 가치 있는 일을 하려면 어떻게 해야 할까? '가능한 일'을 해야 한다. 우리는 곧 자기가 주변에서 가장 잘생긴 사람이 될 수 없다는 걸 깨닫게 된다. 가장 똑똑한 사람도 될 수 없고, 가장 교양 있거나 조예가 깊은 사람이 되는 것도 불가능하다. 그런 면에서는 남들과 경쟁할 수 없다. 하지만 언제나 경쟁이 가능한, 성공에 있어서 진정으로 평등한 측면이 하나 있다. 바로 '노력'이다. 옆에 있는 사람보다 더 열심히 노력하는 건 언제나 가능하기 때문이다."

우리는 우리가 좋아하는 일에 더 많은 시간을 쓰려고 노력한다. 흠, 정말 그럴까? 원하는 일에 더 많은 시간을 내는 것은, 싫어하는 일을 하는 데 얼마나 더 적은 시간을 썼느냐가 결정한다. 그런데 생각해보라. 하루 종일 싫어하는 일을 하는 데 매달려 있지는 않은가? 케이시가 말하는 진정한 노력의 의미와 방향이 여기에 있다. 매달려 있는 것과 노력은 전혀 다른 차원이다. 역설적으로 들리겠지만, 좋아하는 일을 하는 데 시간을 많이 내는 것은 불가능하다. 하지만 싫어하는 일을 빨리 해치우는 건 노력을 통해 가능하다. 우리는 가능한 것을 해야 한다. 이것이 곧 불가능해 보이는 일에 접근 가능한 유일한 방법이다.

케이시는 싫어하는 일의 목록을 지워나가는 노력을 기울였다. 그러다 보니 '가치 있는 순간'을 만드는 것이야말로 자신이 가장 좋아하는 일이라는 것을 발견했다. 처음부터 자신이 원하는 일, 좋아하는 일을 알고 있는 사람은 없다.

케이시는 위대한 현자 벤저민 프랭클린의 다음과 같은 탁월한 조언을 등불 삼아 따라간 사람일 것이다. "죽어서 육신이 썩자마자 사람들에게 잊히고 싶지 않다면, 읽을 만한 가치가 있는 글을 쓰든지, 글로 남길 만한 가치가 있는 일을 하라."

훗날 그는 분명 자신이 사랑하는 일만 하다 떠난 우리 시대 가장 성공한 사람으로 기억될 것이다. 하지만 이와 동시에 정작 그가 한 일은, 싫어하는 일을 하는 데 가장 적은 시간을 쓰려고 노력한 것뿐임을 기억해야 한다.

이 두 가지 기억의 미묘한 차이를 분명히 알아차릴 때 당신의 인생 또한 새로운 방식으로 변화해 나갈 것이다.

13
타이탄들은 왜 아침 일기를 쓰는가

이 책의 앞부분에서도 잠시 설명했지만 대부분의 타이탄들은 '아침 일기'를 쓴다. 여기서는 그들이 왜 아침에 일기를 쓰는지에 대한 좀 더 근본적인 이유에 대해서 설명해보도록 하자.

마르쿠스 아우렐리우스부터 벤저민 프랭클린, 마크 트웨인부터 조지 루카스에 이르기까지 역사적으로 성공한 인물들 중에는 매일 꾸준히 일기를 쓴 이들이 많다.

그들은 대체 무엇에 대해서 쓴 걸까? 어쩌면 당신은 그들의 일기가 링컨 대통령의 게티즈버그 연설 수준은 아닐까 생각하며 사기가 꺾였을지도 모르겠다. 물론 그들은 근사한 명작 같은 일기를 남겼을지 모른다. 하지만 걱정할 필요 없다. 이 책의 타이탄들은 다음의 두 가지 이유 때문에 아침 일기를 쓴다.

첫째, 현재 처한 상황을 정확히 파악하고자 하는 데 도움을 얻기 위해서였다.

둘째, 그들의 표현을 직접 빌리자면 "망할 놈의 하루를 잘 보낼 수 있도록 원숭이처럼 날뛰는 내 정신을 종이 위에 붙들어놓은 것뿐이다."

아침 일기는 정신의 와이퍼다

영웅이란 모름지기 어떤 일에도 흔들리지 않으면서 매일 아침 위풍당당한 권법을 날려 불안을 이겨내는 절대적인 존재라고 상상하기 쉽다. 하지만 당신이 잡지 표지에서 만나는 인물들의 대부분은 아침에 이불을 박차고 일어나기 어려워하는 사람들임을 잊지 마라.

그래서 그들은 아침에 일어나 졸린 눈을 비비며 잠자리를 정리하고 차 한 잔을 만들어 테이블에 앉아 아주 간단하게 일기를 쓴다. 10분이 채 걸리지 않는 습관이지만, 이를 꾸준히 하는 것과 그렇지 않은 것의 차이는 엄청나다는 것 또한 잊지 마라.

타이탄들을 '아침 일기 쓰기'로 이끈 작가가 있다. 줄리아 카메론Julia Cameron이다. 그녀는 밀리언셀러인 《아티스트 웨이The Artist's Way》에서 이렇게 말했다. "아침 일기는 정신을 닦아주는 와이퍼다. 혼란한 생각들(모호한 걱정, 초조함, 집착 등)을 일기에 적어놓기만 해도, 좀 더 맑은 눈으로 하루를 마주할 수 있다."

아침 일기 쓰기는 줄리아를 알코올 중독과 우울증 환자에서 일약 세계적인 작가로 변신시켰다. 그녀의 말처럼 아침 일기는 정신의 와이퍼다. 가장 가성비가 뛰어난 심리 치료법이다.

타이탄들은 '생산성을 높이기 위해' 일기를 쓰지 않는다. 좋은 아이디어를 찾거나 나중에 출판할 수 있는 메모를 저장하기 위한 것도 아니다. 일기장의 모든 페이지는 다른 누구도 아닌, 오직 나만을 위한 것이다. 글을 잘 쓰는지의 여부는 아침 일기 작성에 아무런 기준도 되지 못한다. 나만 알아보면 충분하다. 나아가 그 누구도 당신이 쓴 글을 읽지 않는다고 하더라도, 글을 쓰는 행동 자체에는 엄청난 장점이 존재한다. 결과보다 과정이 중요한 몇 가지 행동이 있는데, 그 대표적인 것이 곧 글쓰기다.

공격적으로 살아야 한다

1972년 뮌헨 올림픽에서 상대에게 단 한 점도 내주지 않는 완벽한 무실점 경기로 레슬링에서 금메달을 따낸 전설적인 코치 댄 게이블**Dan Gable**은 이렇게 말했다. "큰 성공을 거두려면 계속해서 공격적으로 나서야 한다. 인생에서 필요한 건 관리가 아니라 '정복'이다."

자신의 혼란스러운 생각들을 차분히 내려놓는 아침 일기는 지금 당신의 삶에 필요한 '한 걸음'을 제공한다. 지금 당신이 갖고 있는 것들과의 타협이 아니라, 그것들을 넘어서는 '극복'을 제시한다. 적당한 수준의 성공으로 생긴 족쇄를 푸는 데 탁월한 효과를 발휘한다.

아침 일기의 작성은 당신의 문제들을 말끔하게 해결해주지 못할수도 있다. 다만 두개골 안에서 이리저리 튀어 다니는 총알처럼 하루종일 머릿속을 산란하게 만들 수도 있는 문제들을 밖으로 꺼내 바라볼 수 있게 해줄 수는 있다. 이것만으로도 당신은 놀라운 경험을 하게 될 것이다.

몇 줄 쓰지 않아도 충분하다.

매일 아침 5분 동안 종이 위에 욕을 쓰거나 불평을 늘어놓아도 좋다. 미친 소리처럼 들릴지 모르지만 이 작은 습관 하나만으로도 당신의 삶은 나와 타이탄들이 그랬던 것처럼 분명히, 바뀐다.

14
탁월한 문제 해결가들의 습관

리드 호프만Reid Hoffman, @reidhoffman은 마이크로소프트에 262억 달러에 팔아치운, 3억 명 이상의 사용자를 보유하고 있는 링크드인LinkedIn의 공동 설립자 겸 회장이다. 그 전에는 이베이eBay가 15억 달러에 사들인 페이팔PayPal의 부사장으로 일했다. 그 전에는 옥스퍼드 대학교를 마셜 장학생Marshall Scholar으로 다니면서 철학 석사학위를 받았다.

문제 해결의 능력을 키우는 법

리드는 매트 뮬렌웨그와 더불어 내가 만나본 이들 가운데 가장 침착한 사람으로 손꼽힌다. 그는 페이팔에서 일할 때 당시 그 회사의 CEO였던 피터 틸에게 '최고의 소방관'이란 별명을 얻기도 했다. 어떤 문제가 발생했을 때 그것을 해결할 수 있는 가장 유능하고 현명한 사람이라는 뜻에서였다.

리드는 문제를 해결하는 능력을 키우는 방법에 대해 다음 2가지를 제시한다.

첫째, 보드 게임을 많이 하고 카를 폰 클라우제비츠의 《전쟁론》이나 《손자병법》 같은 책을 반복적으로 읽어라. 보드 게임에는 저마다 복잡한 규칙과 상황들이 존재한다. 그러므로 어릴 적부터 보드 게임을 즐기는 사람이 상대적으로 문제 해결능력 면에서 더 큰 힘을 발휘한다. 또한 전쟁과 병법에 관한 책들은 늘 곁에 두고 반복해서 읽어야 한다. 읽을 때마다 관점이 달라지기 때문이다. 나아가 새로운 해설서나 개정판이 나오면 반드시 사서 읽어야 한다. 리드에 따르면, 실리콘밸리에서 일하는 유능한 인재들의 특징 중 하나는 '세계 전쟁사'에 매우 해박한 지식을 갖고 있다.

둘째, 언어를 공부하라. 특히 그는 자신이 직접 옥스퍼드 대학교에서 강의를 하기도 했던 루트비히 비트겐슈타인을 공부할 것을 강력하게 추천한다. "타인에게 어떤 문제에 대해 얘기해야 할 때, 언어를 최대한 긍정적인 수단으로 활용해야 할 때 비트겐슈타인은 훌륭한 교사가 되어준다."

비트겐슈타인을 공부하면 언어가 작동할 수 있는 방식과 작동하지 않는 방식에 대한 통찰을 얻을 수 있고, 이는 복잡한 비즈니스상의 문제들에 강력하면서도 심플한 해법이 되어준다고 리드는 설명한다. 나 또한 관계와 커뮤니케이션의 문제에 부딪칠 때는 비트겐슈타인이 남긴 다음의 명언을 자동적으로 떠올린다. "내가 사용하는 언어의 한계가 내가 사는 세상의 한계를 규정한다."

내 정신에게 밤새 할 일을 주자

리드는 날마다 자기 정신이 밤사이에 공들여 해결해주기를 원하는 문제들을 노트에 적는다. 그는 그 이유에 대해 이렇게 말했다. "나는 우리가 떠올리는 생각의 대부분은 당연히 잠재의식이 만들어낸 결과물이라고 생각한다. 따라서 우리가 수면을 취하며 긴장을 풀고 원기를 회복하는 동안 다양한 해결책이 잠재의식을 통해 떠오를 수도 있을지 모른다. 그걸 이용하자는 것이다."

온갖 고민과 복잡한 생각을 끌어안고 잠자리에 들라는 의미가 아니다. 오히려 그 반대다. 잠자리에 들기 전에 생각들을 노트 위에 내려놓으면, 잠자리가 한결 더 가벼워지고, 이를 통해 더 창의적인 해결책을 무의식이 자연스럽게 떠올리게 이끄는 것이다.

체스 챔피언 조시 웨이츠킨도 이와 거의 동일한 습관을 갖고 있다. 다만 그는 생각할 거리를 정리하는 시간을 잠자리에 들기 전이 아니라 저녁식사를 한 직후에 갖는다. 이 둘 사이의 큰 차이는 없다. 각각의 라이프 스타일에 따른 차이일 뿐이다.

조시와 리드는 아침에 일어날 때의 모습도 비슷하다. 두 사람은 약 60분 동안 어젯밤에 정리했던 생각할 거리들을 다시 떠올린다(리드는 어젯밤 기록한 노트를 다시 들여다본다). 하루 중 가장 정신이 맑고 신선한 시간에 문제들을 다시 생각하면, 무의식과 잠재의식이 밤새 떠올린 독창적인 해결책들을 선물로 받게 된다.

앞에서 우리가 살펴본 '타이탄들의 아침 일기 작성'에 관한 글들과 저녁시간을 활용하는 조시와 리드의 습관을 함께 생각해보도록 하라. 약간씩 미묘하게 다른 듯해도 결국 타이탄들의 습관과 목표는 본질적으로 같다.

'가장 독창적이고 창의적인 생각을, 가장 독창적이고 창의적인 시간에 떠올리는 것이다.'

나는 리드와 조시의 설명을 들은 뒤 대폭적으로 공감하면서 내 아침 일기장 상단에 다음과 같은 토머스 에디슨의 명언을 적어놓았다.

"자기 전에, 꼭 생각할 거리를 정해두고 자라."

15
천재와 싸워 이기는 법

스콧 애덤스Scott Adams, @scottadamssays는 57개 나라, 2,000개가 넘는 신문지상에 19개 언어로 소개되는 연재만화 〈딜버트Dilbert〉의 작가다. 그는 자신의 성공 비결에 대해 한 줄로 정리한다. "1등이 될 수 없다면, 1등과 싸워 이기는 방법밖에 없다."

패자에겐 목표가, 승자에겐 체계가 있다

1등과 싸워 이길 수 있는 첫 번째 방법은 목표 달성이 아니라 체계를 갖추는 것이다. 예를 들어 글을 쓰는 작가가 되겠다는 사람이 있다고 해보자.

그가 가장 먼저 해야 할 일은 무엇일까? 단기적인 목표를 버리는 것이다. 출판사 투고나 신문사의 연재 지면을 얻는 것을 염두에 두고 글쓰기를 시작하면 백발백중 실패한다. 가장 먼저 해야 할 것은 자신의 블로그에서 연습하는 것이다.

스콧의 말을 들어보자. "내가 블로그에 처음 글을 쓰기 시작했을 때 사람들은 모두 내게 '목표가 뭐냐?'고 물었다. 나는 목표 때문이 아니라 '체계' 때문이라고 말했지만 모두가 그냥 웃기만 했다. 별 신통치 않아 보였기 때문이다. 당연하다. 신통치 않으니까 지독하게 연습해 체계를 세우려고 블로그를 시작한 것이다."

글쓰기는 무엇보다 연습을 요구한다. 스콧은 주위의 비웃음도 아랑곳하지 않고 목표가 아니라 체계를 갖추는 것에 집중함으로써 가능성이 낮은 지점(연습을 하지 않는 작가)에서 높은 지점(연습을 많이 하고 사람들의 주목도 많이 받는 작가)으로 이동할 수 있었다. 그는 블로그 글쓰기를 통해 어떤 글이 가장 좋은 반응을 얻어내는지 꼼꼼하게 살폈다. 그에게 블로그란 일종의 R&D 공간이었다. 그는 다양한 주제를 다양한 목소리와 각도에서 다루는 연습을 했다. 점점 늘어나는 그의 블로그 방문자들은 유머러스한 목소리, 화난 목소리, 사려 깊은 목소리, 분석적인 목소리, 반쯤 미친 목소리, 공격적인 목소리 등등이 언제 어떻게 활용돼야 효과를 발휘할지 탁월하게 알려주었다.

그러던 어느 날 그의 블로그 게시물 하나를 읽은 〈월스트리트 저널〉에서 원고 청탁이 들어왔다. 그동안 꾸준히 글쓰기 연습을 했고 어떤 주제에 대해 썼을 때 반응이 가장 좋은지 알고 있었기 때문에 그가 쓴 기고문은 인기가 아주 좋았다. 큰돈을 벌지는 못했지만 이를 계기로 그는 한 걸음 앞으로 나갈 수 있었다. 그리고 얼마 후 그가 기고한 칼럼의 주제에 관심을 가진 출판사 몇 곳이 전화를 걸어왔다. 그렇게 책을 내게 되었고, 그 덕분에 당황스러울 정도로 수익성이 좋은 강연 요청도 받게 되었다. 그는 이렇게 회상한다. "마침내 내 블로그 활동에 대한 급여를 받는 날이 찾아온 것이다. 나는 처음 블로그를 열었을 때 내 글쓰기가 어떤 경로로 진전되어 나갈지 전혀 몰랐다. 다만 승패가 곧바로 결정되는 단기적인 목표에 집착했다면 지난 몇 년 동안 내 블로그는 지속될 리 없었고, 커다란 사업 기회를 가져다줄 리 없었고, 〈딜버트〉 또한 탄생할 수 없었을 것이다."

이는 곧 우리가 앞에서도 살펴보았던 아널드 슈워제네거의 '사라지지 않고 버티기' 전략과도 상통한다. 1등과 싸워 이기려면 먼저 버티고, 또 버텨야 한다. 여기에 필요한 건 승자가 모든 걸 가져가는 단기적 목표 달성이 아니다. 2등을 해도 뭔가 얻을 것이 있는, 체계 구축이다.

몸의 소리에 귀를 기울여라

1등에게는 독창적인 아이디어가 많다. 그런 그와 맞서 싸우려면 어떻게 해야 할까? 스콧은 이렇게 조언한다. "1등과 똑같은 수의 아이디어를 확보하겠다는 건 불가능하다. 다만 우리는 어떤 아이디어가 떠올랐을 때 그것이 좋은 아이디어인지, 독창적인 것인지의 여부를 파악할 수 있는 능력은 키울 수 있다. 마음이 아니라 몸의 반응으로 말이다."

공전의 히트를 기록한 드라마 시리즈 〈오피스The Office〉의 제작자이자 밀리언셀러 작가인 B. J. 노박B. J. Novak 또한 스콧의 의견에 동의하며 이렇게 말했다. "뭔가 떠올랐을 때 짜릿한 전율을 느낀 적 있는가? 미소가 절로 난 적은? 급속한 아드레날린 분비를 느낀 적은? 엔돌핀이 퍼져나가는 느낌은? 이런 상태를 느꼈다면 그것은 당신에게 매우 좋은 아이디어임에 틀림없다."

신체의 변화는 좋은 아이디어를 감지하는 뛰어난 금속탐지기다.

일정한 연습이 필요하긴 하지만 효과는 매우 크다.

두 가지 분야에서 상위 25퍼센트에 들 수 있는가?

평균적으로 성공한 삶을 원한다면 많은 계획을 세울 필요가 없다. 문제가 생기는 걸 피하고, 학교에 잘 다니고, 마음에 드는 직장에 지원하면 된다. 하지만 뭔가 남다른 삶을 원한다면 선택 가능한 길은 두 가지다.

첫째, 특정한 한 분야에서 최고가 되는 것. 둘째, 두 가지 이상의 일에서 매우 뛰어난 능력(상위 25퍼센트)을 발휘하는 것이다.

첫 번째 전략은 1등의 몫이다. 1등이 아닌 사람들에겐 불가능이다. NBA에서 활약하거나 앨범을 100만 장 이상 팔아 플래티넘을 기록하는 사람은 극소수다. 될 수만 있다면야 최고의 선택이겠지만 평범한 사람들에겐 쉬운 목표가 아니다.

두 번째 전략은 비교적 쉽다. 누구나 일정한 노력을 기울이면 상위 25퍼센트까지는 올라갈 수 있는 분야가 적어도 두 개 정도는 있다. 스콧은 이렇게 말했다. "나는 만화가인 탓에 대부분의 사람들보다 그림을 잘 그린다. 하지만 나는 피카소나 고흐는 아니다. 또 나는 코미디언들보다 웃기지는 않지만 대부분의 사람들보다는 유머 감각이 뛰어난 편이다. 여기서 중요한 건 그림도 제법 그리면서 우스갯소리도 곧잘 하는 사람은 드물다는 사실이다. 이 두 가지가 조합된 덕분에 내 만화 작업은 평범하지 않은, 진기한 일이 될 수 있었다. 여기에 내 사업 경험까지 추가하면, 놀랍게도 나는 세상에서 매우 찾기 어려운 만화가가 된다."

스콧은 기회가 될 때마다 젊은이들에게 괜찮은 대중연설가(상위 25퍼센트)가 되라고 조언한다. 연습만 꾸준히 하면 누구나 될 수 있기 때문이다. 자신이 갖고 있는 능력에 이 연습으로 얻은 재능까지 보태지면 어느 날 갑자기 한 가지 기술만 가진 사람들의 리더가 될 수도 있다.

이 밖에 공학, 법학, 의학, 과학 분야에서 학위를 받고 추가로 경영학 학위까지 받는 방법도 있다. 이를 통해 당신은 갑자기 찾아온 기회를 잡아 책임자가 될 수도 있고, 본인이 확보한 서로 다른 분야의 지식을 잘 결합시켜 직접 회사를 차릴 수도 있다. "자본주의는 희귀하고 가치 있는 것들을 보상해준다. 두 가지 이상의 괜찮은 능력을 결합해 자신을 보기 드문 존재로 만들어야 한다. 그때 우리는 1등을 이길 수 있다."

거창하고 특별한 기술을 훈련하라는 것이 아니다. 커뮤니케이션, 대화, 세일즈 등등 세상 사람들 75퍼센트보다 잘할 수 있는 것이라면 무엇이든 좋다. 적극적으로 찾아라. 자신이 좋아하는 분야에서 찾으면 더욱 빠르고 효과적이다.

넷스케이프의 창업자 마크 앤드리슨은 이렇게 말했다. "성공한 CEO들 가운데 상위 25퍼센트에 속하는 기술을 3가지 이상 갖추지 못한 사람을 찾기란 매우 어려운 일이다."

천재가 되기란 어렵다. 하지만 천재와 싸워 이길 수 있는 방법은 있다. 이것이 곧 우리가 살아가는 세상의 가장 큰 매력이다.

16
성공했던 방법을 두 번 쓰지 마라

체이스 자비스Chase Jarvis, @chasejarvis는 크리에이티브라이브CreativeLive 의 CEO이자 전 세계에서 상업적으로 큰 성공을 거둔 사진작가다. 그는 역대 가장 젊은 나이에 세계 최고의 카메라 브랜드들인 핫셀블라드 마스터Hasselblad Master, 니콘 마스터Nikon Master, ASMP 마스터로 선정된 인물이기도 하다.

체이스는 나이키, 애플, 컬럼비아 스포츠웨어, REI, 혼다, 스바루, 폴라로이드, 레이디 가가, 레드불Red Bull 등등 수많은 브랜드와 인물들의 사진을 찍어왔다. 크리에이티브라이브는 200개 나라, 200만 명 이상의 학생들에게 실시간으로 고화질 강의를 방송하는 온라인 학습 플랫폼이다. 실시간으로 시청할 경우 모든 강의를 무료로 볼 수 있고 나중에 돈을 내고 다시 보는 것도 가능하다. 퓰리처상 수상자와 비즈니스계의 권위자들도 이곳에서 강사로 활동하고 있다.

그는 나와의 인터뷰 첫머리에서 이렇게 말했다. "나는 고가의 프로젝트를 진행하기 위해 예술을 창작하는 게 아니다. 더 많은 작품을 창작할 수 있도록 고가의 프로젝트를 진행할 뿐이다."

한 번 성공한 방식으로 하지 마라

그가 처음 사진으로 돈을 번 것은 20대 초반의 젊은 시절이었다. 스키와 스노보드를 즐겼던 그는 꽤 뛰어난 선수들과 친하게 지냈는데, 신형 장비를 착용한 그들의 사진을 많이 찍어 함께 나누고 저장해두었다. 그러자 점점 스키 장비 제조사와 마케터들에게서 연락 오는 일이 잦아졌다. 그의 사진을 500달러와 스키 한 벌에 사겠다는 제안들이었다. 그때 깨달았다. '뭔가 근사한 것을 갖고 있으면 돈이 된다는 것을.'

얼마 후 그는 더 큰 교훈을 얻었다. 당시 그는 클라이언트들의 주문에 따른 사진 촬영을 해주고 시간당 10달러 정도를 벌었다. 그런데 그의 이 작은 성공이 알려지자 경쟁자들이 생겨난 것이다. 그의 촬영 작업 가치는 시간당 5달러까지 곤두박질쳤다.

그는 이렇게 회상했다.

"아주 큰 가르침이었다. 한 번 성공한 방식으로 두 번 성공하는 경우는 없다는 것을 생생하게 배웠다. 쉽게 따라오지 못하는 걸 만들어 계속 선두를 유지하는 것, 그게 성공이었다."

그는 경쟁자들이 찍지 못할 만한 게 무엇일지 계속 생각해내고, 계속 카메라에 담았다. 그렇게 남다른 노력을 기울이던 어느 날, 마침내 그는 세계에서 가장 유명한 인물들이 그의 집 거실 소파에 앉아 플레이스테이션으로 게임하는 모습을 찍는 데 성공했다. 그는 이렇게 말했다. "그들과 사적인 친분이 두터워서가 아니었다. 그들은 내가 일하는 방식, 내가 찍은 사진에 큰 매력을 느꼈기 때문이었다. 그래서 기꺼이 세상에 없는 포즈로 내 촬영에 임해주었다.”

10년이 걸린 하룻밤의 성공

현재, 그의 하루 일당은 수천 달러에 이른다. 물론 이 금액은 그가 스스로 결정한 것이다. 너무 높은 가격 때문에 망설이는 클라이언트들을 보면 그는 이렇게 말한다. “평범한 가격을 치르면 평범한 것밖에 얻지 못합니다. 한 푼도 깎지 말고 내세요. 돈이 아까워서라도, 당신 또한 갖가지 독창적인 포즈와 아이디어를 떠올려 원하는 것 이상의 사진을 얻게 될 겁니다.”

그는 최고의 가격을 책정해야 최고의 것을 얻을 수 있다고 굳게 믿는다. 터무니없는 허세나 자만이 아니다. 그는 지난 10년 동안 매일 사진과 함께 먹고 함께 호흡하고 함께 잠들었다. 그러니까 그의 성공은 말하자면 ‘10년이 걸린 하룻밤의 성공’이라고 할 수 있다.

처음부터 고객이 요구하는 수준에 맞게 작업 가격을 책정해 왔다면, 즉 가격을 타인의 결정에 맡겼다면, 그는 삼류를 면치 못했을 것이다. 처음에는 그의 높은 가격을 보고 비웃는 사람들이 많았지만, 지금은 누구도 예외 없이 그의 카메라 앞에 서고 싶어 한다.

그는 사진작가를 꿈꾸는 젊은 학생들에게 다음과 같이 조언했다. “사진을 잘 찍고, 못 찍고는 사실 중요하지 않다. 미술관에 가서 벽에 걸린 1,000만 달러짜리 그림을 보라. 그걸 그린 화가가 1,000만 달러를 가격을 매긴 게 아니다. 그 그림이 엄청난 가격에 팔릴 수 있을 만큼의 놀라운 이야기를 담은 사람이 책정한 것이다. 나는 위대한 사진

작가의 재능을 타고 나지 못했다. 그래서 내 사진에 놀라운 이야기를 담으려고 노력하는 스토리텔러로서 최선의 노력을 다하고자 했다. 재능이 있는 것만큼, 재능이 없다는 것도 좋은 기회가 될 수 있음을 기억하라."

전문화는 곤충에게나 어울리는 일이다

스콧 애덤스와의 인터뷰에서도 살펴봤듯이 오늘날 성공은 '전문가'의 길을 걷는 것과는 거리가 멀다. 탁월한 사진작가가 되려면 사진 기술보다는 스토리텔링의 기술을 더 익혀야 하고, 이를 위해서는 글쓰기, 말하기, 커뮤니케이션, 프레젠테이션 능력 또한 키워야 한다. 체이스는 이렇게 말했다. "평소 나는 액션 스포츠에 대한 사진을 많이 찍지만, 이를 위해 패션과 브레이크 댄스, 그리고 온갖 종류의 문화에 대해서도 많은 관심을 기울인다. 나는 TV 프로그램을 만들고, CF를 찍고, 광고 캠페인을 진행하고, 스타트업 기업을 설립하고, 소셜 네트워크에서 이미지를 공유하는 최초의 아이폰 앱을 만들었다. 옛날 같으면 제대로 하는 게 하나도 없다는 비난을 들었을 것이다. 하지만 이 모든 일에 손을 댔기 때문에, 마침내 그것들이 서로에게 성공의 단서를 전달한다는 사실을 알아냈다."

세계 최고의 SF 작가 중 한 명인 로버트 하인라인은 이렇게 말했다. "인간은 기저귀를 갈고, 침략을 계획하고, 돼지를 도살하고, 배를 건조하고, 건물을 설계하고, 소네트를 쓰고, 원한을 풀고, 벽을 세우고, 뼈를 맞추고, 죽어가는 사람을 위로하고, 지휘를 받고, 명령을 내리고, 협력하고, 혼자 행동하고, 방정식을 풀고, 새로운 문제를 분석하고, 거름을 주고, 컴퓨터를 프로그래밍하고, 맛있는 음식을 만들고, 효율적으로 싸우고, 용감하게 죽어야 한다. 전문화는 곤충들이나 하는 일이다."

17
1,000명의 팬을 확보하라

많은 타이탄들과 나는 사람들에게 틈만 나면 〈와이어드Wired〉를 창간한 케빈 켈리Kevin Kelly가 쓴 '1,000명의 진정한 팬'이라는 글을 읽어보라고 강력 추천한다. 지금껏 줄잡아 수백만 명에게 그랬을 것이다. 이 글의 핵심을 간략하게 요약하면 이렇다. '성공은 복잡할 필요가 없다. 그냥 1,000명의 사람을 지극히 행복하게 만들어주는 것에서 시작하면 된다.'

케빈은 친절하게도 이 책의 독자들을 위해 '1,000명의 진정한 팬'을 새롭게 업데이트하고 보강해 내게 보내주었다. 나는 8년 전 그가 쓴 원본 글을 처음 읽은 후 수십 개 스타트업 기업을 대상으로 이를 전파했는데, 현재 그 기업들은 대부분 수십억 달러 규모로 성장해 있다.

기업뿐 아니다. 소셜 네트워크 시스템이 점점 발전하면서 트위터나 페이스북에서 1,000명 이상의 팔로어를 가진 개인들은 차고도 넘친다. 이 책을 읽는 당신도 마음만 먹으면 어렵잖게 1,000명의 팔로어를 확보할 수 있다. 그렇다면 그들과 과연 무엇을 해야 할까?

아마도 케빈이 보내온 다음의 글을 읽고 나면 그들을 대하는 생각이 깊어지고 행동이 뚜렷하게 달라질 것이다.

2016년 버전 '1,000명의 진정한 팬'

'1,000명의 진정한 팬'을 처음 쓴 것은 2008년의 일이다. 그로부터 8년의 세월이 흐른 지금 나는 다시 한 번 자신의 일과 삶에 헌신하는 사람들을 위해 핵심적인 개념과 아이디어들을 새롭게 보강해 팀 페리스의 책을 빌려 널리 알려보고자 한다.

성공한 사람이 되기 위해서는 '100만'이라는 숫자는 필요하지 않다. 100만 달러도, 100만 명의 고객이나 클라이언트, 팬도 필요 없다. 공예가, 사진작가, 음악가, 디자이너, 작가, 애니메이터, 앱 제작자, 기업가, 발명가로 살아가기 위해 당신에게 필요한 건 1,000명의 진정한 팬뿐이다.

진정한 팬이란 '당신이 만드는 건 뭐든지 사주는 사람들'로 정의할 수 있다. 그들은 당신이 노래하는 모습을 보러 300킬로미터가 넘는 길을 달려올 것이고, 당신이 책을 내면 양장본과 문고판, 오디오북 버전까지 낱낱이 구입할 것이다. 실물은 보지도 않은 채 당신이 다음에 만드는 조각상을 구입할 것이고, 당신이 요리하는 모습을 보기 위해 매달 당신 식당의 테이블을 예약하고, 당신이 출연한 작품의 슈퍼디럭스 고화질 박스 세트가 다시 출시되면 저화질 버전을 이미 갖고 있더라도 다시 살 것이다.

그들은 당신 이름과 관련된 새로운 콘텐츠를 얻기 위해 구글 알리미Google Alert를 설정하고, 절판된 당신의 옛 책이 출몰하곤 하는 이베이 페이지를 즐겨찾기 해놓고, 전시회 오프닝 행사에도 참석한다. 자신들이 구입한 책에 사인을 받고, 티셔츠와 머그와 모자를 산다. 그리고 다음 작품이 나오는 걸 얼른 보고 싶어서 어쩔 줄 몰라 한다. 이런 사람들이 '진정한 팬'이다. 이런 팬(골수팬이라고도 부르는)이 약 1,000명 정도 있다면 당신은 생활을 꾸려나갈 수 있다. 많은 돈을 버는 게 아니라 단순히 생계만 꾸리는 데 만족한다면 말이다.

계산을 한번 해보자. 당신은 두 가지 기준을 충족시켜야 한다.

첫째, 매년 진정한 팬 한 명당 평균 100달러의 수익을 낼 수 있을 만큼 충분한 작품을 만들어야 한다. 특정한 종류의 예술과 사업의 경우에는 더 쉽긴 하겠지만, 그래도 모든 분야에 걸쳐 훌륭한 창조적 도전이 될 것이다. 언제나 그렇듯 새로운 팬을 찾는 것보다는 기존 고객들에게 더 많이 파는 편이 더 쉽고 편하기 때문이다.

둘째, 팬들과 직접적인 관계를 맺어야 한다. 다시 말해, 그들이 당신에게 직접 돈을 지불해야 한다. 음악 레이블, 출판사, 스튜디오, 소매상, 기타 중간 단계를 거쳐서 받게 되는 수수료의 일부분이 아니라, 팬들이 지원하는 액수를 모두 당신이 가져가야 한다. 각각의 진정한 팬이 낸 100달러를 당신이 모두 가질 수 있다면, 그런 팬이 1,000명만 있어도 해마다 10만 달러를 벌 수 있다. 대부분의 사람들이 생활하기에는 충분한 돈이다.

1,000명의 고객은 100만 명의 팬보다 훨씬 실현 가능한 목표다. 유료 팬을 수백만 명 만들겠다는 건 달성할 수 있는 현실적인 목표가 아니다. 특히 막 경력을 쌓기 시작하는 사람의 경우에는. 하지만 1,000명의 팬이라면 해볼 만하다. 심지어 1,000명 정도라면 이름까지 외울 수 있을지도 모른다. 날마다 새로운 골수팬이 한 명씩 늘어난다

면 1,000명을 모으기까지 몇 년이면 된다. 진정한 팬덤 구축도 가능하다. 골수팬들을 기쁘게 해주는 건 당신 자신도 매우 즐겁고 기운을 북돋는 일이다. 예술가들은 진정성 있는 모습을 유지하면서, 골수팬들이 좋아하는 부분인 자기 작품의 독특한 측면에 집중할 수 있다는 보상을 얻게 된다.

1,000명이라는 숫자는 절대적이지 않다. 실제 숫자는 각자 상황에 맞게 조정해야 한다. 1년에 진정한 팬 한 명당 50달러밖에 벌지 못한다면 그런 팬이 2,000명 있어야 한다(마찬가지로 1년에 팬 한 명당 200달러씩 벌 수 있다면 진정한 팬이 500명만 있어도 된다). 혹은 1년에 7만 5,000달러만 있어도 생활을 유지할 수 있다면 액수를 하향 조정해도 된다. 또 당신에게 동업자나 파트너가 있다면 필요한 액수가 두 배로 늘어나므로 2,000명의 팬을 모아야 하는 것이다.

진정한 팬의 지지를 계산할 수 있는 또 하나의 방법은 매년 그들이 받는 하루치 임금을 얻는 걸 목표로 삼는 것이다. 그들이 하루 동안 일해서 번 돈을 받을 수 있을 만큼 그들을 흥분시키거나 즐겁게 해줄 수 있는가? 상당히 높은 기준이다. 하지만 전 세계에 당신으로 인해 자극과 즐거움을 얻을 수 있는 사람이 1,000명쯤 존재하는 게 불가능한 건 아니다.

그리고 물론 모든 팬들이 골수팬인 건 아니다. 진정한 팬 1,000명의 지지만 있으면 생활을 꾸려나가기에 충분할 수도 있지만, 그런 진정한 팬 한 명이 더 불러 모을 수 있는 일반 팬이 2~3명 정도 존재할 수도 있다. 진정한 팬들이 한가운데에 있고 일반 팬들이 더 큰 원을 그러면서 주위를 에워싸고 있는 동심원을 생각해보자. 일반 팬들은 당신이 만든 창작물을 가끔씩 구입하거나 생애 단 한 번만 구입할 수도 있다. 하지만 그들의 이런 구매가 당신의 총 수입을 늘려준다. 어쩌면 50퍼센트의 수입이 추가될지도 모른다. 그래도 당신은 계속해서 골수팬들에게 집중하고 싶을 것이다. 그런 진정한 팬들의 열정이 일반 팬들의 후원을 증가시킬 수도 있기 때문이다. 진정한 팬들은 수입의 직접적인 원천일 뿐 아니라 일반 팬들을 위한 중요한 '마케팅 동력'이기도 하다.

팬, 고객, 단골은 언제나 우리 주변에 존재해 왔다. 그렇다면 여기에서 새로운 점은 무엇인가? 몇 가지가 있다. 과거에는 고객들과 직접적인 관계를 맺는 게 기본이었다. 하지만 오늘날에는 창작자들이 소비자들과 직접 대면하지 않아도 된다. 심지어 출판사, 스튜디오, 레이블, 제조업체들도 고객들의 이름 같은 중요한 정보를 갖고 있지 않다. 예를 들어 수백 년 동안 영업을 해온 뉴욕의 출판사들 가운데 헌신적인 핵심 독자들의 이름을 알고 있는 데는 한 곳도 없는 상황이다.

과거에는 창작자들이 이런 중개자들(대개의 경우 하나 이상인)의 존재 때문에 훨씬 많은 고객을 확보해야만 성공할 수 있었다. 인터넷이라고 불리는 사용자 간 직접 통신과 지불 시스템이 보편화되면서 이제는 누구든 세상 모든 사람에게 직접 물건을 팔 수 있는 훌륭한 도구를 확보하게 되었다. 오리건 주에 사는 창작자가 뉴욕의 레코드 레이블만큼 손쉽게(어쩌면 그보다 더 쉽게) 네팔 카트만두에 있는 누군가에게 자기 노래를 직접 판매하고 보내줄 수 있다는 뜻이다. 이런 신기술 덕분에 고객은 더 쉽게 팬이 되고, 창작자는 지급된 돈을 전부 가져갈 수 있기에 필요한 팬 수를 줄일 수 있다.

웹사이트와 같은 사용자 간 네트워크의 주요 장점은 클릭 한 번으로 가장 인기 있는 노드에서 무명의 노드로 이동할 수 있다는 것이다. 다시 말해, 가장 알려지지 않고 잘 팔리지 않는 책과 노래, 아이디어와 가장 잘 팔린 책과 노래, 아이디어는 클릭 하나 차이라는 뜻이다. 인터넷이 처음 부상하던 시기에 이베이, 아마존, 넷플릭스 등 대량의 콘텐츠를 제공하는 기업들은 잘 안 팔리는 모든 무명 제품의 총판매량이 가장 잘 팔리는 몇 개 안 되는 제품의 판매량과 동일하거나 때로는 그걸 넘어서기도 한다는 사실을 알아차렸다.

크리스 앤더슨Chris Anderson(《와이어드》에서 내 후임을 맡은)은 이 같은 현상에 '롱테일long tail'이라는 이름을 붙였다. 1년에 겨우 몇 개씩만 팔리는 제품들은 끝없이 이어지는 낮은 선을 이루어 괴물처럼 갑자기 수직으로 치솟는 베스트셀러 몇 개의 긴 '꼬리'를 형성한다. 하지만 꼬리가 차지하는 영역이 머리만큼이나 거대하다. 이런 사실을 알게 된 대형 업체들은 고객이 무명의 제품을 클릭하도록 유도할 좋은 동기가 생겼다. 그들은 롱테일의 희귀한 창작물에 관심을 끌어 모으기 위한 추천 검색엔진과 새로운 알고리즘을 개발했다. 심지어 구글, 빙Bing, 바이두Baidu 같은 인터넷 검색회사들도 잘 알려지지 않은 내용을 검색하는 사람들에게 보상을 하는 게 자신들에게 이익이 된다는 걸 깨달았다. 그들 또한 롱테일 법칙을 이용해 광고 수익을 올릴 수 있게 되었기 때문이다. 그 결과 가장 알려지지 않았던 대상들이 세상에 조금씩 조금씩 알려지게 되었다.

당신이 지구상에 존재하는 200만 개의 작은 도시 가운데 하나에 산다면, 당신은 그 도시에서 데스메탈 음악을 광적으로 좋아하거나, 속삭이는 소리에 자극을 받거나, 왼손잡이용 낚시 릴을 원하는 유일한 사람일지도 모른다. 인터넷이 존재하기 전에는 그런 욕구를 충족시킬 방법이 전무했다. 어떻게든 혼자서 그 취미에 필요한 것을 구해야 했다. 하지만 이제 클릭 한 번이면 자신의 욕구를 만족시킬 수 있다. 뭔가를 만들어내는 창작자인 당신이 어느 분야에 관심이 있든 간에, 클릭 한 번으로 1,000명의 진정한 팬을 만날 수 있게 된 것이다. 인터넷상에 이런 팬 기반을 확보하고 있지 않다면 아무것도 없는 것이나 마찬가지라고(제품도, 아이디어도, 욕구도) 말할 수 있다.

당신이 만들거나 생각한 모든 것은 100만 명 중 최소한 한 사람의 관심은 끌 확률이 매우 높다. 100만 명 가운데 단 한 명만 관심을 보인다고 치더라도 지구상에는 잠재적으로 그런 사람이 7,000명이나 존재한다. 이 말은 곧 100만 명당 한 명만 당신에게 매력을 느끼면 1,000명의 진정한 팬을 찾고도 남을 수 있다는 얘기다. 좀 더 정확히 말해 그들이 당신을 찾을 수 있도록 도와주는 것이 곧 성공의 비결이다.

진정한 팬들이 창작자를 도울 수 있게 해주는 다양한 혁신 가운데 하나가 '크라우드 펀딩'이다. 팬들이 당신의 다음 작품을 위한 자금을 조달하게 하는 건 특별한 재능이다. 어느 면에서 보나 모두에게 유리한 일이다. 현재 전 세계에는 약 2,000개의 크라우드 펀딩 플랫폼이 존재하는데, 대부분 특정한 분야를 전문으로 한다. 과학 실험, 밴드, 다큐멘터리 제작 등을 위한 돈을 모금하는 것이다. 각 사이트마다 특수한 관심사 외에도 독자적인 요건과 서로 다른 펀딩 모델을 갖고 있다. 어떤 플랫폼은 '목표액을 달성하지 못하면 한 푼도 받지 못하는' 펀딩 목표를 요구하기도 하고, 어떤 곳에서는 부분 펀딩을 허용하기도 한다. 완료된 프로젝트를 위한 돈을 모으는 곳도 있고, 페트리온Patreon처럼 현재 진행 중인 프로젝트에 자금을 대주는 곳도 있다. 페트리온 후원자들은 월간 잡지나 동영상 시리즈, 아티스트의 생계에 필요한 자금을 댈 수 있다.

가장 유명하고 규모가 큰 크라우드 펀딩 업체는 킥스타터다. 지금껏 킥스타터는 10만 개가 넘는 프로젝트를 위해 25억 달러를 모금하는 데 성공했다. 킥스타터에서 성공을 거둔 프로젝트의 평균적인 후원자 수는 290명으로, 1,000명보다 훨씬 적다. 이는 곧 당신에게 진정한 팬이 1,000명 있다면, 크라우드 펀딩 캠페인을 언제든 진행할 수 있다는 의미다. 진정한 팬이라면 당연히 당신을 위한 자금 제공자가 될 것이기 때문이다(물론 캠페인의 성공 여부는 당신이 팬에게 무엇을 어필하느냐에 달려 있다).

사실 1,000명의 진정한 팬을 모으려면 시간도 오래 걸리고, 때로는 골치 아픈 일들도 발생한다. 따라서 모든 사람에게 가능한 일은 아니다. 성공하면(당연히 다들 성공하려고 하지 않겠는가?) 하루 종일 매달려서 신경 써야 하는 일이 또 하나 생길 수도 있다. 아니면 지속적인 기술

투자를 필요로 하는 소모적이고 힘든 시간제 과업이 될 것이다. 팬들과 상대하고 싶어 하지 않는 창작자들도 많고, 솔직히 말해서 그러지 않는 편이 낫다. 그들은 그냥 그림을 그리고, 바느질을 하고, 음악을 만들면서 골수팬들을 상대할 사람을 따로 고용해야 한다. 당신이 그런 상황이라서 팬들을 상대할 사람을 추가할 경우, 그 조력자 때문에 기존의 공식이 어긋나서 필요한 팬 수가 늘어나겠지만 그게 최선의 조합일 수도 있다. 당신이 거기까지 나아간다면 팬을 상대하는 일은 레이블, 스튜디오, 출판사, 소매업체 같은 중개업자들에게 '하청'을 주는 게 좋지 않겠는가? 그들이 당신을 위해서 일해 준다면 좋은 일이다. 하지만 대부분의 경우, 그들은 당신보다 이런 일을 능숙하게 해내지 못할 가능성이 있다는 걸 기억해야 한다.

1,000명의 진정한 팬과 관련된 수학은 단순한 이항 선택이 아니다. 이 길로 가면서 다른 선택안을 배제시킬 필요는 없다. 나를 비롯한 많은 창작자들이 주류 중개인들 외에도 골수팬들과의 직접적인 관계를 활용하고 있다. 뉴욕의 대형 출판사 몇 곳에서 책을 출판한 적도 있고, 자비 출판도 해봤고, 내 진정한 팬들에게 공개하기 위해 킥스타터도 이용해 봤다. 출간할 책의 내용과 내 목표에 따라 각기 다른 방식을 선택한 것이다. 하지만 어떤 경우를 막론하고, 진정한 팬의 기반을 키운 것이 내가 선택한 길을 풍요롭게 해주었다.

그러니 이제, 당신도 도전해보라.

사람들이 당신을 발견할 수 있는 가장 좋은 방법이 무엇인지를 모색해보라.

생각보다 쉽고 빠르게, 당신은 성공할 것이다.

케빈 켈리에게서 팀 페리스가 얻은 교훈 : 1,000명의 진정한 팬은 스타의 반열에 오르는 것과는 다른, 성공으로 향하는 대안 경로다. 플래티넘 베스트셀러, 블록버스터, 유명인사의 지위라는 좁고 불가능해 보이는 정상에 오르려고 애쓰는 대신 1,000명의 진정한 팬과 직접적인 관계를 맺는 걸 목표로 삼을 수 있다. 그 과정에서 실제로 얼마나 많은 팬을 얻었는지와는 별개로, 당신은 변덕스러운 열정이 아닌 참된 감탄에 둘러싸이게 된다. 이건 우리가 바랄 수 있는 훨씬 부드러운 성공이다. 그리고 그 목표 지점에 실제로 도달할 가능성도 훨씬 높아진다.

18
열 번 실패하라

트레이시 디눈지오^{Tracy Dinunzio, @TracyDiNunzio}는 경이로운 인물이다. 그녀는 로켓처럼 빠른 속도로 성장한 트레데시^{Tradesy}의 설립자 겸 CEO다. 리처드 브랜슨, 클라이너 퍼킨스^{Kleiner Perkins} 같은 투자자들에게서 7,500만 달러를 투자받았고 인텔의 핵심임원을 지낸 존 도어^{John Doerr} 같은 유명 인사가 회사 이사진에 포함되어 있다. 트레데시는 당신의 요청으로 당신이 소유한 모든 물건을 재판매할 때 그 가치를 알려주는 걸 사명으로 삼은 회사다. 이 회사의 슬로건은 '당신의 창고 안에는 현금이 잠자고 있습니다'다.

실패해도 괜찮을 만한 상대를 골라라

스타트업 역사상 가장 빠른 속도로 성장한 회사를 만든 인물의 비결은 무엇일까? 트레이시는 이렇게 답했다. "열 번의 실패다. 사업을 시작할 때 투자자들에게 홍보를 할 생각이라면 처음 열 번의 미팅은 별로 자금 지원을 받고 싶지 않은 투자자들과 가지라고 충고해주고 싶다. 역사상 가장 빠른 속도로 성장했다고? 투자를 받고 나서는 그랬을지 모르지만, 처음부터는 아니었다. 처음에는 대부분 실패하게 마련이다. 나도 정말 오랫동안 실패를 거듭했다."

트레이시 주장의 요점은 '실패해도 괜찮은 스파링 상대를 골라 진짜 투자받고 싶은 사람들과의 미팅 리허설과 연습으로 활용하라'는 것이다.

이 전략은 매우 강력하기 때문에 당신에게 적극 추천한다.

최고의 배우 제리 사인펠트^{Jerry Seinfeld}도 대본을 처음 받았을 때는 공식적인 첫 리허설 모임이 있기 전에 규모가 아주 작은 극장에 사람을 모아놓고 맹렬하게 연습을 한다. 나이키는 미국처럼 큰 무대에서 신제품을 선보이기 전에 뉴질랜드 같은 나라에서 신제품과 광고 캠페인 성과를 시험한다. 나는 뉴욕의 출판사들을 돌아다니면서 《4시간》이라는 책을 홍보할 때 스물일곱 번이나 거절당했다.

이 모든 실패에도 불구하고 우리가 여전히 운이 좋은 것은, 우리에게 필요한 건 하나의 출판사, 한 명의 결정적인 투자자, 하나의 X라는 사실이다. 그러니 부지런히 돌아다녀라. 최소 열 번 이상 실패한 다음 링에 올라라.

트레이시는 이렇게 말했다. "열 번 실패하면 자연스럽게 알게 된다. 이미 큰 성공을 거둔 경험이 있는 최고의 투자자들이 같은 길을 걸어가고자 하는 내게 무엇을 원하는지를, 내게 무엇을 알려주고 싶어 하는지를."

19
3과 10의 규칙

필 리빈Phil Libin, @plibin은 전 세계 1억 5,000만 명이 사용하는 에버노트Evernote의 공동 설립자 겸 회장이다. 성공을 원하는 사람에게 에버노트는 황금 저장소다. 필요한 모든 정보와 서류, 기사, 목록 등을 저장할 수 있는 '외부 두뇌'의 역할을 한다. 필은 또한 에어비앤비, 스냅챗Snapchat, 스트라이프Stripe, 와비 파커Warby Parker 등의 혁신기업들에 투자한 벤처캐피털 회사 제너럴 캐탈리스트General Catalyst의 상무이사이기도 하다.

필의 성공을 가능케 했던 인물이 있다. 아마존닷컴의 설립자인 제프 베조스다. 필은 담대한 도전을 하는 사람을 좋아했다. 언젠가 엘론 머스크를 만났을 때 그는 엘론에게서 화성 탐사를 위한 '스페이스X' 프로젝트에 대해 들었다. 와우, 화성이라고? 필은 몹시 흥분했다. 깊은 감명을 받은 필은 얼마 후 제프 베조스를 만났을 때 엘론의 계획에 대해 신나게 떠들었다. 그러자 필을 찬찬히 바라보면서 베조스가 말했다. "화성이요? 어리석은 짓이에요." 깜짝 놀란 필이 되물었다. "뭐라고요?" 베조스가 다시 답했다. "한 행성의 중력에서 벗어났을 때 우리가 가장 하고 싶지 않은 일은 또 다른 중력에 묶이는 거 아닌가요? 지구를 떠나는 게 그토록 어려운 이유가 먼저 중력을 물리쳐야 하기 때문인데, 겨우 거기서 벗어난 뒤에 왜 군이 또 화성에 가려고 하는 거죠? 차라리 그냥 우주정거장에 살면서 소행성을 채굴하는 편이 훨씬 나을 거예요."

제프 베조스는 단 30초 만에 필의 인생 경로를 완전히 바꿔놓았다. "베조스의 말을 듣고 생생하게 깨달았다. 모두가 엄지손가락을 치켜드는 멋진 계획 속에도 늘 '진리'를 깨닫게 하는 함정이 존재한다는 것을."

3과 10의 배수에 주목하라

필은 라쿠텐Rakuten의 설립자 겸 CEO인 히로시 미키타니를 지구상에서 가장 인상적인 사람으로 꼽는다. 일본 인터넷 인구의 약 90퍼센트가 라쿠텐에 등록되어 있을 정도로, 라쿠텐은 일본에서 가장 큰 온라인 마켓플레이스다. 미키타니는 필에게 '3과 10의 규칙'을 가르친 멘토이기도 하다.

3과 10의 규칙은 '회사 규모가 대략 3배 커질 때마다 회사의 모든 것이 변한다'는 명제에서 출발한다. 미키타니는 라쿠텐의 첫 번째 직원이었지만 현재 직원 수는 1만 명이 넘는다. 처음에는 미키타니 혼자서도 회사를 그럭저럭 꾸려갈 수 있었다. 그런데 어느 순간 직원이 3명이 되니까 그 전과는 상황이 사뭇 달라졌다. 하지만 곧 그런 상황에 적응하고, 한동안은 모든 게 괜찮았다. 그러다가 직원이 10명으로 늘어나면 또다시 모든 게 달라졌다. 그런 다음 30명이 되면 또 모든 게 달라지고… 그런 식으로 100명, 300명, 1,000명이 되면 계속 새롭게 달라지는 것이다. 즉 3과 10의 규칙은 '3과 10의 배수'에 도달할 때마다 모든 게 바뀐다는 의미다.

여기서 '모든 것'이란 말 그대로 급여 처리 방식, 회의 일정을 정하는 방식, 사용하는 커뮤니케이션 도구, 예산 수립 방식, 의사결정을 내리는 사람 등등을 뜻한다. 규모가 3과 10의 배수로 늘어난다는 것은 회사가 사명을 비롯한 모든 시스템을 혁신해야 할 때가 왔다는 신호인 셈이다.

필은 이렇게 말했다. "3과 10의 규칙 때문에 많은 기업들이 어려움을 겪는다. 당신이 빠른 속도로 성장하는 스타트업을 운영하고 있다면, 미처 깨닫지 못하는 사이에 이렇게 규모가 3배씩 늘어나는 과정을 몇 번이나 거치게 되기 때문에 결국 큰 문제를 겪고 만다. 그러다가 문득 주위를 둘러보고 깨닫는다. 지금은 직원이 400명이나 되는데, 업무 프로세스와 시스템은 30명일 때 마련해둔 그대로라는 것을. 따라서 자기 자신을 재창조하는 방법과 조직문화 혁신안을 끊임없이 지속 고민해야 한다. 3과 10의 규칙은 축복이 아니라, '경고'다."

반면에 대기업들은 이와 완전히 반대되는 이유 때문에 곤경에 빠진다. 직원이 1만 명인 기업이 다음에 맞닥뜨리게 될 중요한 포인트는 직원 수가 3만 명이 되는 순간이다. 하지만 직원이 3만 명을 넘는다는 건 쉽지 않은 일이다. 필은 말한다. "1만 명에서 3만 명으로 늘어나는 데는 최소 10년은 걸릴 것이다. 그럼에도 대기업들은 뭔가 계속 혁신을 밀고 나가지 않으면 안 된다는 강박에 사로잡혀 있다. 천천히 해도 되고, 하지 않아도 되는데, 뭔가를 해야만 한다고 느낀다.

하지만 이는 실제로 회사의 근본적 변화와 아무런 관련도 없다. 대기업들이 혁신에 실패하는 이유가 여기에 있다."

회사가 점점 발전하면서 기존의 시스템이나 추구해온 사명이 더 이상 맞지 않게 되었는가? 뭔가 업그레이드를 해야 할 때가 되지는 않았는가? 그렇다면 당신도 실리콘밸리에서 가장 잘나가는 몇몇 CEO의 개인 코치로 일하는 제리 콜로나Jerry Colonna가 만든 질문을 자신에게 던져야 할지도 모른다. "나는 내가 스스로 절대 원치 않는다고 말했던 상황을 만드는 일에 어떻게 협력하고 공모했는가?"

20
바깥으로 나가라

후부FUBU의 CEO 데이먼드 존Daymond John, @TheSharkDaymond은 단돈 40달러로 시작한 패션 사업을 60억 달러짜리 라이프스타일 브랜드로 키워냈다. 그는 '올해의 뉴욕 기업가 상'을 비롯해 광고 및 홍보, 마케팅 분야에서 35개 이상의 상을 받은 자타가 공인하는 최고의 마케터이자 세일즈맨이다.

나가라, 떠들어라, 팔아라

그는 자신의 성공 비결을 고등학생 시절 퍼스트보스턴First Boston이라는 투자은행에서 소식지를 고객들에게 직접 전달하는 도보 배달원으로 일한 것에서 찾는다. 당시 그는 맨해튼 전역을 뛰어다니며 다양한 사람들을 만날 수 있었다. 그 중에는 더없이 비참해 보이는 최고위급 회사 임원들도 있었고 정말 행복한 미소를 짓는 말단직원들도 있었다. 그때 그는 삶의 신조를 얻었다. '돈은 좋은 하인일 수도 있고, 최악의 주인일 수도 있다.'

그의 부모님은 늘 "주업主業만으로는 부자가 될 수 없다"고 가르치셨다. 이는 참으로 상징적인 교훈이었다. 그래서였을까, 데이먼드는 성인이 되어서도 부자가 될 수 있는 길은 사무실 안쪽이 아니라 바깥쪽에 있다고 믿었다. 바깥쪽에서 기회를 얻는다는 건, 뭔가를 직접 팔아야 한다는 뜻이었다. 그는 이렇게 말했다. "밖에 나가 소란스럽게 판매를 시작하면 틀림없이 단 한 명의 고객이라도 찾아올 것이다. 영업이 모든 문제의 해결책인 이유가 여기에 있다. 훌륭한 장부, 의견, 사업계획서는 대부분 자기만족에 그친다. 고객부터 만족시켜야 돈을 번다."

무리한 시도를 하며 살아야 하는 운명

페이스북의 서른 번째 직원이자 인튜이트에 1억 7,000만 달러에 매각된 민트닷컴의 네 번째 직원이었으며 웹사이트 트래픽을 늘리는 데 필요한 도구를 무료로 제공하는 서모미SumoMe의 설립자이기도 한 노아 케이건Noah Kagan, @noahkagan을 아는가? 그는 자신의 삶을 더 짜릿하게 만들기 위해 타코 전문가가 되어 4가지 새로운 제품을 개발, 100만 달러 이상의 수익을 올리기도 했다.

그는 '기업가정신'에 대한 가르침을 얻고자 찾아오는 젊은 사람들(그는 이들을 '기업가 지망생'이라고 부른다)에게 다음과 같은 제안을 한다. "먼저 카운터에 가서 커피를 주문하라. 커피를 마시지 않는다면 아무 차나 주문해도 좋다. 차도 안 마시면 물을 주문해도 좋다. 무엇이든 한 가지 음료를 주문한 다음 10퍼센트를 깎아달라고 부탁해보라."

기업가가 되고 싶어 하는 사람들, 그리고 별 어려움 없이 편안하게 성장한 기업들과 미팅할 때 그는 어김없이 이런 '할인' 주문에 도전해볼 것을 제안한다. 그 이유는 무엇일까?

그는 이렇게 답했다. "바보 같은 짓으로 보일 수도 있겠지만 이 일은 너무나 중요하다. 사업이든 인생이든 기어코 성공하고 싶다면, 당신은 늘 사람들에게 뭔가를 부탁해야만 하고, 늘 무리한 일을 시도하면서 살아야 한다."

21
안테암불로가 되어라

우리가 '리더'라고 생각하는 수많은 역사적 인물들은 대부분 젊은 시절에 단 하나의 전략을 따랐다. 라이언 홀리데이Ryan Holiday, @ryanholiday 는 이를 두고 '캔버스 전략The Canvas Strategy'이라고 부른다. 라이언은 캔버스 전략 실행에 있어 최고의 전문가다. 전략가이자 작가인 라이언은 19살 때 대학을 중퇴하고 《권력의 법칙》의 저자인 로버트 그린 밑에서 문하생으로 생활했다. 그리고 21살의 나이에 아메리칸 어패럴American Apparel의 마케팅 임원이 되었다. 그가 현재 운영하는 브라스 체크Brass Check라는 회사는 구글, 테이저TASER, 콤플렉스Complex 같은 기업들과 여러 베스트셀러 작가에게 자문을 해주는 일을 한다. 그는 지금껏 《에고는 나의 적이다Ego Is the Enemy》와 《이겨내는 용기The Obstacle Is the Way》 등 총 4권의 베스트셀러를 펴냈고, 이를 통해 NFL 코치들, 세계적인 운동선수들, 정치지도자들, 전 세계 다양한 계층의 사람들로 구성된 팬덤을 구축했다.

위대한 리더들이 활용한 캔버스 전략이란 무엇일까? 지금부터 라이언 홀리데이와 함께 천천히 살펴보도록 하자.

마르티알리스 이야기

옛 로마 제국에는 성공한 사업가, 정치가, 부유한 계층이 예술가들을 후원해줘야 한다는 전통이 있었다. 예술가들은 작품을 만드는 데 필요한 경비를 비롯해 부자들이 제공하는 보호와 식량, 선물까지 받는 대신 다양한 과업을 수행해야 했다. 그 가운데 하나가 안테암불로anteambulo, 즉 '길라잡이'의 역할이었다. 안테암불로는 후원자를 위해 앞장서서 길을 터주고, 메시지를 전달하고, 심부름을 하는 등 후원자의 생활 편의를 도모하는 역할을 했다.

유명한 풍자시인 마르티알리스Martial도 그랬다. 젊은 작가였던 그는 하루의 대부분을 후원자들의 집을 오가거나 심부름을 하거나 존경을 바치면서 보냈고 그 보답으로 약간의 돈과 호의를 얻었다. 하지만 그는 이런 생활이 끔찍하게 싫었다. 푼돈이나 받고 굽실거리며 노예처럼 산다는 생각이 그를 분노케 했다. 그는 더 많은 돈과 자기 소유의 땅을 원했다. 그래야만 자신이 꿈꾸는 위대한 작품을 쓸 수 있을 것 같았다. 하지만 이는 불가능했다. 그 결과, 그의 시에는 늘 로마의 지배 계급에 대한 깊은 증오와 신랄한 풍자가 새겨지게 되었다.

여기서 우리는 아주 역설적인 깨달음을 얻을 수 있다.

만일 마르티알리스가 안테암불로의 삶을 살지 않았다면, 그토록 매혹적인 풍자와 통찰을 갖춘 시를 쓸 수 있었을까? 그의 시가 오늘날까지 전해질 수 있었을까? 불가능했을 것이다. 이 사례는 바쁜 현대를 살아가는 우리에게 어떤 깨달음을 주는가?

타인을 섬기는 사람이 가장 큰 것을 얻는다

오늘날, 지금 이 순간에도 자신의 진가를 인정받지 못해 분노하는 천재들을 우리는 쉽게 만날 수 있다. 그들은 자신이 존경하지 않는 사람들을 위해 원치 않는 일을 억지로 해야 한다는 생각에 비탄에 젖는다.

하지만 생각을 약간 다르게 하면 이는 탄식할 일이 아닐 수도 있다. '타인의 밑'에 있는 경험은 우리에게 많은 걸 가르쳐줄 수 있다. 미켈란젤로, 다빈치, 벤저민 프랭클린 같은 위대한 인물들도 기꺼이 오랫동안 다른 사람의 밑에서 일했다. 안테암불로의 역할을 통해 자신의 꿈을 이룰 수 있다면, 오히려 이 경험은 삶의 행운이 되어주지 않을까?

첫 직장을 얻거나 새로운 조직에 들어갔을 때는 자발적으로 안테암불로가 되어야 한다. 이것이 내가 만난 모든 성공자의 공통된 조언이다. 무작정 다른 사람에게 복종하고 아첨을 하라는 것이 아니다. 그저 다른 사람들이 잘 될 수 있는 도움을 자발적으로 제공하라는 것이다. 다른 이들이 그림을 그릴 수 있는 '캔버스'를 마련해주라는 뜻이다. 내 위에 있는 사람들을 위해 길을 열어주는 것이 곧 나를 위한 길을 만들어가는 것임을 명심해야 한다.

특히 당신이 이제 막 사회생활을 시작한 젊은이라면 다음 세 가지를 진지하게 숙고해야 한다.

첫째, 당신은 당신이 생각하는 것만큼 유능하거나 중요한 인물이 아니다.

둘째, 당신은 태도를 조금은 바꿀 필요가 있다.

셋째, 당신이 안다고 생각하는 사실들, 혹은 책이나 학교에서 배운 것들은 대부분 시대에 뒤떨어지거나 잘못된 것들이다.

가장 이상적인 것은 내가 원하는 성공을 먼저 거둔 사람이나 조직에 소속되어 일하는 것이다. 설령 여기에 실패했다 할지라도 실망할 필요는 전혀 없다. 우리가 아는 훌륭한 스승보다 우리가 모르는 훌륭한 스승이 세상에는 엄청나게 많기 때문이다. 중요한 건 태도다. 항상 타인을 섬기겠다는 자세를 가진 사람이 성공 못하는 경우는 거의 보지 못했기 때문이다. 나아가 안테암불로의 자세는 위기에 처했을 때 모욕감 없이 자존심을 굽힐 수 있게 해주고, 편견 없이 모든 유용한 조언들을 스폰지처럼 흡수하게 해준다.

또한 안테암불로는 누군가가 가고자 하는 방향을 미리 읽어내 그들이 짐을 효율적으로 꾸릴 수 있도록 도와주는 역할임을 기억하자. 그들이 다른 일에 얽매이지 않고 자신의 강점에만 집중할 수 있게 이끄는 길라잡이 역할을 한다는 걸 잊지 말자. 이런 역할을 지속하다 보면 자연스럽게 자신의 아이디어를 개발하는 데 필요한 크리에이티브와 디테일한 전술들을 몸에 배게 할 수 있다. 캔버스 전략의 핵심은 다른 사람을 도움으로써 궁극적으로 자기 자신에게 도움이 되는 것을 얻는 것이다.

당신이 만나는 모든 사람에 대해, 그들을 도울 수 있는 방법이나 그들을 위해서 할 수 있는 일을 궁리하는 동안 당신은 다양한 해결책을 검증할 수 있다. 없어서는 안 될 사람이라는 평판을 얻게 된다. 새로운 사람들이 당신의 소문을 듣고 찾아와 관계를 맺게 된다. 미래에 큰 자산이 되는 '호의와 신용'의 잔고가 쌓이게 된다.

모두가 자신의 공을 인정받고 싶어 할 때 당신은 안테암불로의 길을 가라. 모두가 부당한 대우를 받고 있다고 분노할 때 안테암불로의 길을 가라. 어쩌면 이것은 잠시잠깐의 목표가 아니라 영원한 당신의 목표가 되어야 할지도 모른다.

안테암불로의 길 위에서 마침내 큰 성공을 거두었던 인물들, 특히 이 책에 등장하는 타이탄들은 다음의 5가지 구체적인 조언을 20~30대 비즈니스맨들에게 전한다.

첫째, 상사에게 넘겨줄 수 있는 아이디어를 찾아낸 사람은 누구보다 한 걸음 앞서간다.

둘째, 아이디어가 뛰어난 사람, 장래가 유망한 인재들을 서로 연결해준다.

셋째, 아무도 하고 싶어 하지 않는 일을 찾아서 그 일을 한다.

넷째, 비효율, 낭비, 중복이 많은 곳을 맨 먼저 찾아낸다. 그러면 나와 내 조직이 새로운 분야로 진출하는 데 필요한 자원을 확보할 수 있다.

다섯째, 자신의 아이디어를 기꺼이 공유한다.

캔버스 전략은 언제, 어디서나 이용 가능하다. 유효 기간도 없다. 나이에도 구애받지 않는다. 이 전략은 일자리가 생기기 전, 직장에 채용되기 전에 다른 일을 하는 동안, 뭔가 새로운 일을 시작할 때, 조직 안에 강력한 동맹이나 지지자가 없을 때 등등 언제든 활용할 수 있다. 과거의 상태에서 벗어나 자기만의 프로젝트를 이끌게 된 뒤에도 이 전략을 중단할 이유는 없다.

안테암불로의 역할을 자발적으로 받아들이면, 대부분의 사람들이 자존심 때문에 그 진가를 깨닫지 못하고 있는 많은 가치들을 발견할 수 있게 된다. 길을 만드는 사람만이 결국 그 길이 나아가는 방향을 통제할 수 있다. 캔버스가 그림의 형태를 결정하는 것처럼 말이다.

영국의 유명한 정치가이자 존경받는 작가였던 마혼 경Lord Mahon은 이렇게 말했다.

"위대한 사람은 언제나 순종할 준비가 되어 있다. 자신의 지휘 능력은 나중에 언제든 증명할 수 있기 때문이다."

22
쓰고, 쓰고, 쓰고, 또 써라

닐 스트라우스Neil Strauss, @neilstrauss는 《더 게임The Game》《더 트루스The Truth》를 비롯한 여덟 권의 〈뉴욕 타임스〉 베스트셀러를 발표한 작가다. 〈롤링 스톤〉의 편집자와 〈뉴욕 타임스〉 기자로도 명성을 쌓은 그는 논픽션 분야에서 가장 글을 잘 쓰는 사람으로 손꼽힌다. 그는 말한다. "성공하고 싶은가? 그렇다면 글을 잘 써야 한다."

프리덤을 켜라

닐은 자신을 구원해준 '프리덤freedom'이라는 앱을 강력 추천한다. 작가의 필수 앱이라고 입이 닳도록 칭찬한다. "이 앱은 묻는다. '몇 분의 자유를 원하십니까?' 나는 '130분의 자유'라고 입력한다. 그러면 딱 그 시간 동안 거짓말처럼 인터넷이 막힌다. 내가 글을 쓰기 위해 앉아서 가장 먼저 하는 일은 프리덤을 켜는 것이다. 글을 쓰면서 자료를 구한답시고 계속 인터넷을 들락날락거리는 사람은 한 줄도 못 건진다. 모든 것에서 자유로울 때 우리는 우리 자신만의 고유한 글을 쓸 수 있게 된다."

닐과 나는 글을 쓸 때 나중에 검색이나 리서치가 필요한 곳에 빨간색으로 'TK(to come의 줄임말로 나중에 추가할 예정이라는 뜻 – 옮긴이)'라고 적어 넣는다. 검색은 한꺼번에 나중에 해결하는 게 좋다. 따지고 보면, 이 세상에서 글을 쓰는 일만큼 비효율적인 일도 없다. 정말 느리게 진행되지 않는가? 글쓰기의 가장 좋은 친구는 '집중력'이다. 프리덤은 언제나 집중력을 당신 곁으로 안내한다.

자신과 팬, 안티를 위해 편집하라

닐은 글을 쓸 때 다음의 3단계를 거친다.

> 첫째, 나를 위해 쓴다(내가 무엇을 좋아하는가?).
>
> 둘째, 팬들을 위해 쓴다(팬들에게 가장 즐겁고 유익한 것은 무엇인가?).
>
> 셋째, 안티들을 위해 쓴다(나를 비난하는 사람들이 무엇을 비판하고 깎아
>
> 내리고 조롱할 것인가?).

닐은 특히 마지막 단계에 대해 좀 더 자세히 설명한다. "나는 항상 래퍼 에미넴eminem을 본보기로 삼는다. 사람들은 절대 에미넴을 욕할 수 없다. 그는 미리 스스로 지은 노랫말로 자신을 욕하고 답하기 때문이다. 좋은 글은 타인을 설득하지 않는다. 비판받을 만한 곳에 미리 가 있을 줄 아는 작가가 성공한다."

글은 화려하기보다는 솔직해야 한다. 100개를 다 가진 사람처럼 보이게 하는 전략은 최악이다. 80~90개쯤 가진, 10~20개쯤 부족한 사람이라는 사실을 솔직하게 털어놓을 때 더 돋보이게 마련이다. 솔직함이야말로 타인들의 실시간 피드백을 얻는 글을 쓸 때 최선의

전략이다.

작가의 벽이란 존재하지 않는다

생각이 꽉 막혀 더 이상 진도가 나가지 않을 때는 어떻게 해야 할까? 최고의 작가인 닐에게도 그런 경험이 많을까? 그는 이렇게 말한다. "작가에게 벽은 사실 존재하지 않는다. 작가의 벽은 발기 부전과 비슷하다. 자연스럽게 할 수 있는 일을 잘해야 한다는 부담감 때문에 하지 못하는 것뿐이다."

그는 벽에 부딪쳐 실마리나 아이디어가 떠오르지 않을 때는 "기준을 낮추라"고 주문한다. 이것이 곧 좋은 글쓰기의 열쇠다. 닐의 이 말을 듣는 순간 나는 글쓰기에 관해 내가 얻은 최고의 조언이 떠올랐다. '매일 허접하게라도 두 장씩 써라.'

수십 년 전, 그러니까 컴퓨터 한 대의 무게가 300킬로그램을 넘던 시절, IBM 세일즈맨들은 모두 매일 전날의 판매 기록을 깨는 탁월한 능력으로 유명했다. 어떻게 가능했을까?

IBM은 판매 할당을 매우 낮게 책정하는 전략을 썼다. 세일즈맨들이 전화기를 드는 두려움을 느끼지 않도록 하기 위해서였다. 세일즈맨들의 사기를 올려 결국 주어진 할당과 목표를 초과하도록 유도하기 위함이었다. IBM의 의도는 성공적으로 적중했다.

'매일 허접하더라도 두 장씩'이라는 전략 또한 이와 상통한다. 중요한 것은 '성공한' 기분을 느끼는 것이다. 두 장을 쓰는 데 성공하면 종종 다섯 장, 열 장, 기적이 일어나는 날에는 스무 장까지도 진도가 나가는 경험을 할 수 있다. 픽사의 애드 캣멀이 들려준 이야기가 생각나는가? '성공은 초안과는 전혀 다른 버전으로 탄생하지만, 초안은 반드시 있어야 한다'는 조언을 기억하는가?

글쓰기도 마찬가지다. '질'보다 '양'이 선결되어야 한다. 양적 팽창은 질적 전이를 가져온다. 빠른 시간 내에 초고를 확보한 작가는 더욱 빠른 속도로 자신감을 그 위에 보태나간다.

마지막으로 닐은 이렇게 말했다. "100장짜리 글은 10장으로 쉽게 압축할 수 있다. 반면에 10장짜리 글을 100장으로 늘리는 건 거의 불가능하다. 10분 후 휴지통으로 직행하더라도 쓰고, 쓰고, 쓰고, 또 써야 한다."

23
10배 크게 생각하라

피터 디아만디스Peter Diamandis는 〈포춘〉이 선정한 '세계 최고의 리더 50인'에 속한다. 그는 민간인 우주비행의 꿈을 간직한 엑스프라이즈XPRIZE 재단의 설립자이자 회장이다. 또한 지구 밖 소행성에서 고가의 희귀광물을 채굴하는 탐사를 위한(농담이 아니다) 우주선을 설계하는 기업 플래니터리 리소스Planetary Resources의 공동 설립자이자 회장이다. 그는 말한다. "모든 혁신은 정신 나간 아이디어에서 나온다. 당신이 CEO라면 매일 아침 당신 회사 어디에 정신 나간 아이디어가 있는지 찾아야 한다."

엑스프라이즈와 '초강경신뢰'

피터는 찰스 린드버그가 상을 타기 위해 대서양을 건넜다는 사실을 책을 통해 접했을 때 문득 이런 생각이 떠올랐다. '내가 1,000만 달러의 상금을 걸면 민간인 우주선을 만들고자 하는 인재들이 모여들지 않을까? 그러면 나는 그들이 만든 우주선을 타고 지구 밖으로 나갈 수 있게 될 것이다!'

하지만 누가 1,000만 달러를 투자할지는 알 수 없었다. 그래서 그는 이 프로젝트를 '엑스(X) 프라이즈'라고 부르기로 결정했다. 'X'는 결국 투자자의 이름을 나타낼 터였다. 그는 백방으로 노력했지만 50만 달러를 모으는 데 그쳤다. 그럼에도 피터는 돌연 민간인 우주비행을 가능케 하는 사람에게 1,000만 달러를 지급하겠노라 공식 발표한다. 그것도 아주 화려한 호텔에서, 수중에 있던 50만 달러를 탈탈 털어 론칭 행사를 성대하게 마련한 것이다.

피터는 이렇게 말했다.

"대담한 소식일수록 어떻게 발표하느냐가 중요하다. 아이디어를 발표할 때는 신뢰를 얻는 수준에서 그치면 실패한다. '초강경신뢰supercredibility'를 얻을 수 있어야 한다. 엄청난 열정, 지칠 줄 모르는 노력과 도전정신 등을 압도적인 퍼포먼스로 보여줄 때 사람들은 앞다퉈 몰려와 이렇게 묻는다. '와우, 언제 실행됩니까? 어떻게 하면 내가 참여할 수 있죠?'"

1996년에 있었던 이 행사는 전 세계 신문의 헤드라인을 장식했다. 그리고 그후 2001년까지 5년간 150명의 CEO에게 거절당했다. 그는 정말 새벽 3시에 벌떡 일어나 다 집어치우겠노라 외치고 싶었던 적이 한두 번이 아니었다고 회상한다. 하지만 그는 태생이 포기를 모르는 사람이었다. 누군가는 자신을 전폭적으로 밀어줄 사람이 있을 것이라 믿었다. 엑스프라이즈는 아무나 계획할 수 있는 프로젝트가 아니었기 때문이다. 마침내 그는 어릴 적부터 우주여행의 꿈을 갖고 있던 젊은 여성 CEO 아누셰흐 안사리에게서 1,000만 달러를 투자받는 데 성공했다.

10퍼센트가 아니라 10배 크게 생각하라

그는 젊은 비즈니스맨을 위해 다음 3가지를 늘 강조한다.

"첫째, 10퍼센트 큰 것을 목표로 한다는 것은 모든 사람과 경쟁하겠다는 뜻이다. 모두가 10퍼센트 큰 것을 목표로 삼기 때문이다. 10배 큰 것을 목표로 하면 그곳에는 당신뿐이다. 예를 들어 지구가 아닌 행성에서 광물 자원을 확보하겠다는 목표를 가진 나 같은 사람이 그렇다. 소행성 탐사에는 경쟁이 별로 심하지 않다. 인간의 수명을 건강하게 40년 늘리겠다는 HLI의 목표 또한 마찬가지다. 이런 일을 추구하는 기업들은 별로 많지 않다.

둘째, 10배 큰 목표를 추구할 때는 '백지 상태'로 시작해야 한다. 문제 접근법이 완전히 달라야 한다. 대표적인 사례가 테슬라다. 엘론 머스크는 아무것도 없는 상태에서 테슬라를 만들어 미국, 아니 전 세계에서 가장 멋지고 안전한 차로 각인시켰다. 과거의 유산을 현재로 끌고 온 것이 전혀 아니다. 이 점이 매우 중요하다.

셋째, 10퍼센트가 아니라 10배 크게 생각하는 것은, 꼭 100배 더 힘들지는 않지만 보상은 100배 더 크다."

피터가 던지는 더 훌륭한 질문들

피터는 앞으로 6년 동안 50억 명의 새로운 소비자가 온라인에 등장할 것이라고 예측한다. 엄청난 숫자다. 그는 질문한다. "그들은 수십조 달러의 돈을 세계 경제에 뿌릴 것이다. 당신은 그들을 위해서 무엇을 제공할 수 있는가? 새로운 것을 제공하려면 먼저 당신이 갖고 있는 것을 파괴해야 한다. 최근에 나는 GE의 CEO 제프리 이멜트^{Jeffrey} ^{Immelt}가 이끄는 리더십 팀 회의에서, 그리고 코카콜라의 CEO 무타르 켄트^{Muhtar Kent}와 시스코 등 최고 기업들의 대표들과 만난 자리에서 이렇게 물었다. '당신은 당신의 기업을 어떻게 파괴하겠습니까? 그런 노력을 기울이기는 하고 있습니까? 그렇지 않다면 앞으로 깜짝 놀랄 일을 맞이하게 될 것입니다.'"

젊은 CEO들을 위해서도 그는 지혜로운 조언을 잊지 않았다. "사내에서 가장 똑똑한 20대 젊은 인재를 찾아라. 어느 부서에 근무하는지는 중요하지 않다. 그리고 그에게 회사를 망하게 할 수 있는 방법을 찾아보게 만들어라."

피터의 법칙

피터에게는 그의 삶을 성공적으로 견인해가는 '28가지의 법칙'이 있다. 그 가운데 나와 이 책의 타이탄들이 가장 좋아하는 법칙은 다음과 같다.

법칙 2. 선택할 수 있을 때는 두 가지 모두 선택하라.

법칙 3. 프로젝트가 여러 개라야 성공도 여러 개가 될 수 있다.

법칙 6. 어쩔 수 없이 타협해야 할 때는 그 위에 요구를 더 추가하라.

법칙 7. 이길 수 없으면 규칙을 바꿔라.

법칙 8. 규칙을 바꿀 수 없으면 규칙을 무시하라.

법칙 11. '아니오'는 한 단계 더 높은 곳에서 시작하라는 뜻일 뿐이다.

법칙 13. 의심될 때는 생각하라.

법칙 16. 빠르게 움직일수록 시간은 천천히 흐르고 더 오래 살 수 있다.

법칙 17. 미래를 예측하는 가장 좋은 방법은 스스로 미래를 만드는 것이다.

법칙 19. 인센티브는 베푸는 대로 거둔다.

법칙 22. 놀라운 돌파구도 그 전날까지는 정신 나간 아이디어였다.

법칙 26. 측정할 수 없으면, 개선할 수 없다.

24
배거본더가 되어라

2004년 나는 약 18개월 동안 전 세계를 여행한 적 있다. 그때 낯선 곳에서 얻은 교훈들은 지금도 내 삶의 단단한 토대가 되어주고 있다. 베를린의 뒷골목에서 파타고니아의 숨겨진 호수에까지 이르는 길 위에서 나는 빈털터리에 가까웠다. 가진 것이라고는 백팩과 작은 트렁크 하나뿐이었다. 책도 두 권만 가져갔다. 하나는 (당연해보이지만) 헨리 데이비드 소로의 《월든》이었고 다른 하나는 롤프 포츠Rolf Potts가 쓴 《여행의 기술Vagabonding》이었다.

떠나기 전 나는 《여행의 기술》을 챙기며 표지 안쪽에 꼭 가보고 싶은 곳의 목록을 적어 넣었다. 스톡홀름, 프라하, 파리, 뮌헨, 베를린, 암스테르담… 서두를 일도, 걱정할 일도 없었다. 천천히 나만의 속도로 각 도시를 걸으면 충분했다. 꿈이 이루어지는 순간이었다. 여행 내내 나는 롤프의 책을 거듭 읽으며 깨달았다. 진정한 여행은 여행지가 아니라 '일상'에서 내 삶을 바꿔놓는다는 것을.

6주 이상 떠나본 적 있는가?

올리버 스톤 감독의 〈월스트리트〉라는 영화에는 주식중개인으로 일하는 야심찬 청년이 나온다. 그는 여자친구에게 자신의 꿈에 대해 이야기한다. "난 서른이 되기 전에 돈을 잔뜩 벌어 이 바닥을 떠날 거야. 모터사이클을 사서 중국 일주를 할 거야!"

나는 이 장면을 보다가 너무 놀란 나머지 자리에서 벌떡 일어날 뻔했다. '누구라도 8개월 정도 일하면 중국 여행을 할 만큼의 돈을 벌 수 있다. 그런데 이게 서른이 되기 전에 꼭 이루고 싶은 꿈이라고? 아니, 왜 관객들은 이 청년의 말에 나처럼 놀라지 않는 거지?'

내가 자리에서 벌떡 일어날 뻔했던 건 이런 의문 때문이 아니었다. 나 역시 아무렇지도 않게 다른 관객들과 같이 그 청년의 말에 고개를 끄덕이고 있었던 것에 순간 깜짝 놀랐던 것이다.

그렇다. 우리는 놀라지 않는다. 우리에게 여행이란 짧고 열광적인 경험일 뿐이다. 벌어들이는 돈 모두를 아주 모호한 개념의 '인생 시스템'에 끊임없이 쏟아 붓는 사람에게 여행이란, 그저 큰맘 먹고 사는 비싼 옷이나 가구와 같은 것이다.

나는 이 책을 쓰면서 이른바 세상에서 가장 큰 성공과 혁신을 거둔 인물들을 만나보았다. 그들과 함께 대화하고, 산책하고, 식사를 하고, 회의를 하면서 알게 된 사실들 중 하나는, 그들은 대부분 '배거본더(vagabonder, 방랑자)'였다는 것이다. 잠시 머리를 식히기 위해 여름휴가에 떠나는 여행이 아닌, 더 긴 시간을 들여 더 깊이 관찰하며 세상을 걷는 여행 전통인 '배거본딩(vagabonding, 방랑 또는 유랑)'의 삶을 실천하는 사람들이었다.

배거본딩은 일상에서 최소한 6주 이상 벗어나 여행을 한다는 뜻을 갖고 있다. 짧게는 몇 개월에서 길게는 몇 년에 이르기까지, 충분한 시간을 갖고 떠나는 여행일 때 비로소 우리는 일상과 삶을 새롭게 바꿔나갈 수 있다.

배거본딩은 삶에 대한 새로운 관점이다. 우리에게 소유가 아닌 선택권을 선물한다. 일상에서 모험을, 모험 속에서 일상을 찾게 이끈다. 배거본딩은 태도이기도 하다. 사람과 장소, 사물에 진심으로 흥미를 보이는 생생한 모험가가 될 때 우리는 다양한 기회를 얻는다.

배거본딩은 인생의 확실함을 느슨하게 만들 수 있는 용기를 낸다는 뜻이다. 배거본딩에 적당한 때란 없다. 상황이 운명을 결정해주기를 기다리지 않고, 지금 바로 시작하는 것이다. 실제로 비행기를 타고 떠나는 시간이 몇 달 또는 몇 년 후라도 상관없다. 즉시 돈을 모으고 가능성으로 가득한 세계지도를 펼치는 순간 인생이 바뀌는 배거본딩이 시작된다.

배거본딩은 불확실함에 대처하는 능력을 길러준다. 인생과 세계관을 바꿈으로써 우리가 이 세상에 온 근본적인 이유에 더욱 초점을 맞출 수 있게 해준다. 배거본딩은 더 이상 각종 예방주사를 맞거나 캐리어를 챙기는 것이 아니다. 세상을 정면으로 바라보고, 두려움과 마주하고, 습관을 바꾸고, 새로운 사람과 새로운 공간에서 창의적인 관심과 흥미를 가꿔나가는 일이다. 생각해보라, 이보다 더 멋진 성공비결이 또 있을까?

그만두어야 새로운 것이 시작된다

흔히 배거본딩을 위해서는 충분한 시간, 충분한 경비, 일상으로의 무사한 복귀가 선결조건이라고 생각한다. 그래서 우리는 수십 년째 떠나지 못하고 있다. 마파람에 게 눈 감추듯 쏜살같이 떠났다가 쏜살같이 복귀하는 삶에서 벗어나지 못하고 있다.

나는 여행을 하면서 다양한 배가본더들을 만난다. 비서, 은행원, 경찰, 변호사, 펀드매니저, 사회복지사, 뮤지션, 트럭 운전사, 은퇴 군인, 웨이터, 목수, 어부, 엔지니어, 사업가…. 그들은 어떻게 충분한 시간과 돈을 확보했을까? 세상이 자신의 장기간 공백을 받아주지 못할 수도 있다는 두려움을 어떻게 극복했을까? 장기간 여행을 떠났다는 이유로 직장에서 해고당하고 굶어죽고 팔자 좋은 베짱이라는 조롱을 당해야 한다면, 아마도 세상은 배가본더들 때문에 심각한 위기에 빠졌을 것이다. 하지만 알다시피 그런 일은 없었다.

오히려 세상은 배거본더들의 글과 책, 강연, 영상, 이야기에 더욱 귀 기울인다. 이는 배거본더들이 끊임없이 지속되어온 낡은 무엇인가를 멈추고, 새로운 인생 기술들을 배워왔다는 증거다. 진정한 여행을 통해 우리는 근본적인 깨달음을 얻게 된다. 내 안의 뭔가를 그만두어야만, 뭔가가 다시 시작된다는 것을.

〈타임Time〉 지 기자를 거쳐 세계적인 여행작가가 된 피코 아이어Pico Iyer는 '그만두는 것'에 대해 이렇게 말했다. "그것은 포기가 아니라 다음으로 넘어간다는 뜻이다. 뭔가가 당신을 수긍하지 않아서가 아니라 당신이 뭔가에 수긍할 수 없어 방향을 바꾸는 것이다. 불평불만이 아니라 긍정적인 선택이고 인생 여정의 종착역이 아니라 더 나은 방향으로 가는 걸음이다. 직장이든 습관이든, 그만둔다는 것은 꿈을 향한 방향으로 나아가기 위한 아름다운 선회다."

수십 년 동안 당신이 그만두지 못하고 있는 것은 무엇인가?

배거본딩은 성공 후에 주어지는 특권이 아니다.

성공하려면 반드시 배거본더가 되어야 한다.

2장

세상에서 가장
지혜로운 사람들의 비밀

"당신이 찾는 것이, 당신을 찾고 있다."

_루미|Rumi

"행복에 이르는 길은 없다. 행복이 길이다."

_틱 낫 한

"모두를 만족시킬 수는 없지만, 모두를 사랑할 수는 있다."

_휘트니 커밍스Whitney Cummings

TOOLS OF
TITANS

01
타이탄들은 어떻게 두려움을 극복하는가

우리에게는 평생 숙명처럼 붙어 다니는 두 친구가 있다. '두려움'과 '불안'이다. 이 두 친구와 어떤 관계를 맺어야 할지에 대해 가장 지혜로운 답을 줄 수 있는 현자는 누구일까? 단연 알랭 드 보통**Alain de Botton, @alaindebotton**이 압도적인 표를 얻었다.

알랭 드 보통은 우리 시대 가장 영향력 있는 철학자다.《왜 나는 너를 사랑하는가》《불안》《행복의 건축》《뉴스의 시대》등 펴내는 책마다 베스트셀러가 되었고, 각박한 삶을 살아가는 수많은 사람들의 몸과 마음을 치유하는 '인생 학교**The School of Life**'를 전 세계에 설립, 활발한 사회 운동을 펼쳐나가고 있다.

지금 이 순간에 감사하라

알랭은 우리가 두려움과 불안을 벗어나지 못하는 이유에 대해 이렇게 설명한다. "당신의 삶을 너무 타인에게 맡기고 있기 때문이다. 당신이 진정 원하는 것과 향하는 곳을 알면 타인의 중요성은 뚜렷하게 약해진다. 당신이 걷고 있는 길이 모호할수록 타인의 목소리와 주변의 혼란, 소셜 미디어의 통계와 정보 등이 점점 커지면서 위협적으로 다가온다."

알랭은 또 "진정한 성공이란 평화로운 상태에 놓이는 것"이라고 설명한다. 평화로운 상태를 얻으려면 주체의 삶을 회복하고 타인이 나를 이해하고 받아주기를 바라지 않아야 한다. 어떤 사람이 자신을 완전히 이해하지 못한다며 당신에게 화를 낸다고 해보자. 그의 얼굴을 천천히 살펴보라. 그는 당신의 이해 부족 때문에 화를 내고 있는 게 아니다. '이해받지 못하고 있다'는 자신의 불안 때문에 당신에게 못되게 구는 것이다. 대부분의 화와 불안, 두려움은 이런 방식으로 세상에 존재한다. 그러니 당신은 타인의 반응보다는 자기 자신의 반응을 더 깊이 살펴야 한다. 타인에게 상처받는다는 건, 결국 자신에게서 상처받는다는 말에 다름 아니다.

알랭은 계속 조언한다.

"불안에서 벗어나는 가장 좋은 방법은 지금 이 순간의 좋은 일에 감사하는 것이다. 모든 것은 끝이 있고 모든 것은 사라진다는 것을 알아차려야 한다. 규칙적으로, 의도적으로 잠깐씩 멈춰 서서 그 사실을 즐길 줄 알아야 한다. 들에 핀 꽃을 보고 탄성을 지르면 사람들은 당신을 패배자라고 손가락질할지도 모른다. 지금 꽃을 보고 감탄할 시간이 있느냐고, 원대한 꿈은 없느냐고, 야망이 그것밖에 안 되느냐고 말이다. 하지만 경험을 더 쌓고 시련의 파도를 넘고 넘다 보면, 언제부턴가 꽃 한 송이, 아름다운 구름, 모두에게 친절한 미소를 날리는 평화로운 아침 같은 일상의 사소함에 대해 생각하게 된다. 운명의 여신은 우리에게 무엇이든 할 수 있다. 인간은 그만큼 나약한 존재다. 해고에 대한 불안, 신체의 질병, 경제적 압박 등 조금만 상황이 틀어져도 우리는 쉽게 무너진다. 아주 약간의 좌절만으로도 그렇게 된다. 따라서 이 같은 나약함을 담담하게 받아들이고, 별 큰일 없이 무탈하게 지나가는 하루에 진심을 다해 감사할 때 극복의 길이 열린다. 감사야말로 불안과 두려움을 보내오는 운명의 여신에게 맞설 수 있는 인간의 가장 효과적인 무기다."

명상가 샘 해리스Sam Harris, @SamHarrisOrg 또한 두려움을 사라지게 하는 간단한 방법으로 맑은 하늘을 이용할 것을 권유한다. 이는 많은 타이탄들이 효과를 얻고 있는 방법이기도 하다. 그는 이렇게 말했다. "족첸Dzogchen을 아는가? 이는 티베트 불교의 최고 수행법이다. 두려움이나 불안이 엄습할 때는 눈을 뜬 채 맑은 하늘과 지평선 너머를 쳐다본다. 그러면서 현재 경험하고 있는 것에 아무 판단 없이 주의를 기울여보라. 머리가 맑아지고, 고개를 푹 숙이고 있었을 때의 감정들이 사라지고 있음을 목격하게 될 것이다."

삶에 반드시 초대해야 할 친구

불안과 두려움에 대해 인상 깊은 깨달음을 준 또 다른 인물로 케빈 코스트너Kevin Costner, @modernwest를 꼽을 수 있겠다. 그는 평단의 찬사와 함께 혁신적인 스토리텔러로 평가받는 세계적인 영화배우다.

무명이었던 젊은 시절의 어느 날, 그는 낡은 픽업트럭을 몰아 한 작은 지역극장에서 열리는 오디션에 참가하고자 달리고 있었다. 그런데 일순간, 속도가 갑자기 140킬로미터까지 치솟았다. 브레이크는 말을 듣지 않았고, 꼬리에 꼬리를 문 차량들의 브레이크등 불빛이 점점 크게 다가왔다. 그는 회상한다. "아주 짧은 시간 동안 '아, 죽는구나' 하는 생각이 들었다. 그와 동시에 '이렇게 죽을 순 없어!'라는 생각도 들었다. 클러치를 터져라 밟았다. 날카로운 비명처럼 끽 소리가 나면서 가까스로 시동키를 뽑을 수 있었다. 속도를 간신히 줄이고 갓길에 차를 세웠다. 무엇보다 아무도 죽이지 않아서 다행이었다. 잠시 안도의 숨을 고른 다음 빌어먹을 차에서 내려 뭔가에 홀린 듯이 울타리를 뛰어넘어 달리기 시작했다. 정확한 이유는 나도 몰랐다. 왠지 절대 오디션을 놓쳐서는 안 될 것 같다는 생각만 머릿속에 가득했다."

케빈은 그 오디션에서 떨어졌다. 애초에 배우가 되겠다는 열렬한 생각은 없었다. 그냥 주변에서 하도 권해서 경험 삼아 도전해본 일이었다. 그런데 막상 오디션에서 떨어진 후 그는 '정말 배우가 될 거야!' 하는 생각과 사랑에 빠지기 시작했다. 그게 밥벌이가 될 수 있을지 큰 확신은 없었지만 미치도록 머릿속을 파고드는 '앞으로 뭐하고 살래?'라는 속삭임을 떨쳐내는 용기를 얻는 데엔 충분했다.

케빈은 이렇게 말했다.

"그날 나는 고속도로에서 목숨을 잃을 뻔했고, 배우로서도 별 재능이 없다는 사실을 알았다. 그런데 그것보다 더 중요한 사실은 그날 '내가 사고로 죽어 오디션을 보지 못했으면 어땠을까?' 하는 생각이 온몸을 전율처럼 훑고 지나갔다는 것이다. 오디션에선 떨어졌지만, 오디션 자체는 너무 재미있었기 때문이다. 그래서 나는 내가 배우가 될 수 있을 것이라고 확신했다. 비록 배우로 대성할 수는 없을지라도, 어떻게든 배우만 될 수 있다면 남들이 싫어하는 일일지라도, 내가 원하지 않는 일일지라도 모두 기꺼이 할 수 있다는 용기가 생겼기 때문이다."

케빈의 어깨를 짓누르던 모든 짐이 사라졌다. 그는 어떤 도전이든 가능한 사람이 되었다. 그의 가장 큰 두려움은 자신이 원하지 않는 삶을 계속 살아야 할지 모른다는 것이었다. 그가 이 두려움에서 벗어날 수 있었던 것은 '원하는 삶을 살기 위해, 원하지 않는 삶을 기꺼이 받아들이는 용기'를 얻었기 때문이었다.

나는 그가 들려준 이 지혜로운 깨달음에 경의라도 표하고 싶은 심정이었다. 케빈은 '원하는 일, 원하는 삶을 찾는 방법'에 대해서도 지혜를 나눠주었다. "떠올릴 때마다 약간 두렵고 긴장되고 떨리는 일, 그게 바로 당신이 원하는 것이다. '와, 잘하면 완전히 인생을 망칠 수도 있겠는걸!' 하는 일이 바로 당신이 찾아 헤매던 모험이다. 두려움이라는 친구를 멀리하는 데 시간을 쓰지 마라. '용기'라는 새 친구를 초대하는 데 심혈을 기울여라."

두려움이 목표를 가로막을 때

화재를 진압하는 것뿐 아니라 심해 탐색(시체 찾기), 로프 및 라펠 구조 작업, 열차 사고현장에도 파견되는 샌프란시스코 레스큐 2팀Rescue 2 의 캐롤라인 폴Caroline Paul, @carowriter은 최고의 여성 소방관이다. 레스큐 2팀 역사상 최초로 화재 현장에 투입된 여성 소방관이자, 루지 부문 미국 올림픽 대표팀 선발전에도 참가했던 그녀 역시 한때 둘째가라면 서러워할 겁쟁이였다. 그런데 어떻게 세상에서 가장 용감한 인물이 될 수 있었을까?

아직 자신의 미래를 결정하지 못했던 시절, 캐롤라인은 무엇보다 두려움을 극복하지 못하면 자신이 앞으로 무슨 일을 하든 간에, 한 발자국도 못 나갈 것이라는 사실을 잘 알았다. 그래서 그녀는 평범한 사람은 상상도 못할 일을 벌였다. 자신의 두려움을 마주 보기 위해 세로로 설치된 케이블 선을 타고 230미터 높이의 금문교를 올라간 것이다. "한밤중이었다. 나는 케이블 선을 올라 70층 높이의 둥근 가로 바 위를 걷기 시작했다. 발아래에는 아무도 없었다. 양 옆으로 뻗은 두 줄의 가는 와이어가 안전을 위한 유일한 장치였다. 첫 발자국을 떼는 건 기적 같은 용기가 필요했다. 하지만 두 걸음, 세 걸음쯤 걷고 나자 그냥 보통 평지를 걷는 것과 똑같다는 느낌이 문득 들었다. 그러니까 두려움에서 용기까지는 두세 걸음이면 충분했던 것이다."

두려움이 용기로 바뀌자 캐롤라인은 아찔한 허공 위에서도 자신을 찾아온 감정 모두를 고요하게 바라볼 수 있었다. 기대, 흥분, 짜릿함, 집중, 자신감, 재미, 두려움…. 마침내 그녀는 깨달았다. 정말 해내고 싶은 일이 있을 때는 '두려움'이라는 감정을 어느 정도의 순위에 배치할 것인지를 정하고 거기에 넣어두면 충분하다는 것을.

그녀는 이렇게 말했다. "공포와 불안, 두려움을 느낄 때는 자신의 모든 감정을 벽돌처럼 따로 하나하나 떨어뜨려 놓은 다음 다시 한 개의 선線 위에 그것들을 올려보라. 인생이란 이 벽돌들을 단단히 쌓아가는 작업임을 알면, '두려움'이란 벽돌을 어디에 어떻게 배치해야 무너지지 않을지 깨닫게 된다. 두려움은 무조건 부정적인 감정이 아니다. 반드시 부수고 없애야 할 벽돌도 아니다. 적당한 순위에 재배치된 두려움은 우리를 안전하게 이끈다. 안전하면서도 근사하고 멋진 집을 짓고 싶다면 두려움을 어떻게 쓸지를 자연스럽게 알게 된다."

캐롤라인과 대화를 나누던 나는 문득 커피 잔을 내려놓다가 테이블 위에 새겨진 작가 아나이스 닌^{Anais Nin}의 글을 발견하고는 크게 고개를 끄덕였다.

"인생은 용기의 양에 따라 줄어들거나, 늘어난다."

02
오늘도 대담하게 뛰어들었는가

휴스턴 대학교 사회복지학과의 브레네 브라운**Brene Brown, @BreneBrown**
박사는 '역대 가장 많은 사람이 본 테드**TED** 강연 영상 5개' 중 하나의
소유자다. 2010년 '취약성의 힘'이라는 주제로 열린 그녀의 강연 영
상은 3,100만 건이 넘는 조회 수를 기록했다. 그녀는 지난 13년간 취
약성과 용기, 가치, 수치심 등에 대해 연구했고,《마음 가면》《불완전
함의 선물》《라이징 스트롱》등의 베스트셀러를 펴냈다.

두려움과 용기는 늘 함께 다닌다
그녀는 이렇게 말했다. "용감하거나 겁쟁이거나, 사람은 이 둘 중 하
나라는 말은 사실이 아니다. 우리는 모두 두려움을 느끼는 동시에 용
기를 내기 때문이다."

　나는 복싱 선수 마이크 타이슨의 전설적인 코치였던 쿠스 다마토**Cus
D'Amato**가 큰 경기를 앞두고 선수들에게 했다는 말이 떠올랐다. "영웅
과 겁쟁이는 똑같은 것을 느낀다. 하지만 영웅은 자신의 두려움을 상
대 선수에게 던져버린다. 반면에 겁쟁이는 이를 피해 도망친다. 두
사람이 느끼는 건 모두 두려움이다. 그 두려움을 어떻게 써먹느냐가
승패를 결정한다."

당신은 경기장에 서 있는 투사인가?

젊은 시절, 브레네는 우연히 시어도어 루스벨트 대통령이 남긴 유명한 '경기장에 선 투사'라는 연설을 접하게 되었다. 이는 그녀의 소극적이고 내성적인 태도를 바꾸는 데 큰 영향을 주었다. 살아가면서 상처가 되는 모든 공격과 비판에 직면한다 할지라도, 내가 옳다고 생각한 신념과 가치를 포기하지 않겠노라 굳게 결심한 것이다.

그렇다면 궁금해진다. 그녀의 삶에 터닝 포인트를 제공한 '경기장에 선 투사'란 어떤 의미인가? 그녀는 이렇게 말했다. "이 세상에서 가장 중요한 사람은 경기장에 선 투사다. 그는 얼굴에 흙먼지와 땀과 피를 잔뜩 묻혀가며 용감하게 싸운다. 실책을 범하고 거듭 한계에 부딪치기도 한다. 그가 누구인 줄 아는가? 바로 나, 그리고 당신이다."

더 나은 사람이 되려면 우리는 실수와 한계를 드러내는 일에 두려움을 갖지 않아야 한다. 가장 많은 실수를 드러내는 사람이 '가장 열심히 노력하는 사람'이다. 그러니 그것들을 보여주는 건 자랑스러운 일이지, 부끄러워 할 이유가 아니다.

브레네는 계속 설명한다. "경기장의 투사로 살면 확실하게 보장받는 것이 있다. '흠씬 두들겨 맞을 것'이라는 사실이다. 정신 없이 두들겨 맞을 것을 알면서도 대담하게 뛰어드는 것, 그것이 우리가 가져야 할 단 하나의 삶이다. 인생을 바꿀 만한 커다란 용기는 '흠씬 두들겨 맞을 것이다'와 같은 '취약성'을 드러내고 감수할 때 생겨난다. 우리는 매일 두 개의 질문을 던져야 한다. '나는 오늘 대담하게 뛰어들었는가?' '나는 편안함 대신 용기를 선택하기 위해 어떤 취약성을 드러내고 감수했는가?'"

이는 아침 일기나 저녁 일기를 쓸 때 하루를 돌아보게 해주는 매우 좋은 질문들이다. 그녀의 이 메시지는 3,000만 명이 시청한 강연을 만들어냈다. "테드TED 강연을 위해 내가 준비한 것은 내 취약성을 드러내며 대담하게 뛰어드는 것이 전부였다. 나는 내 자신의 다양한 실패에 대해 이야기했다. 심리 상담을 받고 돌아가는 길에 두 번 다시는 받지 않겠노라 결심한 이야기도 했다. 관객들은 경기장에 선 나에게 큰 박수를 보내주었다. 그리고 깨달았다. 강연이 끝났을 때 어지럽고 속이 울렁거리지 않으면, 그건 대담하게 뛰어들지 않았다는 뜻이라는 것을."

상대에게 도와줄 기회를 제공하라

취약성은 이제 더 이상 숨겨야 할 것이 아니다. 솔직하게 드러낸 취약성은 사람들에게 신뢰를 심어주는 훌륭한 도구다. 흔히 상대에게 단단한 신뢰를 먼저 얻고 난 다음에 자신의 취약성을 드러내야 한다고 생각한다. 하지만 먼저 나의 연약함, 취약함을 드러내지 않으면 시간이 흘러도 신뢰관계는 형성되지 않는다.

브레네는 마지막으로 이렇게 말했다.

"인생은 결코 편안하게 흘러가지 않는다. 생각해보라, 편안하게 얻은 게 하나라도 있는지를. 뭔가를 얻으려면 빈틈이 없는, 매끄러운 사람이 되어선 안 된다. 그런 사람에게 사람들이 귀를 기울이고 칭찬할 것 같은가? 천만에다. 속이 울렁거리고 얼굴이 화끈거려 몹시 불

편하더라도 기꺼이 먼저 자신의 취약한 부분을 드러내는 사람을 세
상은 더 높게 평가하고 도와준다. 상대에게 도움의 기회를 제공하는
사람이 가장 용감하게, 가장 빠르게 성공한다."

03
강력한 행동을 끌어내는 7가지 질문

영화 〈스타워즈 : 제국의 역습〉에서 요다는 충고한다. "두려움을 없애려면 그것에 이름을 붙여야 한다."

이 책에 등장하는 많은 타이탄들도 요다와 비슷한 두려움 극복 방법을 제시한다. 추상명사인 '두려움'을 눈에 보이는 실체로 만들고, 그것에 구체적인 이름과 정의를 붙이는 방법을 통해 생각보다 쉽게 두려움에서 빠져나온다. 그 지혜들을 소개해보고자 한다.

최악의 상황을 구체적으로 정의하라

영국의 정치가 벤저민 디즈레일리는 이렇게 말했다. "행동이 항상 행복을 가져다주지는 않는다. 하지만 행동 없는 행복은 존재할 수 없다."

할 것인가, 말 것인가? 시도해야 하는가, 포기해야 하는가?

용감하든 그렇지 않든, 우리는 대부분 '하지 않는' 쪽을 선택한다. 고민하는 내내 '불확실하다'와 '실패할 것이다'라는 문장이 머릿속에서 무서운 경고처럼 떠다니기 때문이다. 그래서 우리는 아무것도 하지 않는 '불행'을 선택한다.

나도 예외는 아니었다.

회사를 만들어 하루 15시간씩 일했다. 실적은 나쁘지 않았지만 일하는 시간은 줄어들지 않았다. 15시간씩 일하지 않으면 당장 내일 회사가 문을 닫을지도 모른다는 불안이 내 삶의 전부를 저당 잡아 놓고는 조금씩 갉아먹고 있었다. 언젠가는 불안이 내 삶을 다 먹어치울 것이라는 사실을 알면서도 내가 할 수 있는 선택은 하루 15시간씩 일하는 것뿐이었다.

매일 새벽에 깨어나면, 1년쯤 회사를 떠나 재충전의 시간을 가져야 한다는 생각이 머릿속을 파고들었다. 하지만 그 생각은 출근해 사무실 문을 여는 순간 연기처럼 사라지곤 했다.

내가 떠나면 회사는 곧장 망할 수도 있다. 각종 소송에 휘말릴 수도 있다. 그러면 회사가 파산해 창고에 가득한 재고들을 땡처리해야 한다는 보고서를 읽으며 아일랜드 어느 겨울 해변에서 홀로 괴로워하며 발가락이나 만지고 있겠지. 비를 맞으며 울고 있거나. 은행계좌의 80퍼센트가 사라지고 차고의 자동차와 모터사이클에도 빨간 딱지가 붙을 것이다. 어두운 지붕 밑에 웅크려 잠든 내게 누군가 침을 뱉는다. 화들짝 놀라 깨어난 내게 떠돌이 개가 달려들어 얼굴을 깨무는 상상을 하고 있노라면 아, 인생은 정말 잔인하고 가혹한 골칫덩어리였다.

그러던 어느 날 나는 책을 읽다가 다음의 문장들을 만났다. "며칠 동안 남루한 옷차림으로 싸구려 음식을 먹으며 생각해보라. '이것이 내가 가장 두려워했던 상황인가?'"

철학자 세네카Seneca의 말이었다.

머릿속에서 함성이 울려 퍼지고 있었다.

리스크가 아니라 가능성을 선택하라

세네카의 조언에 힘입어 나는 내가 가장 두려워하는 상황, 최악의 상황을 구체적으로 그려보고 정의하기 시작했다. 그러자 재미있는 일이 일어났다. 꼬리에 꼬리를 물고 나를 불안의 늪으로 빠져들게 했던 생각들이 돌연 긍정적인 상황을 설정하는 데 도움을 주기 시작했다.

최악의 상황은 회사가 문을 닫는 것이었다. 그러면 나는 언제든 예전 경험을 살려 임시 바텐더로 일을 시작해 월세를 마련할 수 있을 터였다. 가구를 팔고 외식비를 줄일 수도 있었다. 혹은 매일 아침 아파트 앞을 지나가는 유치원생들의 점심 값을 삥 뜯거나.

방법은 많았다. 최악의 상황이 닥쳐도 생존은 가능했다. 생각이 여기에 미치자 생존을 넘어 정상적인 일상으로 돌아가는 것도 그리 어렵지는 않겠다는 자신감이 생겼다. 그 무엇보다 회사가 문을 닫는 상황이 '치명적'이지는 않았다. '살다 보면, 뭐, 생길 수도 있는 일이지. 이봐, 팀. 너무 걱정 마.'

아무런 영향도 끼치지 않는 것을 1, 삶이 완전히 바뀌는 것을 10이라고 할 때 내가 생각한 최악의 시나리오는 3~4 정도에 영향을 끼칠 뿐이었다. 그것도 임시적으로.

'맙소사, 이제 내 인생은 끝장이야!'라고 외치는 사람들은 명심해야 한다. 인생이 정말 끝장날 상황이 찾아오기란 여간 어려운 일이 아니라는 것을. 그렇다면 최악이 아니라 최고의 시나리오는 어떤가?

176

내가 생각한 최고의 시나리오는 분명 내 삶의 9~10 정도에 긍정적인 영향을 끼칠 것이다. 자, 정리하자면 이렇다. 예를 들어 최악의 상황이 될 가능성도 낮고, 최고의 상황이 될 가능성도 낮다면, 우리는 어떤 상황에 베팅해야 하겠는가?

이 책을 쓰기 위해 만났던 타이탄들은 이렇게 말하곤 했다. "성공하려면 높은 리스크risk를 감수해야 한다고 생각한다. 맞는 말이다. 그런데 정작 큰 리스크를 감수하겠노라 결정하고 대담하게 뛰어들면, 생각보다 큰 리스크는 별로 없다. 정작 리스크보다 더 많이 만나는 것은 인생을 바꿀 만한 잠재력, 즉 다양한 '가능성'이다. 그러므로 인생은 어떤 리스크를 선택할 것인지로 결정되지 않는다. 어떤 가능성을 선택할 것인지, 더 큰 가능성을 놓치고 있는 것은 아닌지의 여부로 결정된다는 사실을 생생하게 알게 된다."

나는 배거본더가 되기로 결정했고, 유럽행 편도 티켓을 끊었다. 모험의 지도를 그리면서 물리적이고 심리적인 짐들을 지워나가기 시작했다. 아무런 재앙도 일어나지 않았다. 대신 아주 새로운 날들이 펼쳐졌다. 회사는 예전보다 더 잘 굴러갔다. 1년이 넘는 시간 동안 아무 걱정 없이 회사가 부쳐주는 돈으로 전 세계를 여행할 수 있었다.

강력한 행동을 끌어내는 Q&A

두려움 때문에 점프를 하지 못하고 있다면 아래의 질문을 읽고 답을 적어보라. 답을 열심히 생각하지 마라. 그냥 생각나는 대로 쏟아내는 것이 더 효과적이다. 답을 적은 후에는 절대 그 답을 편집하지 마라.

길게 쓰는 것을 목표로 삼아라. 한 질문에 몇 분 정도는 사용토록 하라.

1. 당신의 악몽, 즉 당신이 지금 생각하고 있는 일을 행동에 옮길 때 발생할 수 있는 최악의 상황을 정의하라. 당신에게 꼭 필요한 큰 변화를 추구했을 때 따를 것 같은 의심과 두려움, '만약'의 상황은 무엇인가? 매우 구체적으로 떠올려본다. 삶이 끝장나는가? 1~10까지 평가한다면? 이런 일들이 실제로 일어날 가능성은 얼마나 되는가?

2. 최악의 시나리오가 현실이 되었을 때 거기서 탈출하는 데는 시간이 얼마나 걸릴 것 같은가? 어떤 단계를 거치면 가장 빠르게 회복해 예전 상태로 돌아갈 수 있을까? 아니면 최악의 상황에서도 여전히 나는 상황을 다시 통제하는 힘을 발휘해 새로운 길을 열 수는 없을까?

3. 반면에, 인생에 긍정적인 영향을 끼칠 좀 더 가능성이 큰 시나리오가 가져다줄 성과는 무엇인가? 최악의 시나리오를 파악한 후에는 좀 더 가능성이 크거나 긍정적인 성과에 대해 생각해본다. 그것은 내부적일 수도(자신감과 자존감의 고취 등), 외부적일 수도 있다. 1~10으로 평가할 때 어느 정도인가? 일정 수준의 좋은 성과가 나올 가능성이 얼마나 되는가? 당신보다 덜 똑똑한

사람이 해낸 전례가 있는 일인가?

4. 오늘 직장에서 해고된다면 생계는 어떻게 유지할 것인가? 다른 선택권을 시험해보기 위해 직장을 그만둔다면, 그 선택권이 별로였을 때 다시 예전 직장이나 커리어로 되돌아올 수 있는 방법은 무엇인가?

5. 두려움 때문에 미루고 있는 일이 무엇인가? 사람들이 가장 두려워하는 일은 꼭 해야만 하는 일인 경우가 많다. 꼭 해야 할 행동을 하지 못하게 막는 것은, 알 수 없는 결과에 대한 두려움이다. 최악의 상황을 정의해보고 받아들이고 행동을 하라. 이마에 새겨 넣어야 할 정도로 중요한 이 말을 다시 한 번 반복하겠다. 우리가 가장 두려워하는 일은 우리가 꼭 해야만 하는 일인 경우가 많다. 성공은 그 사람이 얼마나 많은 불편한 대화를 기꺼이 할 준비가 되어 있는지로 측정된다. 매일 두려운 일을 하나씩 하겠다고 다짐하라. 나는 일면식도 없는 유명 인사나 CEO들을 접촉해 조언을 구하는 일을 열정적으로 해나갔다. 처음엔 정말 어려웠지만 이제는 자연스러운 습관이 되었다.

6. 행동을 연기함으로써 금전적·감정적·물리적으로 어떤 대가를 치르고 있는가? 우리는 행동에 따르는 잠재적인 단점만 생각해선 안 된다. 행동하지 않음에 따르는 끔찍한 비용 또한 구체

적으로 측정할 줄 알아야 한다. 지금 당신을 열광하게 하는 목표를 추구하지 않는다면 1년, 5년, 10년 후 어떤 모습일까? 어쩔 수 없이 앞으로 10년이라는 소중한 시간 동안 전혀 성취감을 느끼지 못하는 일을 계속 해야만 한다면? 10년 후가 실망과 후회로 가득한 길이 되리라는 사실을 100퍼센트 확신할 수 있다면 당장 뾰족한 대안이 떠오르지 않는다 해도, 지금 때려치워라. 때려치우는 것도 하나의 가치 있는 행동이다.

7. 언젠가 꼭 할 것이지만 때를 기다리고 있는 것은 무엇인가? 장담하건대 '좋은 타이밍'은 없다. 당신은 그저 다른 사람들과 마찬가지로 무서울 뿐이다. 행동하지 않음에 따르는 비용을 측정하고, 가장 두려운 실수가 실제로 일어날 가능성은 낮다는 사실을 깨닫고, 남보다 앞서가는 사람들이 가진 중요한 습관을 길러라. 바로 '실천'이다.

강한 사람들은 미리 연습한다

《월든》의 작가 헨리 데이비드 소로는 말했다. "우리가 얻을 수 있는 부유함은 우리가 기꺼이 내려놓을 수 있는 물건의 숫자에 비례한다."

두려움을 내려놓을 수 있는 또 다른 방법은 두려움을 '리허설' 해보는 것이다. 분기에 한 번씩 정기적으로 최악의 시나리오를 자신에게 조금씩 주입시키는 것이다.

네이비 실Navy SEALs을 지휘했던 조코 윌링크는 내게 이렇게 말했다. "네이비 실이 최강의 팀이 된 것은 평소에 극한 상황을 설정해 계속 훈련했기 때문이다. 그러면 고통과 절망, 두려움 같은 감각들이 둔해진다. 그래야 진짜 상황이 닥쳤을 때 훌륭하게 대처한다. 평소 이런 훈련을 하면 실전에서는 생각지도 못한 힘이 생겨나기도 한다."

앞에서 나는 철학자 세네카의 책을 읽다가 머릿속을 울리는 함성을 들었음을 고백했다. 그 책의 제목은 《루실리우스에게 쓴 편지》다. 루실리우스는 세네카의 제자였다.

나는 이 책에 실린 다음의 글을 힘겨울 때마다 꺼내 읽곤 한다.

나는 위대한 이들의 가르침을 통해 너에게 교훈을 주고자 한다. 며칠 동안 남루한 옷차림으로 싸구려 음식만 먹으며 '이것이 내가 가장 두려워한 상황인가?'를 생각해보라. 불안과 두려운 걱정에서 자유로워짐으로써 스트레스가 심해질 때를 대비해 미리 강해지자는 것이다. 너는 행운의 여신이 친절할 때 그녀의 분노에 맞설 준비를 해야 한다. 평화로울 때 병사는 실전보다 더 강한 훈련을 하고 성벽을 쌓아야 한다. 미리 훈련을 하면 실제 위기가 닥쳤을 때 움찔하지 않는다. 가난을 대비한 연습을 하는 사람들 또한 이런 과정을 거친다. 그들은 자주 예행연습을 하는 덕분에 실제로 빈곤한 상황이 닥쳐도 위축되지 않는다. 그렇다고 백만장자들이 삶의 무료함을 달래려고 사용하는 방법을 상상하지는 마라. 진짜로 짚으로 어설프게 만든 잠자리와 투박한 망토, 딱딱하고 때 묻은 빵이어야 한다. 단순한 취미가 아니라 진정한 시험이 되도록 한 번에 사나흘 동안 그렇게 생활하라. 때로는 더 길어도 된다. 그렇게 하면 단언컨대, 친애하는 루실리우스야, 소량의 음식만으로도 기쁨을 거두고, 인간의 평화로움이 행운의 여신에 좌우되지 않는다는 사실을 알게 될 것이다. 행운의 여신은 아무리 화가 나도 우리가 필요로 하는 것을 충분히 내려주기 때문이다.

세네카가 제자에게 일러준 이 지혜를 어떻게 실천에 옮길 수 있을까? 다음은 내가 빈털터리가 되는 모의실험을 위해 한번에 3~14일 동안 반복적으로 실시하는 방법이다.

- 거실 바닥이나 야외에서, 침낭에서 잠자기.
- 3~14일 동안 싸구려 흰색 티셔츠와 청바지 한 벌 입기.
- 여행자들에게 현지인들이 무료로 잠잘 소파를 제공하는 카우치서핑닷컴CouchSurfing.com 같은 서비스를 이용해 숙박해보기. 지금 내가 살고 있는 지역이라도 상관없음.
- 즉석 통조림이나 쌀과 콩만 먹기.
- 물이나 싸구려 인스턴트 커피나 차만 마시기 .
- 나뭇가지나 종이, 나뭇잎만을 연료로 요리하기.
- 최대한 단식해보기.
- 인터넷 검색은 도서관에서만 사용하기.

이상한 일이지만 이처럼 단순한 실험을 해보고 나면 전보다 더 행복해진 자신을 발견할 수 있을 것이다. 행복이 돈이 많은 것과는 별 개의 것이라는 사실을 새삼 깨닫게 해준다. 그러고 나면 우리는 높은 리스크를 감수할 용기를 얻는다. 당장 눈앞에 던져진 수익성 좋은 일을 '거절'하기가 쉬워진다.

우리는 부를 좇는 것보다 가난을 연습함으로써 더 큰 자유를 얻을 수 있다. 타이탄들은 이렇게 말했다. "하루에 한 번, 한 달에 한 번, 분 기에 한 번… 정기적으로 괴로워하면, 괴로움이 사라질 것이다."

04
답은 하나가 아니다

말콤 글래드웰Malcolm Gladwell, @gladwell은 〈뉴욕 타임스〉 베스트셀러를 다섯 권이나 발표한 최고의 작가다. 〈타임〉이 선정한 '세계에서 가장 영향력 있는 100인', 〈포린 폴리시Foreign Policy〉가 선정한 '세계 최고 경영 구루' 중 한 명이다.

《티핑 포인트》에서는 아이디어가 퍼져나가는 방식을, 《블링크》에 서는 의사결정을, 《아웃라이어》에서는 성공의 근원을, 최신작 《다윗 과 골리앗》에서는 인간의 강점과 약점에 대한 통찰을 제공함으로써 수백만 독자를 사로잡았다. 최근에는 팟캐스트 '리비저니스트 히스 토리Revisionist History'를 통해 시간의 흐름과 변화를 연구하면서 우리 를 둘러싼 세상에 대한 큰 지혜와 깊은 지식을 선물해주고 있다.

중간에서 시작하기

나는 단도직입적으로 물었다.

"어떻게 하면 당신처럼 글을 잘 쓸 수 있는가?"

그는 담담하게, 하지만 엄청난 답을 내놓았다.

"팀, 지금 당신이 한 질문 속에 답이 있다. 당신의 질문은 수학처럼 하나의 정답을 요구할 수 있는 성격이 아니다. 답이 하나가 아니라는 사실을 알면 압박감이 사라진다. 어떤 일이든 그렇듯이 글을 쓸 때도 시작이 중요하다. 답이 하나가 아니기에, 나는 몇 개의 '시작'을 만든 다. 맨 처음 시작하는 첫 문장을 몇 개씩 만들어놓는다. 이 중 하나가 진짜 첫 문장이 되고, 나머지는 그 문장을 이어가는 실마리들이 되 어준다. 물론 모두 지워버리고 시작할 수도 있지만, 여전히 답은 하 나가 아니기에 부담은 없다. 이렇게 작업을 시작하는 습관을 들이면, 시작이 꼭 그렇게까지 중요한 건 아니라는 깨달음에까지 올라선다. 중간부터 시작해도 상관없다는 걸 알면, 즉 굳이 처음부터 반드시 시 작하지 않아도 된다는 걸 알면 삶이 한결 단순해진다."

와우, 말콤의 이 답만으로도 이 책의 값은 충분히 한 듯싶다. 나 또 한 즉시 그가 일러준 지혜를 실천에 옮겨 이 책을 그와 같은 방식으 로 집필했다. 글을 쓰려고 하얀 모니터를 앞에 두고 앉았을 때 우리 는 첫 줄을 쓰지 못하고 얼마나 오랜 시간을 깜박거리는 커서만 바라 보았던가. 영화 대본을 쓰든, 게임 시나리오를 짜든, 연애편지를 쓰 든, 소설을 쓰든 간에 '중간에서 시작하기'는 강력한 방법이 되어줄 것이다. 비단 글쓰기뿐 아니라 삶도 그러하다.

모르는 것을 알 때까지 계속하라

공교롭게도 말콤의 아버지는 정확한, 유일한 답을 찾아야 하는 수학 자였다. 그는 아버지에게 질문을 던지는 법을 배운 다음 비로소 글 쓰기에 눈을 떴다고 설명한다. 그의 아버지는 지적인 차원에서 불안 감이 전혀 없는 사람이었다. 다시 말해 '내가 이런 질문을 던지면, 사람들이 나를 바보로 생각하면 어쩌지?' 따위의 고민은 한 번도 한 적 없었다. 그래서 말콤의 아버지는 이해되지 않는 것이 있으면 아무 거리낌 없이 상대에게 질문한다. '잘 모르겠네요. 좀 더 쉽게 설명해주시겠어요?'

말콤은 이렇게 말했다. "나는 어려서부터 아버지의 이런 모습을 보면서 자랐다. 살아 계셨다면 아버지는 버나드 매도프(Bernad Madoff, 전임 나스닥 회장으로 사상 최대 규모의 투자 사기를 벌인 인물 – 옮긴이)한테 절대로 돈을 투자하지 않았을 것이다. 아마도 서투르고 어눌해 보이는 목소리로 '그런 수익이 어떻게 가능하다는 건지 이해가 안 되네요. 다시 설명해주겠어요?'라고 수백 번은 말했을 테니까."

모르는 것을 알 때까지 계속 묻는 것. 그것이 질문의 정수요, 가장 좋은 질문법이다. 정확하게 알 때까지 질문하고, 그걸 자신의 앎에 적용하기 위해 치열하게 연구하고 고민하는 것. 그것이 곧 말콤 글래드웰이 전 세계 독자들을 사로잡는 글을 쓰는 원천 기술이었다.

마지막으로 그는 우리를 위해 다음과 같은 조언을 남겼다. "당신이 낮에 들은 것, 경험한 것, 생각한 것, 계획한 것, 뭔가 실행에 옮긴 것들 가운데 새벽 한 시가 됐는데도 여전히 이야기하고 싶어 입이 근질거리는 것이 있는가? 그것이 당신에게 엄청난 성공을 안겨줄 것이다. 나아가 그것에 대해 함께 대화를 나누고 토론을 하고 당신을 반박해줄 사람이 있는가? 그 사람을 제외한 모든 말은 다 헛소리다."

05
세상에는 오직 4가지 이야기만 존재한다

파울로 코엘료**Paulo Coelho, @paulocoelho**는 오래전부터 나에게 영감을 준 작가다. 《연금술사》에서 최신작 《스파이》에 이르기까지, 인류가 제시할 수 있는 거의 모든 매력을 지닌 그의 책들은 전 세계 70개 이상의 국가에서 번역되었다. 하지만 6,500만 부 이상 팔린 《연금술사》가 처음에는 브라질의 한 작은 출판사에서 초판 900부만을 찍었다는 사실을 아는 사람은 거의 없다. 더군다나 출판사는 그의 증쇄 요청을 거부했다! 《연금술사》는 다음 소설인 《브리다》가 나오고 나서야 가까스로 2쇄를 찍을 수 있었고, 곧 날개 돋친 듯 팔려 나갔다.

그는 2년마다 새 작품을 발표하는 매우 일관성 있는 모습을 보여주는 작가이기도 하다. 파울로에게는 우리가 배울 점이 많다. 특히 그의 이런 말에서는 말이다. "세상에는 오직 4가지 이야기만이 존재한다. 두 사람의 사랑 이야기, 세 사람의 사랑 이야기, 권력 투쟁, 그리고 여행이다. 서점에서 파는 책은 모두 이 4가지 주제를 다룬다."

최고의 작가도 악전고투를 벌인다
세계 최고 수준에 있는 작가는 어떤 하루를 보낼까?

이는 내가 파울로를 만난다는 사실이 알려지자, 주변 지인들이 가장 궁금해 한 질문이었다. 스위스 제네바에서 만난 파울로의 목소리를 가감 없이, 생생하게 전달해보자.

"당연하지만 먼저 자리에 앉는다. 머릿속에는 꺼내야 할 책이 들어 있다. 하지만 미루기 시작한다. 아침에는 이메일과 뉴스 등 뭐든지 다 확인한다. 자리에 앉아 나 자신과 마주해야 하는 일을 조금이라도 미루기 위해서다. 3시간 동안 '아니야. 나중에. 나중에.' 한다. 그러다 어느 순간 내 자신에게 체면을 구기지 않기 위해 '자리에 앉아서 30분 동안 글을 쓰자' 생각하고 정말로 그렇게 한다. 물론 이 30분이 결국은 10시간 연속이 된다. 내가 책을 빨리 쓰는 이유도 멈출 수 없어서다. 하지만 나는 미루는 것 또한 멈출 수가 없다. 내 내면에 깊숙이 뿌리박힌 오래된 의식인지도 모르겠다. 서너 시간 동안 글을 쓰지 않는 데 대한 죄책감을 만끽해야 한다. 그래야만 글을 쓰기 시작할 수 있고, 쉬지 않고 쓴다.

내게 성공적인 하루는 아침에는 괴로워하다가 저녁에는 즐겁게 글을 쓰는 것이다. 물론 손으로는 가장 재밌는 이야기를 쓰고 있지만 뼛속까지 고통스럽기도 하다. 일종의 무아지경 상태다. 10시간 동안 글을 쓴 다음 잠자리에 들려고 하면 여전히 몸속에서 아드레날린이 돌고 있다. 그래서 잠들 때까지도 몇 시간 걸린다. 침대 옆에 놓아둔 노트에 메모를 한다. 내가 메모를 하는 이유는 오로지 머릿속에 든 책을 기억하기 위함이다. 아침에 일어나면 메모는 아무 소용없어진다. 나는 메모를 절대로 사용하지 않는다. 첫 번째 책《순

《레자》 때부터 그랬다. 그럼에도 이 과정은 바꿀 수가 없다. 낮에 4~5시간 동안 죄책감에 괴로워하지 않고 그냥 자리에 앉아 글을 쓸 수 있으면 좋겠지만 내게는 불가능한 일이다."

파울로 코엘료 같은 작가도 매일 악전고투를 벌인다. 우리는 이 교훈을 살아가며 계속 되새겨야 할 필요가 있다. 전문적인 작가가 아닌 이상 글쓰기는 어려운 기술이다. 하지만 우리가 이 책을 통해 줄곧 살펴보았듯, 큰 성공과 성과를 거둔 사람들은 모두 많은 사람들에게 읽힌 자신의 책을 갖고 있다. 그러므로 글쓰기는 선택이 아니라 필수에 가깝다.

글쓰기가 어떻게 하면 쉬워질 수 있을까? 대가들의 글쓰기 책을 읽으면 도움이 될까? 몇 권을 빼고는 추천하지 않는다. 나 또한 그런 책들이 별 도움이 되지 않는다는 사실을 깨달을 때까지 굉장한 시간을 그런 책을 읽는 데 보냈기 때문이다. 가장 큰 도움과 위안은, 모든 장애를 극복하고 최고의 자리에 오른 것처럼 보이는 사람들, 불멸의 위대한 작가들도 매일 나처럼 진흙탕 속에서 고군분투하고 있다는 사실이다. 핵심은 '의지'다. 작가를 만드는 건 문장력이 아니라 어떻게든 '쓰고자' 하는 의지다. 의지를 포기하지 않으면 어느 순간 탁 풀려나가는 실마리를 잡게 된다.

파울로는 마지막으로 이렇게 말했다. "너무 많은 메모, 너무 많은 리서치 정보를 남기려 하지 마라. 그러면 독자는 지루해질 뿐이다. 독자를 믿어라. 독자가 빈 공간을 채울 수 있다는 사실을 알고 지나치게 설명하지 마라. 독자는 힌트만 줘도 스스로 상상력을 발휘해 그 힌트를 완성한다. 글쓰기는 지성과 교양을 드러내기 위함이 아니다. 글쓰기는 내 가슴과 영혼을 보여주면서 독자들에게 이렇게 말해주는 것이다. '당신은 혼자가 아니에요.'"

06
모두가 빈 페이지에서 출발한다

셰릴 스트레이드Cheryl Strayed, @CherylStrayed는 〈뉴욕 타임스〉 베스트셀러 1위에 오른 《와일드》의 작가이자 20~30대 젊은 여성들 사이에서 가장 인기 있는 상담자이기도 하다. 그녀의 에세이들은 발표될 때마다 주요 언론과 많은 젊은 독자들에게 큰 주목을 받았고, 세계에서 가장 유명한 잡지들에서 그녀의 독특하고 우아한 글들을 쉽게 발견할 수 있다.

셰릴은 책을 100권 펴낸 사람이든 단 한 권도 펴내지 못한 사람이든 간에, 누구나 빈 페이지에서 출발할 뿐이라고 말한다. 말콤 글래드웰이든 파울로 코엘료든, 자신만의 고유한 작업 과정을 갖고 있긴 하지만 백지 앞에서 머리를 쥐어뜯는 시간을 갖는 건 작가들의 숙명과도 같다.

그들이 가장 권유하는 방법은 모니터가 아니라 실제 종이에 생각을 옮겨놓는 것이다. 떠오르지 않는 생각을 쥐어짜내라는 게 아니다. 지금 머릿속에 들어 있는 생각들을 가볍게 종이 위에 '떨어뜨리라는 것'이다.

이는 글쓰기에서 매우 중요한 마인드셋mindset이다. 습관으로 들이면 글쓰기는 한결 쉬워진다.

다음은 셰릴이 《와일드》를 읽고 그녀에게 도움을 청한 젊은 독자들에게 제안한 글쓰기 방법이다. 자기 머릿속에 들어 있는 생각을 꺼낼 수 있는 '주제'의 모음이다. 아침 일기, 블로그 게시물, 소설, 친구에게 보내는 편지, 연극 대본, 소셜 데이트 앱, 메신저 등 모든 종류의 글쓰기에 환상적인 시작점이 되어줄 것이다.

다음 주제들 중 하나를 골라서 손글씨로 직접 두 페이지 분량의 글을 써보자. 끊김 없이 계속 써나간다. 편집을 하기 위해 멈추지 않는다. 아무런 판단 없이 글을 쓰는 것이 첫 단계다. 깜짝 놀랄 만한 결과가 나올 것이다.

- 자신의 실수를 깨달았던 일에 대해 써라.
- 힘들게 깨우친 교훈 한 가지에 대해 써라.
- 장소에 어울리지 않는 옷차림을 하고 있었던 일에 대해 써라.
- 끝까지 찾지 못한 잃어버린 물건에 대해 써라.
- 올바른 일을 했다는 사실을 깨달았던 일에 대해 써라.
- 기억나지 않는 일에 대해 써라.
- 최악의 교사였던 사람에 대해 써라.
- 신체적 부상을 입었을 때에 대해 써라.
- 끝이라는 것을 알 수 있었던 때에 대해 써라.
- 사랑 받는다는 것에 대해 써라.
- 깊이 생각한 것에 대해 써라.
- 길을 찾은 경험에 대해 써라.

- 타인에게 친절을 베푼 일에 대해 써라.

- 할 수 없었던 일에 대해 써라.

- 해냈던 일에 대해 써라.

07
텅 빈 공간에 홀로 서라

체스 천재로 여덟 차례나 미국 챔피언에 올랐던 조시 웨이츠킨Josh Waitzkin은 그후 태극권에 입문해 스물한 차례나 세계 대회에서 우승을 거머쥔다. 서로 전혀 다른 분야에서 정상에 오른 그야말로 폭발적인 삶을 살고 있는 인물의 표본이다. 영화 〈바비 피셔를 찾아서〉의 실제 모델이기도 한 그는 현재 최고의 운동선수들과 투자자들의 코치로 활약하고 있다. 그의 베스트셀러《배움의 기술》을 읽은 후 나와 그는 깊은 대화를 나누는 친구가 되었다.

빈 공간을 확보하라

조시는 SNS를 하지 않는다. 내 팟캐스트 방송을 빼고는 인터뷰도 안 한다. 거의 모든 미팅 제안과 전화를 피한다. 투입량을 최소화하고, 산출량을 최대화하는 삶을 실천한다. 그는 내게 이렇게 말했다. "나는 창조적 공간을 창출하기 위해 모든 삶을 빈 공간으로 만들려고 노력한다."

마이크로에서 매크로를 찾아라

조시는 폭보다는 깊이에 초점을 맞춘다. '마이크로micro에서 매크로^{macro}를 배운다'라고 이름 붙인 원칙을 자주 활용한다. 뭔가 작은 것에 집중하면 모든 영역에 적용할 수 있는 강력한 것을 얻을 수 있다고 믿는다. 이를 통해 그는 체스 챔피언에서 무술대회 우승자로 변신할 수 있었다.

조시는 체스를 가르칠 때 첫 수부터 시작하지 않는다. 처음 체스에 입문하는 사람은 통상 포석이나 행마를 위한 몇몇 방법을 기계적으로 암기하는 것에서 출발한다. 조시는 이를 두고 선생님에게서 시험지 답안을 훔치는 격이라고 말한다. "근본적인 원리나 전략을 배우는 것이 아니라 초보 친구들을 이길 수 있는 몇 가지 요령을 배우는 것에 불과하다."

조시는 내게 체스를 가르쳐줄 때도 게임의 거의 막판에 이르렀을 때 처할 수 있는 상황에서 시작했다. 즉 체스 판 위에서 나의 킹과 폰(pawn, 체스 판의 졸)이 상대의 킹에 맞서게 한다. 또는 상대의 킹과 폰에 내 킹이 맞서는 상황을 연출한다. 체스 판은 이렇게 말 세 개를 제외하고는 텅 비어 있다. 복잡함이 거의 사라진 상태(마이크로)에서 '빈 공간'의 힘을 통해 적을 추크추방(zugzwang, 자신에게 불리하게 말을 움직일 수밖에 없는 판국)으로 내몰 수 있는 전략(매크로)에 집중할 수 있게 한다. "포석과 행마에는 수백 가지 방법이 있다. 이를 가장 많이 알고 있는 사람이 챔피언이 되는가? 아니다. 챔피언이 되려면 아직 세상에 나타나지 않은 방법을 알아야 한다. 챔피언은 창조적인 전략이 결정하는데, 그것은 아무것도 가진 게 없을 때 스치듯 떠오른다. 성공하는 사람들의 스토리를 보라. 맨손으로 시작한 사람이 가장 큰 성공을 거둔다."

가진 것이 없을 때, 자원 활용에 기대지 않을 때, 아무도 도움을 주는 사람이 없을 때 비로소 우리 내면의 커다란 상상력이 기지개를 켠다. 복잡한 생각, 고민, 전략과 전술…. 모두 지워라. 텅 빈 공간에 홀로 서라. 그러면 당신 내면의 거인이 당신을 자신의 어깨 위로 올려놓을 것이다.

상대가 내 게임을 연구하게 하라

나는 조시와 함께 주짓수 세계 챔피언을 다섯 차례나 지낸 마르셀로 가르시아Marcelo Garcia에 대한 대화를 자주 나눈다. 조시는 마르셀로와 함께 뉴욕에서 주짓수 아카데미를 운영하고 있기도 하다.

마르셀로는 100년에 한 번 나올까말까 한 최고의 주짓수 마스터다. 마치 마이크 타이슨과 웨인 그레츠키, 마이클 조던을 합쳐놓은 것 같다. 주짓수 선수들은 대부분 대회를 앞두고 자신의 훈련 과정을 철저히 비밀에 부친다. 그런데 마르셀로는 자신의 스파링 연습을 비롯한 디테일한 훈련 모습을 인터넷에 모두 공개한다. 마르셀로는 그 이유에 대해 이렇게 설명했다.

"나는 3~4주 후에 있을 시합에서 경쟁자들에게 사용할 기술을 미리 보여준다. 그러면 상대 선수들은 자신도 모르게 내 기술을 연구하게 된다. 이게 무슨 뜻이냐면, 상대가 무의식 중에 내 전략과 경기 운영방식에 점점 큰 영향을 받는다는 것이다. 생각해보라. 상대가 내 기술을 제아무리 연구하고 따라한다 한들, 나보다 잘할 수 있겠는가?

내가 가진 기술을 나보다 더 잘 구사하는 사람은 없다."

나는 마르셀로의 전략에 깊은 흥미를 느꼈다. 그래서 나도 3년 연속 높은 청취율을 기록한 내 팟캐스트 방송을 만든 과정이나 킥스타터를 통한 투자 과정 등을 온라인상에서 자세하게 공유해보았다. 결과는 놀라웠다. 나는 매우 중요한 두 가지의 깨달음을 얻었다.

첫째, 내가 자세한 설명으로 사람들을 도와줄수록 나도 더 상세한 도움을 얻을 수 있었다.

둘째, 내가 성공적으로 진행한 방송과 투자에 관심을 보인 사람들 중 절반은 너무도 자세한 디테일에 놀라 따라해 볼 엄두를 내지 못하고 도망을 쳤다. 40퍼센트는 따라서 시도해보지만 그들의 결과물은 나보다 못했다. 약 10퍼센트만이 내 디테일들을 참조해 나보다 더 창조적인 것을 얻을 가능성이 있어보였다. 이 10퍼센트 사람들을 나는 적극 도와주었고, 그들로부터 내 일에 더 큰 도움을 얻을 수 있었다.

마지막 세 번의 턴을 기억하라

조시는 활강 스키 선수로 명성을 날린 빌리 키드**Billy Kidd**의 조언 때문에 인생이 달라졌다고 말한다. 조시가 빌리와 처음 스키를 타러 갔을 때의 일이다. 슬로프의 마지막까지 내려온 다음 다시 리프트를 타러 가던 도중 빌리가 문득 그에게 물었다. "조시, 활강 코스에서는 가장 중요한 세 번의 턴이 있는데, 뭔지 아니?" 조시는 고개를 가로저었다. 그러자 미소를 지으며 빌리가 말했다. "마지막 세 번의 턴이지."

사람들은 대부분 코스의 가장 가파른 부분이나, 폭발적인 가속도를 붙여야 할 시작 지점에서의 턴이 가장 중요할 것으로 생각한다. 그런데 빌리는 코스를 거의 다 내려올 무렵의 '마지막 세 번의 턴'이 가장 중요하다고 말한 것이다. 스키를 타는 사람들은 안다. 슬로프의 마지막 구간은 평평하기 때문에 가장 쉬운 구간이라는 것을. 빌리는 조시에게 마지막 턴이 중요한 이유에 대해 이렇게 말했다. "어려운 구간을 모두 통과했기 때문에 사람들은 마지막 세 번의 턴을 남겨두고는 방심한 나머지 자세가 나빠지지. 그러면 다시 올라가 새롭게 내려올 때도 무의식적으로 그 나쁜 자세를 내면화하고 말아. 그래서 스키에서는 마지막 턴이 가장 중요해. 마지막 자세가 좋아야 다음번에도 좋은 자세로 출발할 수 있게 돼."

나는 빌리의 가르침을 잊지 않으려고 노력한다. 하루의 마무리가 좋으면, 그 좋음이 밤새 이어져 새로운 아침을 좋은 기운으로 시작하게 한다. 운동을 할 때도 마찬가지다. 항상 좋은 자세에서 마무리를 한다.

예를 들어 60분 동안 운동을 한다면, 45분쯤 지났을 때 환상적인 기록이 나오거나 난이도 높은 기술을 능숙하게 해내면 60분을 다 채우지 않고 바로 끝낸다. 조시도 마찬가지였다. 그는 이렇게 말했다. "작가 헤밍웨이는 가장 좋은 흐름의 중간, 가장 잘 써져 나간다고 느껴지는 문단의 중간 부분에서 하루의 작업을 끝냈다. 다음번에도 그 좋은 흐름을 계속 이어가기 위해서다. 나도 헤밍웨이처럼 살려고 노력한다."

조시 웨이츠킨은 체스 판을 텅 비워야 상대를 제압하는 결정적 전략을 얻을 수 있다는 것을 알았다. 체육관 청소나 도복의 옷매무새 등 디테일을 꼼꼼하게 챙기는 사람이 챔피언이 된다는 사실도 잘 알고 있었다. 마무리가 좋아야 새로운 것을 할 수 있고, 한 분야의 정상에 오르기까지의 과정에서 얻은 아주 작은 것들이 결국 전혀 다른 분야를 정복하는 탁월한 무기가 된다는 사실 또한 잘 알고 있었다.

당신은 어떤가?

어떤 상대에게 당신의 삶을 연구하게 만들 것인가?

08
모든 길은 스스로 열린다

로버트 로드리게즈Robert Rodrigues, @RODRIGUEZ는 영화감독이자 각본가, 제작자, 촬영감독, 편집자, 뮤지션이다. 기존의 장르를 완전히 뒤엎은 혁신적인 케이블방송 네트워크인 '엘 레이 네트워크El Rey Network'의 설립자이자 회장이기도 하다.

그는 텍사스 대학교 재학시절, 첫 장편영화의 시나리오를 썼다. 그리고 한 약품연구소의 임상실험에 참여해 받은 돈으로 그 시나리오를 영화로 만들었는데, 바로 〈엘 마리아치〉였다. 이 영화는 선댄스 영화제 관객상을 수상했고, 메이저 배급사를 통해 개봉된 역대 최저예산 영화라는 기록을 세웠다. 그후 〈데스페라도〉〈황혼에서 새벽까지〉〈스파이 키드〉〈원스 어폰 어 타임 인 멕시코〉〈씬 시티〉 등의 각본과 연출을 맡아 세계적인 감독 반열에 올랐다.

로버트와의 인터뷰는 그야말로 금을 캐는 작업과도 같았다. 그는 끊임없이 홈런을 터뜨렸다. 다른 인물들과의 인터뷰보다 훨씬 길지만, 충분히 가치 있는 내용인 만큼 마음껏 즐겨주기를 바란다.

로드리게즈 리스트
영화판에는 '로드리게즈 리스트'라는 말이 있다. 이는 로버트가 〈엘

마리아치〉를 만들 때 탄생했다. 활용할 수 있는 모든 '자산asset'을 적어놓은 다음 그 리스트에 맞춰 영화를 만드는 것을 의미한다. 그의 이야기는 이렇게 시작된다.

"나는 내가 가진 것들을 모두 살펴보았다. 친구 카를로스가 멕시코에 목장을 갖고 있었다. 악당이 숨어 있을 만한 장소로 딱이었다. 카를로스의 사촌은 술집 주인이었다. 술집은 으레 첫 싸움이 펼쳐지는 장소 아닌가? 나쁜 남자들이 모이는 곳이니까. 그의 또 다른 사촌은 버스 한 대를 소유하고 있었다. 그래서 버스에서 벌어지는 액션을 영화 중간에 삽입했다. 그에게는 핏불 테리어도 있었다. 그래서 그 개도 출연시켰다. 나의 또 다른 친구는 야생에서 우연히 잡은 거북이를 키우고 있었다. 거북이도 출연할 수 있게 시나리오를 수정했다. 촬영을 위해 동물을 다루는 전문가를 따로 섭외한 것처럼 보이면 영화의 가치가 올라간다."

로버트는 거의 빈털터리였지만 이처럼 오직 자신에게 주어진 것들만을 바탕으로 시나리오를 수정하고 영화를 만들었다. 총 제작비는 7,000달러가 들었다. 그는 이 영화를 7만 달러만 주면 언제든 팔아치울 생각이었다. 그런데 뜻밖에도 컬럼비아 영화사가 배급권을 사들여 개봉했고, 급기야 선댄스 영화제에서 상까지 받았다. 그는 수상식장에서 이렇게 말했다. "아마도 내년에는 출품작이 더 늘어날 겁니다. 이렇게 제작비도 스텝도 없이 찍은 영화가 상을 받았다는 걸 알면 너도 나도 카메라를 들고 세상에 뛰어들 테니까요."

정말로 그 이듬해 선댄스 영화제의 출품작들은 봇물 터지듯 늘어났다. 로드리게즈 리스트는 '저예산 영화'라는 새로운 패러다임을 만들어냈다.

한계 안에는 자유가 들어 있다

로버트는 아무도 〈엘 마리아치〉를 보지 않을 것이라고 생각했다. 정말로 시험 삼아 찍은 영화였으니까. 스페인어 시장에 팔 수 있는 두세 편의 영화를 만들어 돈을 모은 다음 영어로 된 진짜 첫 영화를 만들려고 했다.

그는 자신의 첫 작품에 대해 전혀 깊이 생각하지 않았다. 누군가에게 보여줄 생각이었다면 완전히 다른 영화가 되었을 것이다. 영화제에 출품할 줄 알았다면 10배는 더 시간을 들였을 것이고 어떻게든 제작비를 빌려서 완성도를 높였을 것이다. 잡음이 심한 카메라 때문에 동시 녹음이 불가능한 일도 일어나지 않았을 것이다. 메이저 영화사에서 배급할 줄 알았더라면 더 화려한 의상, 더 좋은 촬영도구, 더 많은 스텝을 고용해 진짜 더 멋진 영화를 만들었을 것이다!

어쨌든 로버트는 유명세를 얻었고, 몇 편의 영화를 더 만들다가 문득 그의 남은 인생을 바꿔놓을 만한 깨달음을 얻었다. 그는 말한다. "거북이, 개, 술집, 목장, 버스만 활용해야 하는 상황일 때 나는 더 자유로울 수 있었다. 한계는 곧 자유였다. 한계 안에서는 완전히 자유였다."

멋진 깨달음이 아닐 수 없다. 변명은 세상에서 가장 쓸 데 없는 짓이다. 자금도 없고 연줄도 없을 때 더 크게 성공할 가능성이 높다는 조시 웨이츠킨의 말이 떠오르는 대목이다. 알리바바 그룹의 창업자인 마윈 회장 또한 이렇게 말한 적 있다. "우리 회사가 살아남을 수 있었던 이유는 세 가지다. 돈도 없고, 기술도 없고, 계획도 없었기 때문이다. 그래서 모두가 최대한 신중한 자세로 돈 없어도 실현 가능한 아이디어를 최대한 짜내려 노력했기 때문이다."

약점을 강점으로 바꾸기

그가 〈황혼에서 새벽까지〉를 촬영할 때의 일이다.

특수효과 담당자가 폭발 신에서 불꽃을 너무 과하게 터뜨려 배우들이 건물 밖으로 뛰쳐나갔다. 이는 영화에도 그대로 담겼다. 촬영 세트가 다 망가지고 불에 타고 말았다. 미술감독은 울음을 터뜨렸고, 모든 스텝이 난리가 났다. 단 두 사람, 조감독과 로버트를 제외하고. 조감독이 그에게 물었다. "감독님 생각도 저와 같으신가요?" 그가 답했다. "물론이야. 이대로 가자고. 다 타버린 것도 뭔가 느낌이 있네. 꼭 손봐야 할 것만 고치고 그대로 갑시다."

로버트는 모든 건 계획대로 되지 않을 때가 많기 때문에 우리가 '안 되면 주어진 상황을 창의적으로 활용한다'는 대안을 반드시 갖고 있어야 한다고 강조한다. '어떻게 하면 돈과 시간이 충분했을 때보다 더 나은 상황으로 바꿀 수 있는가?'를 계속 궁리할 줄 알아야 한다.

〈라스트 모히칸〉 〈맨 헌터〉 〈인사이더〉 등의 걸작을 만든 마이클 만Michael Mann 감독은 속도감 넘치는 편집으로 명성이 높다. 그는 그 이유에 대해 이렇게 설명한다. "내가 뛰어나서가 아니다. 특수효과

팀을 고용하지 못한 영화에서 유독 그런 평가들이 나온다. 그러니까 돈도 시간도 없어서 편집도 거의 내가 해야 하고 배우에게 케첩도 내가 뿌려야 할 때, 평단과 관객들의 찬사 때문에 나는 무조건 영화를 그런 식으로 만들고 있다."

이런 방식으로 살아가는 로버트 로드리게즈와 마이클 만에게서 우리는 무엇을 배워야 할까? 로버트가 그 답을 내놓는다. "돈과 시간이 없어 창의적일 수밖에 없는 영화에서는, 충분한 여건에서는 만들어 낼 수 없는 불꽃이 팍팍 튀어 오른다. 그러면 관객들은 '이유는 잘 모르겠는데, 어쩐지 마음에 든다. 이상하게 자꾸만 보고 싶어진다'라는 평을 남긴다. 예술은 불완전할 때도 반드시 있어야 하는 법임을 깨닫게 되는 순간이다."

모두가 같은 문으로 들어갈 수는 없다

로버트는 세상의 보편적인 문법을 따르지 않는 대표적인 인물이다. 모두가 왼쪽 길로 갈 때 그는 오른쪽 길을 탐사했다. 거기서 아무도 떠올리지 못한 아이디어를 만날 수 있었다. 그에게 성공이란 '무리를 따라가지 않는 것'이었다. "영화판에서 성공을 거두려면, 영화제에 있어서는 안 된다. 영화제가 나쁘다는 뜻이 아니다. 영화제에 모인 사람들은 모두 같은 문으로 들어가려고 한다. 하지만 모두가 들어갈 수는 없다."

좀 더 크게 생각을 하면 경쟁이 덜 심한 곳이 보인다. 로버트는 오랫동안 TV 분야로 진출하고 싶어 했다. 하지만 NBC 방송국의 금요일 저녁 7시 자리를 노리는 수많은 사람들과의 경쟁을 포기하고 그 대신 직접 네트워크를 소유하는, 다른 길을 선택했다.

생각해보라. 방송 네트워크를 소유하려고 하는 사람이 대체 얼마나 될까? 아무도 없다. '엘 레이' 같은 언더그라운드 방송사를 구상하는 사람은 거의 없다. 실행 가능한 탄탄한 사업 계획과 비전을 가진 사람은 아마도 로버트를 포함해 미국 전역에서 10명도 채 되지 않을 것이다. NBC 방송국의 주말 저녁 프로그램을 따기 위해 최고 2만 명 정도가 경쟁한다는 통계자료는, 우리가 어떤 길을 가야 할지 명징하게 보여준다.

성공하려면 가장 높은 곳에서 가장 먼 곳까지 내려다보아야 한다. 낮은 곳에서는 대부분 길을 잃거나, 길에 갇히고 만다.

몰라도 된다

사람들은 로버트가 음악도 만들고 그림도 그리고 작곡도 하고 촬영 감독도 하고 편집도 하고… 정말 많은 일을 한다고 생각한다. 하지만 그는 자신이 하는 일은 단 한 가지, 창의적인 삶을 살고 있는 것뿐이라고 말한다. 창의성만 불어넣으면 하지 못할 일이 없다고 말한다.

그는 촬영장에서 종종 기타를 치고 유명 화가들을 초대해 휴식 시간에 배우들이 그림을 배울 수 있도록 한다. "어떤 일이든 기술적인 부분은 10퍼센트이고 90퍼센트는 창의성이다. 창의성을 발휘하는 방법을 안다면 싸움의 절반은 끝낸 셈이다. 창의성을 발휘할 줄 알면 무대에서 내가 어떤 음악을 연주해야 하는지는 몰라도 된다. 전설의 기타리스트 지미 본은 이렇게 말한 적 있다. '나는 내가 10초 전에 무엇을 연주했는지도 모른다.' 대가들에게 물어보면 모두 비슷한 답을 내놓을 것이다. 나는 화가 세바스천 크루거Sebastian Kruger에게 그림을 배우기 위해 독일까지 간 적이 있다. 그를 따라 열심히 그려봤지만 늘 내 그림은 쓰레기통에 어울렸다. 그런데 세바스천에게는 뭔가 자신만의 특별한 붓놀림이 있는 것처럼 보였다. 인물화를 그릴 때 그는 턱을 조금 그리다가 눈을 조금 그리고, 그러다가 코를 조금 그리고…. 나는 그의 이런 방식에는 심오한 뜻이 숨어 있을 거라 생각했다. 하지만 그는 이렇게 말했다. '몰라요. 무엇부터 그릴지, 다음에는 뭘 그릴지 항상 그때그때 달라요.' 미칠 지경이었다. 그러다가 자리에 앉아 그냥 묵묵하게 그림을 그리기 시작했더니 언제부터인가 갑자기 나도 세바스천처럼 얼굴을 그리고 있었다. 정말 놀라웠다. 그래서 그 깨달음을 다른 사람들에게도 늘 전달한다. '몰라도 됩니다'라고."

자신이 제대로 하고 있는지 모르겠는 사람, 남들은 다 잘 아는 것 같다고 생각하는 사람에게 꼭 들려주고 싶은 이야기다. 걱정하지 마라. 남들도 잘 모른다. 모른다는 것이 핵심이다. 꼭 알지 않아도 된다. 그냥 앞으로 계속 가면 된다. "꼭 비결을 캐내고, 뭔가를 알아야만 열심히 몰입할 수 있는 건 아니다. 오히려 그런 방식에서 벗어나야 자연스럽게 몰입이 된다. 무엇이 나를 창의적인 몰입으로 이끄는지 거의 4년 동안 배우고, 묻고, 생각했지만 얻은 답은 없었다. 다만 아무것도 모르는데도 어느 새 내 자신이 저절로 몰입을 허용하고 있었다."

마음을 열어 창의성이 흘러나가도록 하는 것이 중요하다. '다음에는 어떻게 해야 할지 모르겠어', '지난번에는 됐는데, 내가 또 그런 성공을 할 수 있을까?' 등과 같은 의심이 고개를 드는 순간 창의성은 막혀버린다. 토니 로빈스도 조언했듯이 '의심하는 나'에서 벗어나야 저절로 길이 열린다.

앞으로 무슨 일이 일어날지 몰라도, '몰라도 된다'는 믿음을 갖고 캔버스에 붓을 가져가라. 일단 붓을 가져가면 어디로 가야 할지는 저절로 알게 될 것이다.

당신의 직관을 믿어라

〈대부〉〈지옥의 묵시록〉 등을 만든 프랜시스 코폴라Francis Coppola 감독은 이렇게 말했다.

"실패는 오래 가지 않는다. 젊을 때는 해고 사유였던 일로, 늙어서는 평생 공로상을 받을 수도 있다."

로버트는 프랜시스 코폴라의 이 말을 가장 좋아한다. 그는 성공하기 위해서가 아니라 배우기 위해 일해야 한다고 생각한다. "모든 성공에는 그것을 가능하게 한 '열쇠'가 들어 있음을 알아야 한다. 다 타버린 잿더미도 한참 들여다보면 분명 뭔가를 찾을 수 있다. 언젠가 쿠엔틴 타란티노 감독이 〈포 룸Four Room〉이란 영화를 같이 하자고 제안해온 적이 있다. 나는 한 치의 망설임도 없이 본능적으로 즉각 승낙했다. 영화는 흥행에 참패했다. 하지만 나는 두 가지의 성공 열쇠를 찾을 수 있었다. 〈포 룸〉을 찍을 때 나는 안토니오 반데라스와 멋진 멕시코 소년을 각각 아버지와 아들 역으로 캐스팅했었다. 그리고 아시아 출신의 엄마 역할을 위한 체구가 아담하면서도 신비롭고 매력적인 여배우를 캐스팅했다. 영화의 시간적 배경이 12월 31일이었기에 이 세 가족은 멋진 정장을 차려 입고 새해를 맞이할 작정이었다. 그들의 턱시도와 드레스 정장 차림은 정말 멋졌고 진짜 가족처럼 보였다. 문득 이런 생각이 들었다. '와우, 007 제임스 본드가 가족이 있다면, 꼭 이럴 것 같지 않나? 흠… 엄마와 아빠는 국제 스파이로, 아들은 부모가 스파이인 줄 꿈에도 모르는 그런 이야기를 만들면 어떨까?' 나는 이 아이디어를 바탕으로 〈스파이 키드〉 시리즈를 만들어 성공을 거둘 수 있었다. 이것이 〈포 룸〉에서 얻은 첫 번째 열쇠였다. 다른 하나의 열쇠는 〈포 룸〉이 흥행에 참패했을 때 발견됐다. 〈포 룸〉이 각각 4가지 이야기로 이루어진 것은 아주 참신하고 독창적인 발상이었다. 하지만 이 4가지 이야기를 각각의 감독에게 맡겨, 한 영화에 무려 감독이 4명이나 붙는 것은 리스크가 너무 컸기 때문에 실패했다고 나는 판단했다. 4가지 이야기를 한 명의 감독이 만들었다면 관객들이 훨씬 더 집중할 수 있었을 것이다. 나는 〈포 룸〉의 장점을 극대화해서 다시 도전했다. 그렇게 탄생한 영화가 〈씬 시티〉였고, 성공했다."

〈포 룸〉의 실패를 통해 새로운 성공을 얻은 이 이야기야말로 프랜시스 감독의 "실패는 오래 가지 않는다"는 주장을 입증하는 훌륭한 사례가 아닐 수 없다. 그렇다. 실패는 오래 가지 않는다. 나중에 돌아보면 실패가 아니라 자신에게 꼭 필요한 중요한 발전의 순간이었음을 깨닫게 된다.

로버트는 마지막으로 이렇게 말했다.

"당신의 직관을 믿어라."

09
인생을 바꾸는 클리셰를 찾아라

셰이 칼Shay Carl, @shaycarl은 27살에 처음 컴퓨터가 생겼다. 노동자였던 그는 화강암 싱크대 상판 작업을 하는 틈틈이 유튜브에 자신의 가족과 일상의 신변잡기들을 영상으로 찍어 올렸는데, 글자 그대로 대박이 났다. 그의 유튜브 채널 'SHAYTARDS'는 지금껏 총 25억 건의 조회 수를 돌파했다.

그뿐 아니다. 그는 유튜브에서 성공한 자신의 노하우를 사업화했다. 친구들과 힘을 합쳐 메이커 스튜디어Maker Studios라는 회사를 창업했는데, 수익 모델은 개인 창작자들에게 교육 프로그램, 촬영 스튜디오, 홍보, 광고영업 등을 지원해주고 그 대신 창작자의 수익 일부를 수수료로 받는 것이었다. 2014년 메이커 스튜디오는 월트디즈니에 약 10억 달러에 팔렸다.

셰이는 '다이어트벳닷컴DietBet.com'의 투자자이기도 하다. 나도 많은 내 독자들과 함께 '돈 내기'를 통해 다이어트 효과를 극대화하는 전략을 가진 이 사이트를 이용한 적 있다. 목표한 체중 감량에 성공한 사람은 내기에 걸린 총 금액의 일부를 받는다. 지금껏 이 사이트를 이용한 사람들이 감량한 체중은 225만 킬로그램, 다이어트벳닷컴이 지급한 돈은 2,100만 달러가 넘는다.

인생의 비밀은 클리셰에 숨어 있다

5명의 아이를 키우는 평범한 30대 가장이 어떻게 이런 엄청난 성공을 거둘 수 있었을까? 셰이는 45킬로그램의 체중을 감량하기 위해 자전거를 타던 날을 떠올린다. "장소가 어디였는지 정확하게 기억난다. 문득 '인생의 비밀은 '클리셰Cliché'라는 단어 뒤에 숨어 있다'라는 생각이 들었다. 너무 많이 들어 평범하고 진부해진, 그런 곳에 진리가 숨 쉬고 있다는 생각이 들면서 인생이 바뀐 것 같다. 우리는 채소를 많이 먹으라는 얘기를 귀에 못이 박히도록 듣지 않는가? 그런데 진짜 채소를 많이 먹어야 건강하게 장수하지 않는가! 나는 아무도 거들떠보지 않는 클리셰의 힘에 새롭게 주목했고, 그게 성공 비결의 전부다."

솔깃한 얘기가 아닐 수 없다. 성공하고 싶다면, 행복하게 살고 싶다면 뻔하다는 이유로 무시하고 등한시했던 클리셰들을 찾도록 하자. 그 중 시험 가능한 행동을 취해보는 것이 어떻겠는가? 당장 할아버지, 할머니들을 찾아뵙도록 하자.

다른 방법이 없을 때는 그냥 열심히 하라

셰이는 알코올 중독을 극복한 사람이다. 중독에서 빠져나오기란 어려운 일이다. 인간은 중독과 쉬운 것으로 끊임없이 향하는 강력한 경향을 갖고 있기 때문이다. 그는 이렇게 말했다. "고통을 잊고자 술을 마시는 건 쉽다. 다음 날 아침에 일어나지 않고 운동을 빼먹는 것도 쉽다. 맥도날드의 드라이브스루를 이용해 빅맥 세트를 사먹는 것도 쉽다. 너무도 쉬운 것에 둘러 싸여 있다는 느낌이 너무 싫었다. 그래서 어려운 것 중에 내가 할 수 있는 게 무엇일지 생각해보았다. 술을 끊는 것이었다. 하지만 방법을 몰랐다. 그때 할아버지의 말씀이 섬광처럼 스치고 지나갔다. '내 손자, 셰이. 다른 방법이 없을 때는 그냥 열심히 하렴. 그러면 된단다.'"

셰이가 요즘 깊이 붙들고 있는 클리셰는 '우리는 죽는다'다. 그는 인생은 짧고 언젠가는 죽는다는 사실을 떠올리며 마음을 다스린다. 세네카를 비롯한 철학자들의 글을 노트에 옮기고, 호스피스 병동을 방문하고, 해변의 묘지를 산책하고, 최근에 세상을 떠난 사람들의 자서전을 읽으며 새로운 사업과 삶을 구상한다. 작은 클리셰 하나가 새로운 시도와 도전을 일상에 불어넣은 것이다.

그는 내가 큰 흥미를 느끼고 즐거워하자, '뭉치면 살고 흩어지면 죽는다'는 클리셰를 큰 인심을 쓰듯 선물했다.

뭉치면 혼자 있을 때보다 엄청나게 큰 힘을 발휘하지 않는가? 적을 무찌르거나 사람을 치유해주는 케어 베어들Care Bears을 한 곳에 모아놓으면 굉장한 위력을 발휘하지 않을까?

다른 방법이 없을 때는 그냥 열심히 당신만의 클리셰를 찾아보라.

10
아름다운 것은 빠르게 사라진다

BJ 밀러BJ Miller, @zenhospice는 캘리포니아 대학교의 완화치료 전문의이자 젠 호스피스 프로젝트의 자문위원이다. 존엄하고 품위 있게 삶의 마지막을 맞이할 수 있는 방법을 깊이 통찰한다. 한마디로 '죽음 전문가'다. 지금껏 그는 죽음을 앞둔 1,000명의 환자를 인도하면서 작은 변화가 우리 삶을 극적으로 개선해줄 수 있다는 사실을 깨달았다. 2015년 '삶의 끝에서 진정 중요한 것은'이란 주제로 펼친 그의 테드^{TED} 강연은 그해 가장 높은 조회 수 15위 안에 들었다.

결국엔 사라진다는 사실에 경배하라

그는 힘든 일이 있을 때면 하늘을 올려다보라고 권한다. "1분 동안 밤하늘을 쳐다보면 우리가 모두 같은 시간에, 같은 별에 있다는 사실을 새삼 깨닫는다. 지구는 우리가 아는 한 생명이 존재하는 유일한 행성이다. 그리고 우리가 지금 바라보고 있는 별은 빛이 이곳에 도착하는 순간에는 더 이상 존재하지 않는다. 이처럼 우주에 관한 사실이 경외심을 선물할 때 우리의 불안과 두려움은 차분하게 가라앉는다. 특히 죽음의 문턱에 놓인 사람들은 우주와 더 큰 교감을 한다. '아주 빠르고 짧은 것들은 모두 아름답다'는 걸 알게 되기 때문이다. 그래서 소멸한다는 것, 사라진다는 것은 불안이 아니라 아름다움 후에 남은 평화라는 걸 깨닫게 되기 때문이다."

삶의 끝에서 우리는 유성처럼 찰나의 속도로 스치고 사라지는 우리의 짧은 삶이 얼마나 아름다운지를 깨닫게 된다. 밀러는 그걸 좀 더 일찍 발견하는 사람이 더 풍요하고 행복한 삶을 살게 된다는 사실을 알려주고 있다. "삶은 매 순간 예측할 수 없이 변하기 때문에 아름다운 것이다. 한평생 아무것도 변하지 않는다면, 분명 지루함을 참지 못하고 중간에 뛰어내리느라 그 누구도 생의 마지막 역에 도착하지 못할 것이다. 죽음은 삶의 가장 획기적이고, 중요한 변화다. 슬픔이 아니라 축복이다."

삶은 변하기 때문에 아름답다

대학생 시절, 밀러는 감전사고로 두 다리와 한 팔을 절단한 다음 화상 병동에서 깨어났다. "화상 병동은 매우 특이한 곳이다. 소름끼치는 곳이기도 하다. 그곳 환자들은 끔찍한 고통을 겪는다. 그래서 화상 병동에서는 오래 버티지 못하는 의사들도 많다. 화상 병동에 있으면 세상 모든 것으로부터 차단된다. 낮도 밤도 없다. 병실에는 창문도 없었다. 침대 옆에 사람들이 있어도 다들 완전 무장을 하고 있다. 아무것도 만질 수 없다. 무엇보다 고통이 너무 심하다 보니 어딘가에 주의를 기울일 여유가 없다. 나는 그곳에서 겨울을 맞이했다. 어느 날 담당 간호사가 병실에 들어와 내 남은 한 손에 뭔가를 올려놓았다. 작은 눈뭉치였다. 화상 때문에 딱딱하고 보기 흉한 염증으로 가

214

득한 내 피부와는 너무나 다른, 너무나 생생한 촉감에 나는 깜짝 놀랐고, 눈이 천천히 녹아 물이 되는 모습은 기적이었다. 눈뭉치라니… 아, 이 작고 사소한 것이 내 온몸의 죽은 감각들을 이렇게 뚜렷하게 깨워놓다니! 눈물이 났다. '이게 바로 살아 있는 것이구나' 하는 깊은 깨달음이 나를 오랫동안 흐느끼게 했다. 아주 짧은 시간 동안 많은 것이 바뀌었다. 하얀 눈이 보이지 않는 물로 변하듯, 삶도 매 순간 변한다는 것을, 그래서 너무나 아름답다는 것을 깨닫고 난 후 나는 병실 문을 나설 수 있었다. 만물은 그저 일시적인 순간에 존재할 뿐이다. 한 번도 만나지 못한 아주 이상한 세계에 들어선 느낌이었고, 그래서 너무도 낯선 아름다움이 느껴졌다. 하나의 오랜 세상을 빠져나와 새로운 세상의 문을 살짝 연 느낌이었다. 몹시 강렬한 경험이었다."

생의 모든 순간을 사랑하라

두 다리와 한 팔을 잃은 사람이 생의 마지막 순간에 이른 환자들을 보살피는 의사가 되는 삶은 또 얼마나 아름다운가. 절망과 비탄에 잠겨 생을 마감할 수도 있었던 사람이 새로운 생의 출입구를 발견하는 순간은 또 얼마나 경이로운 아름다움인가.

밀러는 마지막으로 이렇게 말했다. "살아 있다는 사실 자체만으로 우리는 충분히 보상받고 있다. 상황이 어려울수록, 두려움에 휩싸일수록, 앞이 보이지 않을수록 우리는 매 순간 살아 있음에 감사해야 한다. 매 순간 구두끈을 고쳐 매고 배낭을 짊어진 채 삶에 집중해야 한다. 지금 뭔가 마음에 들지 않고 좌절하기 쉬운 곳에 있는가? 그렇다면 그건 아름다운 희망으로 가득 찬 곳으로 갈 날이 머지않았다는 뜻이다."

11
좋은 것은 영원히 남는다

세계 최고의 인터뷰어interviewer는 누구일까?

칼 퍼스먼Cal Fussman, @calfussman이다. 그는 미하일 고르바초프, 지미 카터, 테드 케네디, 제프 베조스, 리처드 브랜슨, 잭 웰치, 로버트 드니로, 클린트 이스트우드, 알 파치노, 조지 클루니, 레오나르도 디카프리오, 톰 행크스, 브루스 스프링스틴, 퀸시 존스, 우디 앨런, 바버라 월터스, 펠레, 야오밍, 세레나 윌리엄스, 존 우든, 무하마드 알리 등 지난 50년 동안 인류의 역사를 만든 아이콘들과 심층 인터뷰를 하는 데 성공했다.

그뿐 아니다. 그는 10년 동안 세계를 여행하면서 약 5.5미터의 뱀상어와 함께 수영을 했다. 르완다에서는 고릴라들과 씨름을 하고 아마존 정글에서 금을 찾아 나섰다. 전직 세계 챔피언 복서 훌리오 세자르 차베즈와 스파링을 벌이기도 했고 세계무역센터 꼭대기에서 소플리에로 일하기도 했다. 현재 세계에서 가장 아름다운 해변을 찾고자 떠난 여행에서 만난 아내, 세 자녀와 LA에 살고 있으며 매일 아침 래리 킹Larry King과 아침 식사를 한다.

싸구려 저녁 식사와 세계 여행 티켓

칼은 뉴욕에 있는 〈인사이드 스포츠Inside Sports〉에 취직했을 때 대박이 터졌다고 생각했다. 전설적인 기자 헌터 톰슨과 술을 마시고 퓰리처상을 받은 저널리스트들과 이야기를 나눌 수 있었기 때문이다. 하지만 곧 그는 실직자가 되고 말았다. 〈인사이드 스포츠〉가 예술적으로는 흥행했지만 상업적인 면에서는 그렇지 못했기 때문이다.

빈털터리가 된 그는 앞이 보이지 않자 여행이나 잠시 다녀올 생각이었다. 얼마 안 되는 돈을 탁탁 털어 어머니의 환송을 받으며 비행기 오른 그는 그로부터 10년 동안 돌아오지 않았다. 그 유명한 '칼의 세계 여행'은 그렇게 시작됐다.

굴라시의 마법

그는 이렇게 말했다. "여행자는 안다. 버스나 기차의 통로 쪽은 항상 위험이 자리하는 곳임을. 하지만 나는 통로를 걸어가면서 흥미로워 보이는 사람 옆의 빈자리를 찾았다. 왠지 믿음이 가는 사람, 또 나를 믿어줄 것 같은 사람이어야 했다. 매우 큰 위험이 따르는 일이었다. 목적지에 도달하기 전에 그 사람이 나를 집에 초대하도록 만들어야 했기 때문이다. 가장 싼 여인숙에서 묵을 만한 돈조차 없었으니까."

기차 안에서 공짜 숙소를 얻기 위해 칼이 가장 많이 사용한 질문은 이것이다. "최고의 굴라시 요리를 만드는 방법을 알고 계시죠?" 그는 일부러 할머니들 옆자리에 앉았다. 그가 질문을 하면 상대는 점점 마음을 쏟아내기 시작했다. 손짓 발짓으로 열심히 요리법을 설명하기 시작하면 곧이어 다른 자리에 앉아 있는 사람들이 번역을 도와주러 왔다. 어느 나라에서건 마찬가지였다. "헝가리에서 만난 어떤 할머니는 내게 굴라시를 맛보여주기 위해 저녁 파티를 열었다. 파티 도중에 한 이웃이 '살구 브랜디 먹어본 적 있어요? 우리 아버지가 만드는 살구 브랜디 맛이 끝내주는데. 30분 거리에 사시거든요. 꼭 대접하고 싶네요.'라고 했다. 그리하여 그 주말에 살구 브랜디를 마시며 즐거운 시간을 보냈다. 새로운 파티가 시작되면 또 다른 이웃이 와서 '키슈쿤헐러시에 가본 적 있어요? 파프리카로 유명한 곳인데. 헝가리까지 와서 키슈쿤헐러시를 안 가보면 안 되죠'라고 한다. 그렇게 카슈쿤헐러시에 갔다. 굴라시에 대한 질문 하나로 6주간 숙소와 식사가 해결되었다. 이런 식으로 세계를 여행했다. 10년 동안."

한 마디로 칼은 사람의 마음을 파고드는 데 천재였다. 세상에는 머리로는 도저히 이해할 수 없는 일들이 많다. 어떻게 기차에서 만난 전혀 모르는 사람을 자기 집으로 데려가 6주간 먹여주고 재워주는 일이 가능하다는 말인가? 칼은 답했다. "비결은 가슴을 공략하는 데 있다. 일단 상대의 가슴에 들어가야 머리로 올라갈 수 있다. 가슴과 머리를 이으면 영혼으로 가는 길이 생겨난다."

더 낮게, 그리고 다르게

전성기 시절, 칼은 소련의 대통령을 지낸 미하일 고르바초프와 30분을 넘게 인터뷰했다. 원래 예정시간은 2분 30초였다. 어떻게 이런 일이 가능했을까? 그는 간단히 답했다. "매우 유능하고 이성적인 인물들을 만나면 첫 번째 질문을 통해 곧장 가슴으로 가야 한다. 다른 질문들은 모두 훌륭한 대비책을 세워놓았기 때문이다."

칼은 고르바초프의 홍보담당 비서관을 따라 방으로 들어갔다. 2분 30초가 주어졌으니 1초도 허투루 쓰지 말자고 결심했다. 고개를 들어보니 고르바초프가 조용히 자신의 앞에 앉아 있었다. 당시 고르바초프는 77세의 나이였고, 칼은 일어나서 가볍게 인사를 한 후 자리에 다시 앉았다. 고르바초프는 이미 준비가 다 된 상태였다. 칼은 생각했다. '아마도 그는 첫 번째 질문이 핵무기나 세계정세, 페레스트로이카 개혁 정책 등에 관한 것이라고 짐작하겠지….'

잠시 후 칼이 질문을 던졌다. "아버지의 가장 훌륭한 가르침은 무엇이었습니까?"

고르바초프의 얼굴에 당혹감이 번졌다. 하지만 그건 기분 좋은 놀람이었다. 고르바초프는 칼을 지그시 쳐다보며 숨을 골랐다. 미처 준비하지 못한 답을 생각하고 있는 중이었다. 잠시 천장을 올려다 본 후 고르바초프는 천천히 그의 아버지가 제2차 세계대전에 참전하기 위해 떠났던 날에 대한 이야기를 시작했다. 인터뷰는 30분이 넘어서야 끝났다.

세계 최고의 배우이자 코미디언 중 하나인 마이크 버비글리아Mike Birbiglia도 칼의 이 같은 전략에 전적으로 동의한다. "사람의 가슴을 공략하는 가장 좋은 전략 하나를 소개해주겠다. 길거리에서 오프라 윈프리를 만나면 절대로 '토크쇼 잘 보고 있어요!'라고 하지 마라. 대신 '키위 좋아하세요?'라고 물어라. 상대가 예상치 못한 주제를 꺼내는 것이 핵심이다. 그러면 당신은 오프라 윈프리와 키위에 대한 대화를 나누는, 평생 기억에 남을 멋진 경험을 할 수도 있다."

경청의 진정한 의미

칼이 수많은 사람들의 가슴에 남았던 것은, 능수능란한 언변 때문이 아니었다. 오히려 그 반대였다. "나를 포함해 사람들은 누군가와 대화를 나눌 때 늘 당황스러운 일에 처하게 된다. 갑자기 말문이 막히거나, 너무 긴장해서 얼어붙거나, 생각지도 못한 감정을 밖으로 표출하거나…. 그럴 때는 그냥 있어주면 충분하다. 그저 조용히 있는 게 아니라 '옆'에 있어준다는 뜻이다. 이것이 곧 경청의 본질이다."

사람의 마음을 얻으려면 그 사람의 마음을 열고 들어가는 것만으로는 부족하다. 그 사람의 마음에 '남아야 한다.' 마음에 남아 오랫동안 그 사람의 옆에 있어주는 것이다. 마지막으로 칼은 우리가 오랫동안 곱씹어보아야 할 조언을 남겼다. "뭔가 충격적이고 독특한 것을 주려고 애쓰지 마라. 그냥 따뜻하고 좋은 것을 주면 된다. '좋은 것'만이 언제나 영원히 남는다."

12
4,000시간을 생각에 써라

29살의 윌 맥어스킬^{Will MacAskill, @willmacaskill}은 옥스퍼드 대학교 링컨 칼리지 철학교수다. 그는 세계 최연소 '정년보장' 교수이기도 하다. 《더 좋은 선행^{Doing Good Better}》이라는 책을 썼고 '효율적 이타주의^{effective altruism}' 운동의 공동창립자이기도 하다.

커리어를 통해 변화를 추구하는 방법에 대한 탁월한 통찰을 제공하는 '80,000아우어스^{80,000Hours}'와 수입의 최소 10퍼센트를 효과적인 자선활동에 사용하도록 장려하는 '기빙 홧 위 캔^{Giving What We Can}' 등을 설립해 세계적인 비영리단체로 이끌었다.

'열정을 쫓아라!'는 끔찍한 최면이다

윌은 그와 동시대를 살아가는 젊은이들의 롤 모델이자, 친구이자, 현명한 교사다. 일과 삶의 균형, 개인의 성취와 행복, 정의로운 세상에 대한 기여 등등 가치 있는 삶에 대한 지적 통찰이 돋보이는 매력적인 글로 전 세계 젊은 독자들의 폭넓은 지지를 받고 있다. 그는 우리가 '열정'에 대해 오해하고 있다고 지적한다. 아무리 힘들고 어려워도 열정만 있으면 원하는 삶, 원하는 직업을 찾을 수 있다는 것은 무지의 소치라고 비판한다.

그는 이렇게 말했다. "직업 만족의 가장 큰 조건은 '가슴이 뛰느냐'가 아니다. '정신이 참여할 수 있느냐'가 결정한다. 원하는 직업을 찾기 위해, 지금은 전혀 불만족한 일을 하고 있지만 뜨거운 가슴으로 극복해나간다는 것은 어불성설이다. 더 극단적으로 말하면 열정은 삶과 아무런 상관이 없다. 지금 하고 있는 일이 다양한 관점을 제시하고, 좋은 피드백을 주고, 자립심을 발휘하게 하며, 더 큰 세상에 자신이 기여하게 만드는지와 같은 이성적인 측정 기준이 중요하다. 지금, 당장, 실제로 의미가 있는가? 세상을 더 나은 곳으로 만드는가? 내가 개발해온 기술을 적극 활용할 수 있는가? 열정은 아무것도 아니다."

인생을 어떻게 살지에 시간을 써라

나는 그에게 철학자로서, 의미 있고 가치 있는 세상을 만들어가는 선도자로서 이제 막 스무 살이 된 젊은이들을 위한 조언을 부탁했다. 그는 주옥같은 답을 주었고 인터뷰는 거기서 끝내도 모자람이나 아쉬움이 없었다.

그는 천천히 미소를 지으며 이렇게 말했다.

"우리가 평생 일하는 시간이 얼마인지 아는가? 8만 시간쯤 된다. 그 시간을 최대한 잘 사용하는 것이 중요하다. 하지만, 나도 그랬지만 스무 살 때는 시간을 흘려보내며 이런저런 생각들 사이만 오가고 있을 것이다. 인생에 대한 큰 생각들보다는 '어떻게 하면 학교 과제에서 높은 점수를 받을 수 있을까?' 같은 것들에 더 골몰해 있을 것이다. '내 삶의 궁극적인 목적은 무엇이고, 그 목표를 향해 나갈 수 있는 최적의 방법은 무엇일까?'를 생각하는 사람은 드물 것이다. 그런데 한번 생각해보라. 우리가 저녁을 먹으러 나가면 통상 두어 시간이 걸린다. 그중 어느 식당을 갈지 결정하는 데 5분쯤 걸린다. 어떤가? 나머지 95퍼센트의 시간을 어떻게 쓸지 생각하는 데 5퍼센트의 시간을 할애하는 것은 합리적으로 보이지 않는가? 이를 평생 일하는 8만 시간에 적용해본다면 어떨까? 내가 앞으로 어떤 일을 할지, 내 삶의 목적은 무엇인지를 생각하는 데 4,000시간 정도 쓰는 건 충분히 타당하다. 이는 일하는 시간으로 따질 때 2년에 해당한다. 4,000시간 또는 2년의 시간을 앞으로 어떻게 살아갈지 생각하는 데 쓰는 사람은 분명 뭔가 의미 있는 삶을 만들어낼 것이다. 궁지에 몰려, 시간에 쫓겨 열정 따위를 마법처럼 외치며 괴롭게 살아가는 일은 최소한 없을 것이다."

13
가장 중요한 문제에 집중하라

2008년 7명의 친구에게 매주 한 통의 이메일을 보냈던 여성이 있다. 2016년 현재 그녀는 매주 수백만 명에게 이메일을 보낸다. 바로 브레인피킹스BrainPickings.org의 편집장 마리아 포포바Maria Popova, @brainpicker 다. 그녀의 이메일은 삶의 따뜻한 행복과 사랑, 가치를 탐구한다. 거의 매일 한 권의 책을 읽는 마리아 포포바는 우리가 기억할 가치가 있는, 오래되고 영원한 지혜를 전한다. 그녀의 결과물은 눈부심 그 자체다. 매주 그녀의 글을 통해 상처를 치유하고 인생이 바뀌는 많은 사람들이 생겨난다는 것을 생각해보면.

행복은 거절의 기술이다

마리아의 팔뚝에는 문신이 있다. 과녁처럼 생긴 그림 위에 '집중해야 할 것'이라는 문장이 새겨져 있다. 동그란 과녁 안에는 '행복'이라고 적혀 있다. 그녀는 문신을 새긴 이유에 대해 이렇게 말했다. "가장 힘든 시기를 극복한 후 깨달은 것을 잊지 않기 위해서다. 매일 하루를 시작할 때 '행복을 위해 집중해야 할 것은 무엇인가?'라는 질문으로 시작해보라. 단순한 이 문장이 얼마나 놀라운 진리인지를 점점 깨닫게 될 것이다."

마리아는 행복에 집중하기 위해서는 '거절의 기술'이 필요하다고 강조한다. 우리가 원하는 삶은 무엇에 초점을 맞출 것인지보다 무엇을 거절할 것인지를 알 때 생겨난다는 것이다. "간단하다. 원치 않는 부름에 응답하지 않는 것, 그것이 행복의 본질이다."

마리아는 특히 준비가 되어 있지 않은, 무능한 상대에게 시간을 낭비하지 말 것을 주문한다. 나와의 미팅에 10분도 투자하지 않는 사람, 일방적으로 형편없는 제안을 해오는 사람, 직접 전화를 걸어 논의해야 할 사안을 이메일로 대체하는 사람, 무작정 자신을 설득해주기를 바라는 사람… 우리는 이런 사람들을 일일이 정중하게 대하느라 얼마나 많은 시간을 쓰고 있는가. "모든 사람에게 답변하지 않는다고 해서 죄책감을 느낄 필요는 없다. 오히려 시간을 낭비하기보다는 죄책감을 갖는 게 더 낫다. 그냥 좀 미안해해라. 그러면 되지 않는가? 죄책감은 당신의 특권이다. 우리가 끊임없이 뭔가를 거절해야 하는 이유는 그래야만 우리 삶의 질을 유지할 수 있기 때문이다. 어떤 요청을 받아들이면, 그 대가로 품질을 희생해야 한다. 하지만 품질만큼은 언제나 인생에서 사수해야 할 가치다."

내가 강연, 인터뷰, 미팅을 거의 그만둔 이유도 마찬가지다. 세계적인 신경학자이자 작가인 올리버 색스Oliver Sacks는 책상 위쪽 벽에 'NO!'라고 적힌 종이를 붙여 놓았다. 글 쓰는 시간을 빼앗는 제안을 거절해야 한다는 사실을 떠올리기 위해서였다.

일을 많이 하는 사람은 열심히 하지 않는다

마리아와의 인터뷰에서 가장 인상에 남았던 것은, 수백만 독자를 거느린 작가임에도 그녀가 절대 워커홀릭이 아니었다는 사실이다. 그녀는 노동의 고됨과 지루함, 고통에 대해 자주 호소하는 사람은 성공할 수 없다고 단언한다. 무엇을 선택했든 간에, 일이 어렵지 않고 괴롭지 않은 사람은 지구상에 한 명도 없다. 다만 그 사실을 받아들여 좀 덜 괴롭고 덜 힘들 수 있는 길을 만들려 하는 사람은 성공하고, 그 사실을 받아들이지 못하고 괴로워하는 사람은 실패할 뿐이다. 마리아는 헨리 데이비드 소로가 1842년 3월에 쓴 일기를 힘들 때마다 떠올려 힘을 얻는다. "소로는 '가장 효율적인 노동자는 하루를 일거리로 가득 채우지 않으며 편안함과 느긋함에 둘러싸여 일한다. 일을 많이 하는 사람은 열심히 하지 않는다'고 말했다. 나 또한 매일 세상 모든 일을 어깨에 짊어진 얼굴을 하고, 근면함과 성실함을 훈장으로 여기며 살아가는 사람이 열심히 하는 것을 보지 못했다. 일정으로 꽉 찬 달력을 갖는 게 우리의 목표인가? 핵심에 집중하려면 소로의 말처럼 일을 많이 하지 않아야 한다. 느긋하게 하는 사람이 무엇이든 열심히 한다."

집중력을 키우는 데 유용한 도구

어떻게 해야 우리는 느긋해질 수 있을까? 마리아는 '집중력의 차이'를 꼽는다. 머릿속이 복잡하게 헝클어져 있고, 지리멸렬하며 진도가 잘 나가지 않을 때는 무조건 몇 줄이든 글을 써나가라고 마리아는 조언한다. 샌프란시스코의 소방관 캐롤라인 폴의 '생각 떨어뜨리기 연습'과 비슷하다. 머릿속의 꼬인 실타래를 하얀 종이나 모니터 위에 천천히 떨어뜨리다 보면 집중해야 할 키워드나 단서를 발견하게 된다는 것이다.

〈와이어드〉의 창업자 케빈 켈리도 이렇게 말한 바 있다. "나는 생각을 얻기 위해 글을 쓴다. 글을 쓰다 보면 아이디어가 나온다. 아이디어에서 글이 출발한다고 생각하지만, 아니다. 막상 글을 쓰기 시작하면 아무런 생각도 나지 않는다. 하지만 정말로 글을 먼저 쓰기 시작하면 생각이 거기서 나온다. 큰 깨달음이었다."

집중력이 강한 사람은 항상 여유롭다. 그리고 강한 집중력은 글쓰기를 통해 키울 수 있다. 마리아는 이런 글쓰기에 큰 도움을 얻는 두 가지 기술을 갖고 있다.

첫째, '에버노트Evernote 앱'의 활용이다. 에버노트는 마리아뿐 아니라 이 책의 많은 타이탄들이 쓰고 있는 도구다. 에버노트는 검색의 시간을 획기적으로 줄여주고, 원고의 질을 높이는 메모들을 간편하게 저장할 수 있게 해준다. 시간을 절약해줄 수 있는 것, 그것이 곧 집중력을 키우는 데 가장 필요한 도구다.

둘째, 종이책이나 종이 문서를 읽을 때 자신만의 축약된 암호를 사용하는 것이다. 마리아는 종이책을 읽으면서 여백에 메모를 넣을 때 '아름다운 언어beautiful language'라는 뜻에서 'BL'이라고 적어 넣는다. 이런 방식으로 책의 맨 앞쪽 빈 페이지에 색인을 만들면 나중에 훨씬 빠르게 검토할 수 있다. 예를 들어 좋은 구절이 있는 페이지를 쉽게 찾을 수 있도록 'BL 8쪽, 12쪽, 19쪽, 47쪽' 등과 같이 책을 읽으면서 계속 추가해 나가는 것이다.

마리아는 마지막으로 이렇게 말했다. "죽을 때까지 우리에게는 날마다 수많은 일들이 끊임없이 도착한다. 그래도 다행인 건 인생은 주어진 50문제를 다 풀어야 하는 시험이나 숙제가 아니라는 것이다. 가장 중요한 것을 골라내 열심히 답을 찾는 사람에게 신은 더 큰 기회를 주어왔다는 사실을 기억하라."

14
내 자리를 만들어라

세상에서 가장 흥미로운 남자는 누구일까? 타이탄들은 압도적으로 케빈 켈리Kevin Kelly, @kevin2kelly를 꼽았다. 그는 1993년에 공동 창간한 〈와이어드Wired〉의 '선임 매버릭(maverick, 독자적인 길을 걷는 창의적인 사람이라는 뜻 - 옮긴이)'이다. 지구상에 존재하는 모든 종種을 파악해 목록을 작성하는 비영리단체 올 스피시즈 재단All Species Foundation을 만들었고, 여가시간에는 베스트셀러 책을 쓴다. 문서화된 전 세계 모든 언어를 디스크에 담아 1,000년 후 사라진 언어를 살아남은 언어와 비교 이해할 수 있도록 한다는 로제타 프로젝트Rosetta Project를 진행하는 롱 나우 재단Long Now Foundation의 이사로 있다. 로제타 프로젝트를 진행하는 동시에 그는 매머드를 비롯한 멸종한 종들의 부활과 복원방법을 연구하고 있다. 어떤가? 정말 흥미진진한 남자 아닌가?

카운트다운 시계를 갖고 있는가?

케빈은 '인생 카운트다운 시계'를 갖고 있다. 자신의 신상정보를 입력해 얻은 '예측 사망 나이'를 역으로 계산해 '앞으로 살날'이 얼마나 남았는지를 컴퓨터 화면에 출력되도록 설정한 것이다. 2016년 현재, 그의 살날은 6,000일 정도 남아 있다. 그는 이렇게 말했다. "이 카운트다운 시계만큼 인생에 집중할 수 있게 해주는 것도 없다. 6,000일은 내가 하고 싶은 일을 전부 하기에는 많은 시간이 아니다."

나와 친분이 있는 한 슈퍼 리치도 엑셀 스프레드시트를 이용한 카운트다운 시계를 갖고 있다. 언젠가 죽을 것이라는 사실을 떠올리는 것은 '의미 있게 살아야 한다'는 사실을 기억하는 훌륭한 방법이다.

케빈에게 이 탁월한 아이디어를 선물한 사람은 그의 친구이자 롱나우 재단의 회장을 맡고 있는 스튜어트 브랜드Stewart Brand다. 그는 약간 다른 인생 시계를 갖고 있는데, 앞으로 자신에게 남은 날들을 '5년 단위'로 묶어서 설정해 놓았다. 스튜어트는 그 이유에 대해 이렇게 말했다. "우리가 실천할 가치가 있는 중요한 아이디어의 수명은, 그러니까 처음 아이디어를 떠올리고, 그것에 대해 완전히 그만 생각하게 되기까지 걸리는 시간이 '5년'이다. 그래서 5년 단위로 프로젝트를 계획해야 효과적이다. 그것을 완성하든, 포기하든 간에 우리의 마음을 사로잡은 어떤 일이 완전히 사라지기까지는 5년이 걸리니까 말이다. 5년씩 끊어서 인생을 생각해보라. 제아무리 젊은 사람이라도 손가락으로 몇 번만 세면 앞으로 살날이 싹 없어져버린다."

찾아보기 힘든 것을 만들고 있는가?

아무리 근사한 시계를 갖고 있다 할지라도, 결국 충분한 시간을 가진 사람은 아무도 없다. 짧고 짧은 시간을 살아가는 지혜를 얻으려면 케빈은 먼저 '생산성'에 매몰되지 말 것을 충고한다. "생산성은 로봇에게나 필요하다. 인간의 모든 시간은 질문하기, 창의성 발휘하기, 경험하기로 채워져야 한다."

그럼에도 여전히 우리는 강력한 생산성을 요구받는다. 경쟁자보다 더 좋은 것을 더 많이 만드는 사람이 성공할 가능성이 크다는 것은 인류의 일정 기간 또한 유효했던 믿음이다. 생산성이 높은 사람과 기업은 흔해빠졌다. '얼마나 많은 것을 만들 것인가?'를 지나 '얼마나 희소한 가치가 있는 것을 만들 것인가?'의 시대로 이동한 인류에게 케빈은 다음과 같이 조언한다.

"자신이 아닌 다른 사람이 되고 싶고, 타인의 인생 영화에 들어가고 싶은 것은 매우 강렬한 유혹이다. 그래서 이미 많은 사람들이 차지하고 있는 자리에서 경쟁하려고 한다. 그들보다 더 좋은 것을 만들수 있다는 착각 속에서 말이다. 미안하지만 당신은 록스타가 될 수 없다. 이미 그 자리는 다른 사람들로 꽉 차 있다. 거기서는 당신이 정말 창의적이라고 생각한 아이디어들이 곧 남을 흉내 낸 것밖에 되지 않는다. 성공하려면 자신만의 자리를 만들어야 한다. 존재하지 않았던 새로운 자리에 대한 질문과 창의성과 경험을 만들어내야 한다. 대표적인 인물이 예수다. 물론 매우 힘든 일이다. 하지만 그것만이 우리에게 남아 있는 유일한 성공이다."

15
먼저 좋은 피드백을 주어라

휘트니 커밍스Whitney Cummings, @WhitneyCummings는 미국을 대표하는 코미디언이자 배우, 작가, 제작자다. 이 책에서 내가 그녀를 소개하는 이유는 휘트니가 '셀럽celeb'이어서가 아니다. 중독, 우울증, 트라우마, 낮은 자존감 등등 그녀는 우리 모두에게 필요한 상처 치유의 가장 훌륭한 모델이기 때문이다.

내 삶이 먼저 있어야 한다

휘트니는 바람직하지 못한 인간관계에 쩔쩔매고 완벽주의 때문에 오히려 아무것도 하지 못하는 사람이었다. 이는 알코올 중독과 우울증, 바닥을 치는 자존감을 불러왔고 하루 종일 '다른 사람들에게 즐거움과 웃음을 주지 못하면 어쩌지?' 하며 안절부절못하는 배우였다. 그러던 어느 날, 지친 몸을 이끌고 집으로 돌아가던 길에 절로 탄식이 나왔다. '아, 정말 내 삶은 어디로 간 걸까…' 긴 한숨을 쉬고 나자 천천히 한 생각이 떠올랐다. '맞아. 내가 먼저야. 내가 재밌어야 사람들을 웃기는 코미디를 만들든지 할 거 아닌가?'

우리는 늘 벤치마킹할 대상을 찾는다. 다른 사람의 경험과 지식을 얻기 위해 책을 읽고, 피카소나 고흐의 그림을 보며 화가의 꿈을 키운다. 누군가의 독특하고 아름다운 삶과 상상력을 본뜬 영화와 드라마를 보며 울고 웃는다.

우리가 창의적이고 독창적이라고 생각하는 것들은 모두 '창의적이고 독창적인 것들'의 모방이다. 휘트니는 이렇게 말했다. "내가 그토록 힘들었던 이유는 타인의 삶을 벤치마킹하는 데 소질이 없었기 때문이다. 그럼에도 계속 타인의 코미디를 완벽하게 흉내 내려고만 안간힘을 썼던 것이다. 그러니 관객들은 내 코미디를 보고 '어디서 많이 본 것 같다'고 혹평한 것이다. 내 드라마, 내 코미디를 하려면 아무도 모르는 내 삶을 모티브로 삼아야 한다는 깨달음이 생겼다. 그런데 정작 주위를 둘러보니 어디에도 내 삶이 없었다. 내 삶을 먼저 만들어야겠다고 결심한 순간, 천천히 앞이 보이기 시작했다."

모두를 사랑할 수는 있다

모든 생각의 맨 첫 자리에 '나'를 놓기 시작하면서 휘트니는 몸과 마음을 회복하는 새로운 에너지를 얻을 수 있었다. 사람들이 자신을 좋아하지 않을까봐 전전긍긍하는 대신 모두를 만족시킬 수는 없다는 진리를 얻었다. 상대의 감정에 따라 자신의 감정을 결정하는 것만큼 어리석은 행동도 없다는 사실 또한 배웠다. 하지만 그와 동시에 휘트니는 자신의 왼팔에 보일 듯 말 듯 하얀 잉크로 투명하게 'I Love You'라는 문신을 새겨 넣을 줄도 알았다. "적극적이고 진심어린 치료와 상담을 통해 모두를 만족시킬 순 없지만 '모두를 사랑할 순 있다'는 걸 알게 되었다. 누군가를 만날 때마다 첫 인사를 나누기 전에 속으로 '나는 당신을 사랑합니다'라고 속삭이면 거짓말처럼 대화가 훨씬 좋아졌다. 이는 자존감 회복에도 강력한 방법이다. '자, 어디 나를 웃겨보시지?'라는 표정을 짓고 있던 상대가 예상치 못한 나의 사랑한다는 고백에 당혹해하다가 점점 따뜻한 미소로 반응하는 걸 지켜보는 것, 그것이 내가 꿈꿨던 관계요, 코미디였다."

사람들에게서 내가 원하는 반응과 피드백을 얻지 못할 때 우리는 상처를 받는다. 분노와 좌절을 느끼고 우울과 불안에 휩싸인다. 이를 효과적으로 치유하는 방법은 마리아처럼 먼저 따뜻하고 평화로운 피드백을 상대에게 건네는 것이다. 이것이 곧 타인이 아니라 내가 통제하는 삶을 사는 지혜다.

휘트니는 브레네 브라운의 지혜를 빌려 다음과 같이 말했다.

"상처를 치유하는 가장 좋은 방법은 상처를 받지 않는 것이다. 상처를 받지 않으려면 나 자신을 먼저 바라보아야 한다. 우리가 우리 자신을 먼저 바라보지 않는 이유는 거기에 있는 연약함과 취약함을 상대에게 드러내고 싶지 않아서다. 상대의 공격을 받을까 두려워서다. 그래서 그토록 집요하게 남들의 모습을 파고들고 판단하는 데만 열중하다가 오히려 큰 상처를 입는다. 마음껏 부드러움과 연약함, 취약함을 드러내라. '나는 당신을 해치지 않아요'라고 말하면 상대는 마음을 연다. '나는 당신을 사랑합니다'라고 말하면 상대는 더 활짝 마음을 연다. 내 자존감을 높이는 방법은 타인을 따뜻하게 인정하는 것이다."

16
강해지고 싶다면 강해져라

조코 윌링크Jocko Willink, @jockowillink는 지구상에서 가장 무시무시하게 생긴 사람들 중 한 명이다. 근육질에다 체중이 100킬로그램을 넘는다. 브라질 주짓수 검은 띠이고 대련할 때마다 네이비 실Navy SEALs 대원 20명을 무릎 꿇린다. 특수 정보 분야의 전설적인 존재이고 항상 날카로운 눈으로 상대를 꿰뚫어본다. 그와의 인터뷰 소식이 알려지자 그야말로 인터넷은 뜨겁게 달아올랐다.

조코는 20년 동안 미 해군 소속으로 가장 많은 훈장을 받은 특수 부대인 '실 팀 쓰리 태스크 유닛 브루저SEAL Team Three's Task Unit Bruiser'를 지휘했다. 고국으로 돌아온 후에는 서부 실 팀의 훈련 담당관으로 전 세계에서 가장 힘들고 가장 사실적인 전투 훈련을 고안하고 실행했다. 해군에서 은퇴한 후 리더십 및 매니지먼트 컨설팅 기업 에셜론 프론트Echelon Front를 설립했고 〈뉴욕 타임스〉 베스트셀러《익스트림 오너십Extreme Ownership》을 공동 집필했다.

규율이 곧 자유다

그의 신조를 묻자 간단한 답이 돌아왔다. "규율이 곧 자유다."

이상하리만치 이 말이 마음에 다가왔다. 자유의지를 드높이고 성과를 끌어올리려면 일관된 규칙이 필요하다. 자유로운 의사결정을 한다는 명목으로 끊임없이 '이제 뭘 해야 하지?' '아침으로 뭘 먹지?' 등을 고민하는 건 오히려 사람을 무기력하게 만들 수도 있기 때문이다. 단순하면서 규칙적인 계획이 더 많은 자유와 성취를 안겨준다. 규칙과 통제가 있어야 주체성과 자유가 더 크게 느껴진다. 조코는 추가 설명한다. "경제적인 자유이건 더 많은 자유시간이건 질병으로부터의 자유이건 간에, 삶에서 자유를 원한다면 규율을 통해서만 가능하다."

둘은 하나이고, 하나는 아무것도 아니다

네이비 실에 들어가면 가장 먼저 배우는 것이 있다. '둘은 하나이고, 하나는 아무것도 아니다'라는 메시지다. '예비책', '대안'을 반드시 확보하라는 것이다. "계획이 두 개 있는 사람은 하나를 잃으면 하나가 남는다. 하지만 하나밖에 없다면? 그 하나를 잃으면 망한다."

이는 프란츠 카프카의 "있지 않은데 필요로 하는 것보다는, 있는데 필요로 하지 않는 편이 낫다"는 말과 일맥상통한다. 최악의 상황에 대비해 우리는 하나 이상의 계획을 갖고 있어야 한다. 하나가 고장 나서 전체가 멈춰버리는 일은 늘 생겨난다.

강해지고 싶다면 강해져라

"강해지고 싶다면 강해지면 된다."

조코의 이 말은 팟캐스트 〈팀 페리스 쇼〉의 애청자 중 한 명의 삶을 완전히 바꿔놓았다. 그는 조코의 말을 듣는 순간 힘겨웠던 마약 중독을 완전히 끊어낼 수 있었다.

'강해지고 싶다면 강해지면 된다'는 말에는 가슴에 와 닿는 단순한 진리가 들어 있다. '강해진다는 것'은 무엇보다 강해지겠다는 '결심'을 뜻한다. 따라서 다음 결정부터 곧바로 강해질 수 있다. 디저트를 '거부'하기가 힘든가? 강해져라. 그 결정부터 시작해 강해지면 된다. 숨이 찬가? 그래도 계단을 이용하라. 이런 식으로 점점 더 많은 일에 대한 통제를 강화해나간다. 시작점은 크거나 작거나 상관이 없다. 강해지고 싶으면 강해지면 된다.

'나는 괜찮다'고 말하라

조코가 실 태스크 유닛의 지휘관이었을 때의 일이다. 미 해군 준장이 태스크 유닛의 지휘관들을 소집해 회의를 열었다.

해군 준장은 방안을 돌아다니면서 질문을 던졌다.

"지금 뭐가 가장 필요한가?"

일선 지휘관들이 차례로 답을 했다.

"곧 겨울인데 당장 새 군화가 필요합니다."

"사막훈련 시설에는 인터넷이 없어 병사들이 외로워합니다. 와이파이가 절실합니다."

"훈련을 마치고 복귀할 때 헬리콥터 지원이 필요합니다."

이윽고 조코의 차례가 되었다. 그는 답했다.

"저희는 괜찮습니다."

상관에게 잘 보이기 위해 이런 답을 한 게 아니었다. 지원이 필요하지 않아서도 아니었다. 단지 그는 자신의 세계(자신이 지휘하는 부대)에 대해 완벽한 통제권을 자신이 가져야 한다고 생각했던 것이다. 그의 신념에 따르면 새 군화, 와이파이, 헬리콥터 요청은 지원이 아니라 '불평'에 불과했다. 가장 필요한 게 아니라, 필요한 것을 말하라고 하니까 서둘러 머리를 짜낸 것뿐이었다. 그는 이렇게 말했다. "누군가 소원을 들어준다고 하면 반드시 괜찮다고 말해야 한다. 그러면 그는 내가 진짜 소원이 생겼을 때 가장 빠르게 들어준다."

34년 동안 미 육군에서 근무하다가 퇴역한 사성장군 스탠 맥크리스탈Stan McChrystal, @StanMcChrystal 또한 이렇게 말했다. "강한 정신력을 소유하려면 먼저 자신이 생각하는 능력보다 더 강하게 자신을 몰아세워야 한다. 그러면 내면의 더 큰 깊이를 발견할 수 있다. 그리고 어려움이나 불편함을 아무렇지도 않게 받아들이는 집단에 합류하는 것이다. 어려운 환경에 놓여 있을수록 사명감은 더욱 강해진다."

조코의 '나는 괜찮다'라는 말은 매우 위력적이다. 곳곳에 놓인 장애물들을 사소한 것으로 만들어주면서 더 큰 목표로 전진하게 해주는 힘을 갖고 있다.

일찍 일어나야 하는 이유

조코는 늦어도 새벽 4시 35분에는 일어난다. 적보다 먼저 일어났다는 심리적인 승리감이 좋아서다. 그는 새벽에 일어나 자신의 적이 무엇을 하고 있는지 생각한다. "군에서 은퇴했지만 여전히 내 머릿속에는 어디선가 나를 기다리고 있는 적의 모습이 들어 있다. 그는 한손에는 기관총을, 또 다른 손에는 수류탄을 들고 나를 기다리고 있고, 우리는 곧 마주칠 것이다…. 이런 생각이 들면 침대에서 자동으로 벌떡 일어나진다."

내 팟캐스트 방송의 많은 청취자가 조코의 이 이야기를 듣고 아침에 일찍 일어나기로 결심했다는 메시지를 보내왔다. 그들의 트위터에는 '#0445클럽'이라는 해시태그와 함께 4시 45분을 가리키고 있는 수많은 손목시계 사진들이 올라와 있다. 조코와의 인터뷰 방송은 1년이 지났음에도 여전히 강력한 지지와 힘을 얻고 있다.

인터뷰가 있던 날 조코는 우리 집에서 하루 묵었다. 이튿날 아침 8시, 함께 묵었던 내 여자친구가 나를 깨우며 말했다. "조코는 벌써부터 일어나 4시간째 책을 읽고 있어. 어떻게 해야 해?"

조코가 깜짝 놀라는 모습을 딱 한 번 본 적 있다. 내가 서른 살에야 수영을 배웠다고 말했을 때다. 며칠 후 그에게서 문자 메시지가 도착했다. "이 책에 나를 넣어줘서 고마워요. 언젠가는 은혜를 갚도록 하죠. 손을 뒤로 가게 묶고 발도 묶은 상태에서 헤엄칠 수 있는 법을 가르쳐줄게요. 살아남는 데 도움이 될 거요."

강해지고 싶다면 방법은 한 가지다.

'강해져야 한다.'

17
새로운 미래를 여는 디킨스 프로세스

찰스 디킨스의《크리스마스 캐럴》은 구두쇠 스크루지 영감이 과거와 현재, 미래의 크리스마스 유령을 차례로 만나며 자신의 삶을 돌아보는 내용을 담고 있다. 토니 로빈스는 이에 착안해 '디킨스 프로세스Dickens Process'라는 프로그램을 만들었다.

내 친구 나빈 투카람Navin Thukkaram은 자신이 몇 번이나 100만 달러 이상의 수익을 올릴 수 있었던 비결이 이 디킨스 프로세스에 참여했기 때문이라고 털어놓는다. 그는 내게 다른 건 몰라도 디킨스 프로세스는 절대 놓치지 말 것을 신신당부했다.

디킨스 프로세스는 내가 갖고 있는 부정적인 믿음 2~3가지를 과거와 현재, 미래에 걸쳐 살펴보는 프로그램이다. 각 단계마다 토니 로빈스가 도움을 주는데 참가자들은 다음의 질문들에 답하거나 머릿속으로 그림을 그린다.

- 당신의 그 믿음들이 과거의 당신에게 어떤 대가를 치르게 했고 사랑하는 사람들에게는 어떤 대가를 치르게 했는가? 그 믿음들 때문에 당신은 무엇을 잃었는가? 보고 듣고 느껴본다.

- 당신의 그 믿음들이 현재의 당신과 사랑하는 사람들에게 어떤 대가를 치르게 하는가? 보고 듣고 느껴본다.

- 당신의 그 믿음들이 1, 3, 5, 10년 후의 당신과 사랑하는 사람에게 어떤 대가를 치르게 할 것인가? 보고 듣고 느껴본다.

와우, 이 방법은 직접 체험해보니 정말 강력하다.

토니 로빈스는 이렇게 말했다.

"사람들은 미친 듯이 기침을 하면서도 어째서 담배를 계속 피울까? 아마 그들은 '지금껏 담배를 피웠지만 별 일 없었잖아?'라거나 '영화배우 조지 번스도 시가를 즐기면서 102세까지 살았잖아?'라고 생각할 것이다. 즉 미래는 아무도 모르는 영역이기에 그들은 어떻게든 '법칙의 예외'를 찾으려고 노력한다. 과거에도 괜찮았으니, 지금도 괜찮고, 앞으로도 괜찮을 것이라고 생각하며 자신을 합리화한다. 바로 이 방식으로 사람들은 현재의 문제에서 벗어난다. 하지만 결국 한 발자국도 벗어나지 못했음을 훗날 고통스러운 방식으로 알게 된다."

우리는 언제 고통을 느낄까?

뭔가 개선이나 변화가 필요하다고 생각할 때다. 필요는 하지만 변화란 늘 불확실하고 불안정하기 때문에 두렵고 고통스럽다. 그래서 고치고 바꾸기보다는 문제가 없었던 과거의 시간대로 그냥 옮겨간다. 과거의 믿음이 계속해서 우리를 끌고 가는 것이다.

디킨스 프로세스는 이를 허용하지 않는다.

토니 로빈스는 수천 명이 모여든 자리에서 그들이 왜 담배를 피우게 되었는지를 생생하게 털어놓도록 이끈다. 밤새 기침하면서 폐암에 대한 불안으로 벌벌 떨고 있는 현재의 모습을 발견하게 한다. 구강암에 걸려 혓바닥을 절반 이상 잘라내야 하는 미래의 모습 앞에 직면하게 만든다.

사실이 아닌 줄은 알았지만 악착같이 믿고 싶었던 것들의 민낯을 마주한 수백, 수천 명의 청중은 눈물을 흘린다. 그런 다음 토니 로빈스의 코칭에 따라 자신을 결코 파괴하지 않을 '진짜 믿음'을 만들어간다.

나도 그들 중 하나였다.

내가 갖고 있던 오래된 믿음 중 하나는 '잠깐만 한눈을 팔아도 불행해진다'였다. 그래서 나는 누구보다 열심히 일했고, 일하지 않는 시간에는 몹시 불안했다. 잠시도 일을 손에 놓지 않는 지독한 워커홀릭으로 살아왔고, 앞으로도 그래야만 불행해지지 않을 터였다.

토니는 일중독이 나 자신과 나의 소중한 사람들에게 많은 것들을 놓치게 만들고 있는 모습을 담담하게 보여주었다.

언제나 화가 나 있는 듯한 내 표정, 슬금슬금 내 눈치를 살피는 동료들, 가장 최근에 가족과 함께 찍은 사진 속에 박혀 있는 2년 전 날짜, 고개를 들어 하늘을 올려다본 적이 언제인지 기억에 없는 일상, 아무도 찾아오지 않는 캄캄한 사무실 안에서 홀로 늙어가며 서류더미를 뒤지는 내 미래의 모습….

결론은 분명했다. 이렇게 살다가는 불행해지지는 않을지 몰라도,

243

절대 행복해지지도 않을 것이었다.

나는 과거와 현재, 미래의 모습을 천천히 들여다보면서 값진 새로운 믿음을 얻었다. '잠깐만 내려놓아도 행복해진다.'

디킨스 프로세스를 글로 설명하려니 어쩐지 시시한 느낌이다. 하지만 디킨스 프로세스를 삶에 적용시키면 3~4주 안에 당신은 큰 변화를 경험할 것이다. 약 1년이 지나면 디킨스 프로세스가 당신 삶에서 놀라운 행복을 가져다주었다고 생각하게 될 것이다.

목표 추구를 잠시 멈추고 긴 호스의 꼬인 부분을 찾아보라. 비상 브레이크를 작동시키면 놀라운 일이 일어날 수 있다.

18
모든 것을 기록으로 남겨라

마이크 버비글리아Mike Birbiglia, @birbigs는 카메라 앞에서나 밖에서나, 세상에서 가장 바쁜 사람이다. 연극과 영화, 스토리텔링, 스탠드업 코미디가 합쳐진 그의 솔로 투어 공연은 전 세계에서 매진을 기록한다. 최근에는 제작, 감독, 각본, 주연을 맡은 영화 〈돈 싱크 트와이스Don't think twice〉로 평단과 관객의 찬사를 얻은 바 있다.

마이크!!! 너하고 약속이 있어!

마이크는 상대를 움직이게 하는 힘을 갖고 있다. 더 놀라운 건 '자기 자신'을 자신의 뜻대로 움직이게 하는 데도 일가견이 있다는 것이다. 그 비결에 대해 들어보자.

"내게는 지금껏 사람들에게 공개하지 않은 독특한 습관이 있다. 언젠가 천천히 나를 돌아보니, 자꾸만 미루는 버릇이 있었다. 사람들과의 약속을 미루는 법은 없었다. 그런데 운동을 하겠다거나 글을 규칙적으로 쓰겠다는 등 내 자신과의 약속은 언제나 뒷전으로 밀려나고 밀려나다가 나중엔 흐지부지되고 있었다. 문득 '내 자신도 내가 못 움직이는데, 다른 사람을 내 뜻대로 움직여보겠다고? 너무 한심하군!' 하는 생각이 들었다. 그래서 그날 밤부터 나는 '마이크!!!(느낌표의 개수도 중요하다) 내일 아침 7시에 페들러 카페(내가 주로 글을 쓰고 사색을 하는 장소)에서 너하고 약속이 있어!'라고 적은 쪽지를 침대 옆에 두고 잤다. 바보 같고 창피한 얘기처럼 들리겠지만, 효과가 컸다."

내가 이 책에서 마이크 버비글리아를 소개하는 가장 큰 이유가 여기에 있다. 다른 사람과의 약속처럼 자기 자신과의 약속 또한 명확하게 '시각화'해서 상기시키면 실행력이 매우 높아진다. 머릿속으로만 생각하거나 휴대폰 알람 메시지로 만들지 말고, 손으로 직접 쓴 쪽지를 자신에게 주어라. 이 작은 노력 하나로 마이크 버비글리아는 배우들 사이에서 가장 자기관리를 잘하는 사람으로 평가받았다. 페들러 카페에서 만나기로 한 자신과의 약속을 잘 지킨 그는 배우들 사이에서 가장 대본을 잘 쓰는 작가라는 명성도 얻었다.

모든 것을 기록하라

마이크는 젊은 팬들을 만날 때마다 '모든 것을 기록해두라'는 조언을 아끼지 않는다. 시간은 빠르게 사라지고 모든 일은 구름처럼 흘러간다. 그 찰나의 순간들 속에 우리가 얻어야 할 인생의 영감과 힌트, 단서들이 담겨 있다. 이것들을 놓치지 않는 유일한 방법은 '기록'이다. 그는 이렇게 말했다. "아무리 강조해도 지나치지 않은 게 있다. 일기를 쓰라는 것이다. 단 다른 사람들과는 좀 다르게 써라. 많은 사람들이 쓰는 방식에서 벗어나라는 것이다. 나만의 호흡으로 써라. 어떤 하루에 대한 기록은 책 한 권의 분량이 나올 수도 있고, 한 단어나 한 줄로 정리되는 하루도 있을 것이다. 절대 정해진 양을 채우려고 아등

바둥하지 마라. '표준'이나 '기준'에 굴복하지 말라는 뜻이다. 그래야 진짜 한 걸음 더 나간다. 한 걸음 더 나가서 남들에게 절대 보여주지 않을 것 같은 얘기를 일기장에 담아라. 그것들이 결국 언젠가 세상에 공개되면서부터 당신은 점점 명성을 얻어나가게 될 것이다."

이쯤 되면 '표준standard을 거부하라'는 메시지는 성공과 부, 지혜를 얻는 가장 기본적인 진리로 자리 잡는 것 같다. 이 책의 타이탄들 모두 입이 아프게 강조하니까 말이다. 강박적인 노트 수집가로서 나 또한 당신에게 단 하나의 조언을 주자면, 모든 걸 기록하라고 하겠다. 기록의 힘은 강력하다. 그리고 무엇보다 어렵지 않다. 가장 들이기 좋은 습관이다.

마이크는 마지막으로 이렇게 말했다. "자신을 더 많이 알리는 데 시간을 낭비하지 마라. 그 시간에 더 많이 알릴 수 있는 '능력'을 키워라. 단순히 잘하는good 사람이 아니라 위대한great 사람이 되려고 노력해야 한다. 나이가 들수록 점점 뚜렷하게 깨닫게 된다. 이 세상에는 정말 똑똑하고 능력 있는 사람은 많지만, 자신의 일에 영혼까지 쏟아 붓는 위대한 사람은 별로 없다는 사실을."

19
절대 자신을 죽이지 마라

릭 루빈Rick Rubin은 MTV에서 '지난 20년간 가장 중요한 음악 프로듀서'라는 평가를 받은 크리에이티브 디렉터다. 조니 캐시부터 제이 지에 이르기까지 다양한 뮤지션들과 작업했다. 블랙 사바스, 슬레이어, 시스템 오브 어 다운System of a Down, 메탈리카, 레이지 어게인스트 더 머신Rage Against the Machine, 린킨 파크Linkin Park 같은 메탈 그룹은 물론 아델, 셰릴 크로. 라나 델 레이, 레이디 가가 등 정상급 팝가수들과도 협업했다. 나아가 LL 쿨 JLL Cool J, 비스티 보이즈Beastie Boys, 에미넴, 칸예 웨스트 등과 함께 힙합의 대중화를 이끌었다. 하지만 이는 빙산의 일각일 뿐이다.

최고의 작품은 관객을 갈라놓는다

릭은 어디를 가든 티셔츠와 반바지, 플립플롭 차림이다. 특정한 옷차림을 요구하는 레스토랑에는 가지 않는다. 자신의 창의성은 냉난방 기능을 갖춘 침대 매트리스인 칠리패드ChiliPad에서 나온다고 그가 얘기했을 때 농담인 줄 알았다. 하지만 많은 타이탄들이 칠리패드를 사용한다는 사실을 알았을 때 나는 무척이나 당황했다. 세상에는 극소수의 사람만이 아는 길이 진짜 있는 것 같다.

2015년 그는 아델과 함께 그녀의 정규앨범 〈25〉를 만들었다. 아델은 릭의 피드백을 바탕으로 이미 완성된 분량을 모두 버리고 처음부터 완전히 새로 작업했다. 〈25〉는 그해 세계에서 가장 많이 팔린 앨범이 되었다(정말 칠리패드 때문일까?).

내가 릭의 이름을 처음 본 건 생전 처음 구입한 슬레이어의 〈Reign in Blood〉라는 앨범에서였다. 슬레이어는 '스래시 메탈thrash metal'의 부흥기를 연 그룹이다. 스래시 메탈은 엄청나게 빠른 스피드에 바탕한 과격한 사운드와 가사가 특징이다. 슬레이어는 스래시 메탈 중에서도 사악성, 포학성, 악마주의가 가장 강한 그룹이었다.

릭은 이렇게 말했다. "슬레이어와 계약했을 때 걱정이 이만저만 아니었다. 슬레이어로서도 메이저 음반사와의 첫 계약이었다. 내 걱정은 다름 아니라 앨범이 폭발적으로 매진돼 물량을 제때 공급하지 못할 수도 있다는 것이었다. 원래 나는 가장 극단적인 것을 좋아하는데, 슬레이어의 음악 스타일이 딱 그랬다. 그 개성을 극대화하고 싶었다. 주류 관객을 위해 약하게 조절하면 절대 안 된다고 생각했다. 사람들은 진짜로 열정적인 것을 원한다. 그리고 최고로 열정적인 것은 모든 관객의 취향이 아닐 수도 있다. 가장 훌륭한 걸작은 늘 관객을 갈라놓는다. 예를 들어 어떤 가수가 앨범을 발표했을 때, 이를 광적으로 좋아하는 사람들과 절대적으로 싫어하는 사람들로 평가가 나뉘면, 그건 큰 성공이다. 한 명의 아티스트가 자신이 보여줄 수 있는 모든 것을 한계점까지 밀어 붙였다는 뜻이기 때문이다."

릭의 이 말은 심오하다. 유행에 부응하는 작품들은 일정한 성공을 거둔다. 하지만 오래 가지는 못한다. 대중의 입맛은 시시각각 변하기 때문이다. 큰 성공을 거두려면 변하지 않는 입맛을 찾아야 한다. 너무 맵다고 불평하는 사람들을 위해 물을 타면 안 된다. 매운 맛에 열광하는 사람들에게 어필해야 한다. 모두가 '뭐, 나쁘지 않군요…' 하는 것보다 '아, 너무 좋아요!' 하는 사람들과 '이건 쓰레기네!'라고 하는 사람들이 서로 뜨거운 논쟁을 벌이는 것, 그것이 최고의 히트작이다.

릭은 이렇게 말했다. "절대, 자신을 죽이지 마라."

영감의 원천은 지적인 활동이 아니다

성공하려면 창의적이고 독창적인 작업을 해야 한다. 이 작업에는 큰 스트레스와 슬럼프가 따른다. 꽉 막혀 한 걸음도 못 나가고 있을 때도 많다. 그럴 때는 어떻게 해야 할까? "자신에게 간단한 숙제를 내라. 예를 들어 다섯줄의 가사가 필요한 노래가 있다고 해보자. 그럴 때는 내일 오전까지 마음에 드는 '딱 한 단어'만 찾는 것이다. 한 단어는 누구나 쓸 수 있다. '영감'은 지적 활동이 아니다. 머리가 아닌 다른 곳에서 나와야 한다. 그럼에도 우린 다섯줄의 문장을 만들기 위해 가장 먼저 머리를 쓴다. 이성적인 체계를 중시하기 때문이다. 그냥 마음에 쏙 드는, 설명하기는 힘들지만 왠지 자꾸 끌리는 단어들을 최대한 찾아내야 한다. 그러면 그 단어들 사이가 자연스럽게 마법처럼 이어지면서 아름다운 문장, 가사가 된다."

가장 오래 사랑받은 것을 찾아라

우리가 큰 성공을 하지 못하는 이유는 '경쟁자'에게 너무 많은 신경을 쓰기 때문이라고 릭은 말한다. "경쟁자가 아니라 위대한 사람의 영감을 활용해야 한다. 경쟁자 따위가 당신을 조종하게 만들지 마라. 우리는 더 좋은 노래를 만들려면 미술관에 가서 수백 년을 사랑받은 그림을 봐야 한다. 불멸의 소설을 읽고 지금 봐도 전혀 촌스럽지 않은 영화를 보고, 인류가 위안과 평화를 얻어온 시를 읽어야 한다. 위대한 작품에 당신의 몸과 마음을 푹 담가야 한다. 지금 유행하는 노래보다는 역사적으로 가장 훌륭한 평가를 받은 노래를 들어야 한다. 〈모조Mojo〉 선정 '역대 최고의 앨범 100선'이나 〈롤링스톤〉 선정 '역대 최고의 노래 500곡'을 들어야 한다. 그러면 당신은 경쟁자 따위는 넘볼 수 없는 거인이 될 것이다."

20
나에게 일어난 멋진 일들을 저장하라

지금부터 소개하는 아이디어는 사실 여자친구가 내게 선물한 것이다. 혼자만 알고 있기엔 너무 아까워 당신에게도 소개한다. 당신도 나처럼 그녀에게 고마워할 것이다.

어느 날 그녀는 겉면에 '나에게 일어난 멋진 일들'이라는 글귀가 적힌 투명한 병 하나를 내게 선물로 주었다. "팀, 당신에게 좋은 일들이 일어날 때마다 종이에 적어서 여기에 넣어 봐요."

매일 어떻게 하면 성과를 올릴 수 있을지에 대해서만 골몰하는 내가 보기에 딱했던 모양이었다. 선물로 받아놓고는 처음엔 심드렁했다. 하지만 선물을 준 그녀에 대한 예의가 아닌 것 같아, 짜릿한 흥분이나 기쁨을 제공하는 일이 생길 때마다 그 내용을 간단히 종이에 적어 병에 넣기 시작했다. 그리고 얼마 후 내 일상은 몰라보게 활기에 넘치기 시작했다.

멋진 일이 일어났을 때 그걸 머릿속에만 저장해두면 3개월을 가지 못한다. 우리는 불과 석 달 전만 해도 멋지고 기쁜 일이 일어났다는 사실은 까맣게 잊고 다시 우울과 비관 모드에 젖는다. '나에게 일어난 멋진 일들'을 저장하는 병을 갖는 건 이에 대한 매우 지혜로운 처방이다. 외롭고 쓸쓸하고 우울할 때 병 속의 종이를 꺼내 읽으면 새로운 힘과 에너지를 얻을 수 있다. 아울러 투명한 병에 멋진 일들이 점점 쌓이는 모습을 눈으로 보는 것만으로도 삶의 질은 사뭇 달라진다.

이 책에 등장하는 타이탄들의 성공비결을 한 마디로 요약하자면 '시각화'다. 긍정적인 일이든 부정적인 일이든, 시각화해서 정리하면 현명한 해결책과 효과적인 방법들을 더 많이 얻을 수 있다. '나에게 일어난 멋진 일들'이라는 이름의 병을 갖는 것도 이와 같은 맥락에 있다. 당신도 한번 시도해보라. 병만 갖고 있어도, 거기에 넣을 멋진 일이 일어날 것이다.

나는 이 병을 눈에 잘 띄는 곳에 둔다. '나에게 일어난 멋진 일들'이라는 글귀를 볼 때마다 '그때도 상황은 별로 좋지 않았지만 결국 잘해냈잖아! 힘내라, 팀!' 하는 내면의 목소리를 듣곤 한다. 항상 심각한 얼굴을 하고 있으면 금방 지친다. 포기한다. 악순환이 계속된다. 이 순환을 끊는 지혜는 '작은 성공을 음미하는 것'이다. 수학문제를 풀 듯 한 문제를 해치운 후 곧바로 다음 문제로 넘어가는 방식의 삶은, 병 속에 어떤 멋진 일도 적립하지 못한 채 스르륵 사라지고 만다.

'나에게 일어난 멋진 일들'이라는 글귀와 커다란 별 또는 느낌표가 붙어 있는 병을 준비하자. 삶을 항상 진지하게만 생각하는 사람일수록 꼭 이 병을 준비해야 한다. 어린 자녀를 참여시켜도 좋다. 내 독자들 중에는 가족 전체가 이 방법을 통해 감사하는 삶을 실천하는 사람들도 있다.

매일 병에 한 가지씩 적어서 넣는다. 정 기록해 넣을 만한 일이 없다면 '오늘 하루도 무사히 넘겼다!'도 좋다. 나쁜 일이 일어나지 않은 것만으로도 멋진 하루였을 테니까.

하루하루 작고 소박한 멋진 일들, 감사한 일들을 적립해나가는 연습을 하다 보면 엄청나게 좋은 일들이 당신을 찾아갈 것이다.

21
다수를 경계하라

하버드 대학교에서 수리물리학 박사학위를 받고 옥스퍼드대 수학교수를 지낸 에릭 와인스타인Eric Weinstein, @ericrweinstein은 현재 세계적인 금융 컨설팅기업 틸 캐피탈Thiel Capital의 전무이사로 일한다. 그는 가장 강력하고 가장 빠른 입소문을 만들어내는 능력으로 유명하다. 그가 미디어에 기고한 다양한 칼럼, 아이디어, 신조어 등은 늘 세간의 뜨거운 화제를 불러일으킨다.

사람들이 생각할 수 없는 것은 무엇인가?

에릭과 나는 2015년 샌프란시스코의 커다란 야외 온수 욕조 안에서 세상 돌아가는 이야기를 나눴다. 그때 그가 들려준 말은 내 머릿속에 강력하게 자리 잡고는 많은 의사결정에 큰 도움을 주었다. 당시 그는 이렇게 말했다. "나는 수학자다. 실험과 통계, 리서치 자료 분석을 광적으로 좋아한다. 그런 내가 내린 결론은 내가 직접 선택한 2,000~3,000명 사이에서만 유명해지면 큰 성공을 거둔다는 것이다. 내 조사와 연구 결과, 어떤 일을 할 때마다 큰 반향을 불러오는 사람들 대부분이 그랬다. 2,000명에게만 알려지면 원하는 것을 뭐든지 할 수 있다. 딱 그 정도 규모의 사람이 내게 최대의 장점과 최소의 단점을 제공한다."

이는 케빈 켈리의 '1,000명의 진정한 팬', 그리고 릭 루빈의 '최고의 작품은 관객을 갈라놓는다'와 일맥상통한다. 어떤 훌륭한 제품도, 어떤 탁월한 서비스도, 최고의 걸작도 그것을 널리 퍼뜨릴 2,000명이 없으면 세상에 알려지지 못한다.

에릭은 늘 '다수多數'라는 단어를 경계한다. 많은 사람이 합의하거나 의견의 일치를 보이는 것에는 함정이 있을 확률이 높다고 말한다. "인간은 절대적으로 분명하거나(이때도 만장일치는 존재하지 않지만), 본인의 생계와 안위에 대한 직접적인 폭력 위협이 있을 때가 아니고서는 좀처럼 높은 수준의 합의에 도달하지 않는다."

내 의견이 많은 사람들과 같을 경우에는, 그것이 진짜 내 것인지 의심해봐야 한다. 무의식중에 타인의 의견을 따른 건 아닌지, 어떤 허영심이 작용한 것은 아닌지 따져봐야 한다. 인터넷을 보라. 얼마나 많은 집단들이 근거도 없는 맹신을 쫓아 유령처럼 떠돌아다니는지를.

에릭의 다음과 같은 조언은 우리가 오랫동안 숙고해야만 한다. "좋은 아이디어를 떠올리고 싶다면 이렇게 질문하라. '사람들이 절대 말하거나 생각할 수 없는 것은 무엇인가?'"

예를 들어보자.

'여행자들은 왜 그토록 무거운 가방을 갖고 공항의 높은 계단을 오르내리는데, 왜 한 마디도 불평을 하지 않는 걸까?' 이 질문을 자신에게 던진 사람은 노스웨스트 항공사의 조종사였던 로버트 플래스^{Robert Plath}였다. 그는 1989년 바퀴 달린 여행가방을 만들어 세상을 뒤집었다.

1952년 봄베이 탁구 세계선수권 대회에서 챔피언에 오른 사토 히로지는 일본 대표팀 가운데 가장 실력이 떨어지는 선수였다. 그를 챔피언으로 만든 건 '딱딱한 라켓에 스펀지를 대면 탁구공이 라켓에 닿을 때 나는 소리가 달라져 상대가 혼란스러워하겠지?'라는 생각이었다.

1968년 멕시코 올림픽 높이뛰기 종목에서 금메달을 딴 딕 포스버리Dick Fosbury도 마찬가지다. 그는 아무도 등으로 가로 바를 넘는 배면뛰기를 상상조차 못했을 때 일생일대의 기회를 잡았다.

에릭의 말을 계속 들어보자.

"다수가 합의와 의견 조율을 거쳐 만들어낸 것들 중 형편없는 것을 골라보라. 일단 다수는 합의할 때만 아우성을 칠 뿐, 합의 결과가 나오면 곧바로 시들해지기 때문에 시간이 흐를수록 그냥 방치되는 것들이 많다. 혁신은 여기서 탄생한다. 예를 들어 현재 사람들이 쓰고 다니는 우산의 디자인(표준적인 디자인)이 영 별로라고 생각되면 일본인들이 사랑하는 종이접기(오리가미) 실력을 응용할 방법은 없는지 생각해보면 새로운 것을 얻는 데 도움이 된다. 어떤 분야에서는 흔한 해결책인데 다른 분야에서는 생각도 하지 못한 것이 있다. 그걸 찾아내는 게 혁신이고 성공이다."

세상을 바꾸는 것은 말이다

에릭의 말과 글은 전염력이 강하고 퍼져나가는 속도가 상상을 초월

한다. 발표할 때마다 많은 사람들이 즉각 깊은 관심을 갖게 만들 수 있는 방법은 무엇일까? "세상에서 가장 빠르고 강력하게 퍼져나가는 것이 뭔지 아는가? '신조어'다. 탁월한 신조어를 만들려면 놀라울 정도로 뛰어난 '어휘력'을 갖춰야 한다. 죽을 때까지 해야 할 공부가 있다면 언어다. 장담컨대 가장 좋은 사전을 가진 사람이 가장 큰 성공을 거둔다."

들어본 적 없고, 부르기 쉽고, 색다르고, 재미있고, 매력적인 단어를 가진 사람이 최고의 기술과 서비스를 가진 사람을 이긴다. 신조어를 아이들의 유치한 장난쯤으로 여겨서는 큰코다친다. 품격 있는 언어를 파괴하는 행위라고 개탄하는 사람이 되는 건 당신의 자유이지만, 그러면 아마도 당신은 성공과는 거리가 멀어질 것이다.

나도 그의 영향을 받아 틈만 나면 신조어를 만들려고 노력한다. 연인과 함께 보기로 약속한 TV 드라마를 혼자 몰래 보는 사람이라는 뜻의 '티비불륜', 입만 열면 타인을 성차별주의자, 인종차별주의자, 극좌파 등으로 몰아세우는 사람들을 일컫는 말로 '편견주의자'를 생각해본 적도 있다. 이 신조어들이 성공했는지는 당신이 더 잘 알 테니 생략하자.

어쨌든 에릭 와인스타인은 현존하는 최고의 수학자다. 하지만 그를 유명하게 만든 것은 그의 수학이 아니라 그의 언어였다는 사실을 명심하라.

22
최고의 성과를 창출하는 사운드트랙

이 책의 서두에서 살펴본 바와 같이 타이탄들의 80퍼센트 이상은 어떤 방식으로든 아침 명상을 한다. 그렇다면 나머지 20퍼센트는? 그들도 대부분 명상과 비슷한 활동을 한다. 그 가운데 가장 흔한 패턴은 집중력을 높이기 위해, 더 큰 성과를 위해 노래 한 곡이나 앨범 하나를 반복해서 듣는 것이었다. 그들의 작업장에선 항상 다음과 같은 음악이 울려퍼진다.

- 암벽 등반의 떠오르는 젊은 스타 알렉스 호놀드**Alex Honnold**는 영화 〈라스트 모히칸〉의 사운드 트랙을 들으며 컨디션을 점검한다.
- 《여행의 기술》을 쓴 롤프 포츠는 영화 〈사이드웨이〉 〈웨딩 크래셔〉 〈금발이 너무해〉의 음악을 만든 작곡가 롤프 켄트**Rolfe Kent**의 '젠 이펙트**The Zen Effect**'를 일하기 전 30분간 틀어놓는다.
- 오토매틱의 CEO 매트 뮬렌웨그는 에이셉 로키**A$AP Rocky**의 '에브리데이**Everyday**'와 드레이크**Drake**의 '원 댄스**One Dance**'를 들으며 머릿속을 정리한다.
- 세계 최고의 여성 장애물 달리기 선수인 아멜리아 분은 스매싱 펌킨스의 '투나잇 투나잇**Tonight Tonight**', 니드투브리드**NEEDTOBREATHE**

의 '킵 유어 아이스 오픈Keep Your Eyes Open'의 광팬이다.

- 수학자이자 셰프인 크리스 영Chris Young은 폴 오켄폴드Paul Oakenfold의 'Live at the Rojan in Shanghai'와 피트 통Pete Tong의 'Essential Mix'에서 영감을 얻는다.
- 유튜브의 철학자로 불리는 유명 저널리스트 제이슨 실바Jason Silva는 한스 짐머가 만든 영화 〈인셉션〉의 사운드트랙 '타임Time'을 사랑한다.
- 구글 임원 출신인 크리스 사카는 바우어Baauer의 '할렘 셰이크Harlem Shake', 제이 지와 칸예 웨스트가 함께 부르고 비욘세가 피처링한 '리프트 오프Lift Off'가 틀어져 있으면 엄청난 양의 이메일을 처리할 수 있다.

통상 타이탄들은 창의적인 작업을 할 때 앨범 한두 개와 영화 한두 편을 고른다. 특히 베스트셀러를 많이 펴낸 작가들은 대부분 밤 11시에서 4시에 일하는데, 집중력이 극대화되는 시간이기 때문이다. 그들의 가장 큰 특징은 같은 영화(종종 음성을 소거한)와 음악을 계속 반복해서 듣거나, 틀어놓는다는 것이다. 100번도 넘게 본 영화가 있고 1,000번도 넘게 들은 음악도 있다. 그들이 선택한 영화와 음악은 독창적인 작업, 즉 혼자만이 할 수 있는 작업에서 오는 고립감을 훌륭하게 상쇄시켜준다.

이는 단순한 습관인 것처럼 보이지만, 당신도 꼭 가지면 좋을 습관이다. 한 편의 영화와 한 곡의 음악이 100명의 친구보다 더 좋은 파트너가 되어줄 수 있다.

　오직 당신에게만 편안함, 여유로움, 행복, 영감을 제공하는 영화와 음악을 찾아내보라. 분명 그것들도 당신을 오랫동안 기다리고 있었을 것이다.

23
스스로를 향해 걸어라

나발 라비칸트Naval Ravikant, @naval는 스타트업 기업의 투자자, 구직자들을 위한 플랫폼 앤젤리스트AngelList의 CEO다. 지금껏 100개 이상의 기업에 투자했으며, 그중 트위터를 비롯한 많은 기업이 엄청난 성공을 거두었다. 나발은 내가 스타트업 투자와 관련해 가장 많은 조언을 구하는 멘토이기도 하다.

받아들여라

그에 따르면 어떤 상황이든 우리는 3가지 선택이 가능하다.

'바꾸거나', '받아들이거나', '떠나거나'다.

바꾸고 싶은데 바꾸지 않는 것, 떠나고 싶은데 떠나지 않고, 그렇다고 받아들이지도 않는 것은 좋은 선택이 아니다. 불행은 대부분 그런 몸부림과 혐오감 때문이다. 나발이 마음속으로 가장 많이 외치는 말은 '받아들여라!'다.

약간 의외였다. 나발 같은 투자전문가에게는 바꾸거나, 떠나거나와 같은 적극적인 선택권이 더 어울리지 않는가? 받아들인다는 것은 뭔가 정체되어 있는 느낌이다. 하지만 그는 고개를 젓는다. 뭔가를 바꾸고, 어딘가로 떠나기에는 시간이 너무 없다는 것이다.

그는 이렇게 말했다.

"우리가 어떤 존재인지 아는가? 거대한 은하수에 있는 별 하나의 주위를 맴도는 작은 바위에 자리 잡고 있는 원숭이들이다. 우주는 100억 년 이상부터 존재했고 앞으로 1,000억년 이상 이어질 수도 있다. 그런 우주 속에서 나나 당신은 극소의 존재일 뿐이다. 반딧불이가 한 번 반짝여본 것 정도가 우리의 인생이다. 우리가 하는 그 어떤 일도 지속되지 않는다. 언젠가 우리도, 우리가 한 일도, 우리 아이들도, 생각들도 사라질 것이다. 이 지구도, 태양도 전부. 그러니 그냥 앉아서, 나를 중심에 놓고 조금씩 눈만 돌리는 게 가장 행복한 자세다."

중심의 즐거움

무엇인가를 받아들인다는 것은 어딘가를 향해 떠날 때 필요한 모든 짐을 내려놓는다는 뜻이다. 그만큼 가볍게 살 수 있다는 의미다. 그래서였을까, 나발의 말은 거침이 없다. 그는 성공하고 싶다면 자신보다 더 성공한 사람들과 어울리라고 간단히 말한다. 행복하고 싶으면 자신보다 덜 성공한 사람들과 어울리면 충분하다고 웃는다. 이처럼 자신을 중심에 놓고 세상 일을 받아들이기 시작하면 문제들은 작고 단순해진다. 나발에게 참된 행복의 정의는 '내가 그곳으로 가는 것이 아니라, 그곳이 나에게 오게 하는 것이다.' 그는 말한다. "너무 힘에 겹거나, 바꾸기에는 너무 시간이 오래 걸리거나, 간단하게 여겨지지 않는 것에는 흥미를 갖지 마라. 그러면 당신은 빠른 속도로 행복해진다."

의도적으로 말하라

나발은 처음엔 스타트업을 창업할 생각이 없었다. 하지만 그가 일하던 실리콘밸리에서는 언젠가는 자기 회사를 차리는 게 아주 자연스러운 현상이었다. 그래서 그도 누군가 미래 계획을 물어올 때마다 별 생각 없이 사업을 하겠노라 답하곤 했다.

그렇게 시간이 흐르고 그는 우연히 거리에서 친구를 만났다. 반갑게 악수를 나누고 난 후 친구가 그에게 말했다. "와, 아직도 여기 있네? 회사 차린다는 얘기가 오래 전부터 파다했는데, 아직 독립 안 한 거야?"

그는 한 대 얻어맞은 기분이었다. 말만 떠벌리고 다닌 사기꾼이 된 것 같은 심정이었다. 친구와의 만남이 있은 후 본격적으로 창업에 대해 생각하기 시작했다. 결국 그는 회사를 차렸고, 예상보다 큰 성공을 얻게 된다.

이 과정에서 나발은 다음과 같은 교훈을 얻었다.

"행복해지고 싶은가? 그럼 행복하다고 친구들에게 말하고 다녀라. 그러면 그 말이 사실이라는 걸 보여주지 않으면 안 되는 상황을 만나게 될 것이다. 최소한 자신이 한 말은 지켜야 하지 않겠는가? 당신이 정상적인 사람이라면 친구들의 기대를 저버리는 행동은 분명 하지 않을 것이다."

나를 가장 잘 아는 사람은 누구인가?

자, 정리해보자.

나발에 따르면 행복은 자신을 중심에 놓는 행동이다. 중심에 앉아 해답이 가능하고 간단한 것들에 대해서만 집중해 노력한다. 고정된 시각이 아니라 다양하고 풍부한 프레임으로 세상을 바라보는 사람은 불행해지지 않는다.

그렇다. 우리는 깨달음이나 진리를 찾아 수십 년 동안 산속을 헤매며 고된 수련을 할 이유가 없다. 우리를 일깨우는 진리는 매 순간 얻을 수 있는 소박한 것들이면 충분하다.

나발은 "깨달음이란 우리가 하는 생각들 사이의 공간이다"라고 설명한다. 멋진 말이다. 매일 '나 자신을 중심에 놓고 생각하면' 누구든 일정 수준의 깨달음을 얻을 수 있다. 화려할 필요도 거창할 필요도 없다. 나 자신만 납득시킬 수 있으면 충분하다. 그러니 어딘가로 가지 못해, 무엇인가를 바꾸지 못해 두려워 할 것도 불안해 할 것도 아니다.

나발은 마지막으로 다음과 같은 지혜로운 조언을 선물한다. "세상에 당신보다 더 현명한 사람은 없다. 그러니 찾아 헤매지 마라. 당신의 삶을 가장 잘 아는 사람은 당신이다. 그러니 당신이 스스로 현명해지면 된다. 언제나 당신 스스로를 향해 걸어라. 스스로를 찾아가라."

24
무엇을 하든, 진짜 모습으로 하라

글렌 벡Glenn Beck, @glennbeck은 30대에 알코올 중독으로 바닥을 친 후 다시 삶을 시작했다. 2014년에는 9,000만 달러의 수입을 기록하며 〈포브스Forbes〉가 선정한 '세계에서 가장 영향력 있는 인물 100인'에 이름을 올렸다. 라디오, TV, 인터넷TheBlaze.com, 출판 분야를 두루 망라하는 글렌의 플랫폼에는 매달 3,000만~5,000만 명이 방문한다.

무엇이 술주정뱅이였던 그를 세계 최고의 인물로 변신시켰을까?

〈팀 페리스 쇼〉 청취자들의 뜨거운 요청과 성원에 힘입어 막강한 파워를 가진 글렌을 인터뷰하는 데 극적으로 성공했고, 그와의 대화는 앞으로 10년간 강력한 에너지로 나를 밀고 나갈 것이다.

다른 사람이 되려고 하지 마라

그가 인생에서 얻은 가장 중요한 교훈은 순전히 '실수'를 통해 얻은 것이었다. 알코올 중독에서 빠져나와 각고의 노력 끝에 라디오 방송 진행자 자리를 얻은 그에게 어느 날 청취자 한 명이 전화를 걸어 왔다. "글렌, 당신은 실수라고는 해본 적 없는 완벽한 사람이죠? 그러면 내 심정을 이해 못할 거예요."

순간 그는 침묵했고, 스튜디오 안이 조용해졌다. 잠시 후 글렌은 천천히 말했다. "잠깐만요. 내가 어떤 사람인지 말씀드려보죠."

그는 약 15분 동안 자신에 대해 잔혹할 정도로 솔직하게 털어놓았다. 어떤 변명도 하지 않고 있는 그대로. 그런 다음 덧붙였다. "그동안 저는 거짓말을 했습니다. 사실 전 이런 놈이었습니다."

마이크를 끈 글렌은 젊은 인턴 직원과 프로듀서에게 담담하게 작별 인사를 건넸다. "오늘을 잘 기억해두세요. 글렌 백이 다시 시궁창에 빠져 끝장나는 날이니까."

그런데 정반대의 일이 일어났다. 하루아침에 그는 미국에서 가장 유명한 사람이 되었고, 열렬한 지지를 받는 스타가 되어 있었다. 그의 솔직한 용기에 많은 사람들이 깊은 감동을 받은 것이다.

글렌은 회상한다. "왠지 그 전화를 받았을 때 내 진짜 모습을 보여줘야 한다고 생각했다. 알코올 중독자에다가 우울증 환자로 세상을 저주하며 젊은 시절을 보냈던 일들을, 그래서 얼마나 비뚤어진 길을 비틀대며 걸어왔는지를. 마치 고해성사를 하듯 말이다. 나는 모든 것이 인위적으로 만들어지고 각본이 있고 완벽한 타이밍으로 제작되는 세상에서 자랐다. 그래서 모두가 그런 시스템에 익숙할 줄 알았는데, 아니었다. 그날 나는 사람들은 진정한 것, 날 것, 솔직한 것에 굶주려 있다는 사실을 깨달았다. 진실한 모습을 보이면 누군가는 반드시 받아준다는 것을 알고 나자 인생이 또 한 번 바뀌었다. 내가 당신에게 줄 수 있는 최고의 조언은, '당신의 진짜 모습으로 실패하거나 성공하라는 것'이다. 다른 사람이 되려고 하지 마라. 당신이 뭘 하든, 당신의 진정한 모습만으로 늘 충분할 것이다."

영원히 변하지 않는 것을 찾아라

글렌은 진정한 모습을 사람들에게 보여주려면 타협하지 않는 원칙을 가져야 한다고 설명한다. 그는 어린 시절, 이웃의 한 노부인에게서 얻은 가르침에 대해 얘기한다. 제2차 세계대전 당시 그녀는 16살이었는데, 유대인에게 수프 한 그릇을 주었다가 곧장 아우슈비츠로 보내졌다. 사형선고나 다름없었음에도 온갖 역경을 뚫고 그녀는 다시 돌아올 수 있었다. 그녀는 글렌에게 말했다. "글렌, 기억해라. 옳은 사람들은 어느 날 갑자기 그렇게 훌륭해진 것이 아니다. 그들은 매일 정도正道를 넘어서는 걸 거부해왔기 때문이란다."

빠르게 변하는 시대에서 가장 소중하고 값진 것은 무엇일까? 영원히 '변하지 않는 것'이다. 시대가 아무리 변해도 변하지 않는 것, 그걸 가진 사람이 성공한다. 글렌에 따르면 그것은 곧 자신만의 '원칙'이다. "상대가 나를 좋아하든, 종교가 같든 다르든, 신념과 철학이 같든 다르든, 나는 똑같이 그를 사랑과 존중으로 대할 것이다. 그것이 내 원칙이다. 일관적인, 타협하지 않는 불굴의 원칙이 있는 사람은 실패하지 않는다. 실패해도 오래 가지 않는다."

웨인 미크스 교수와의 대화

알코올 중독에 빠졌던 30대 초반, 글렌은 예일 대학교에서 신학을 전공하며 한 학기를 보냈다. 하지만 아무리 노력해도 어두운 알코올 중독자인 자신이 그곳과는 어울리지 않는다는 생각을 좀처럼 떨칠 수가 없었다. 그러던 어느 날, 강의실 책상에 엎드려 있던 그의 등을 누군가 가볍게 두드렸다. 신학과의 웨인 미크스^{Wayne Meeks} 교수였다. 웨인이 그의 손을 잡으며 말했다. "잠깐 내 말을 들어보겠니? 자네가 무엇 때문에 괴로워하는지 조금은 알 것 같아서 하는 말인데… 이곳은 자네가 충분히 지낼 만한 곳이라네. 자네는 언제까지든 여기 있어도 괜찮아."

너무나도 단순한 웨인의 말은 글렌의 세상을 바라보는 방식을 완전히 바꿔놓았다. 새로운 세상을 활짝 열어주었다. "웨인 교수는 내게 바로 여기, 이 세상에 있을 자격이 충분하다고 말해주었다. 그 말한 마디에 나는 회복되었다. 그래서 똑같은 말을 실의에 빠진 사람들에게 해준다. 당신은 충분히 자격이 있고, 똑똑하고, 무엇이든 할 수 있다고. 그것이 지금껏 숨겨져 있던 당신의 진짜 모습이라고."

우리는 자격이 충분하다. 실패할 자격도, 그것에서 벗어날 자격도, 더 큰 성공과 행복을 얻을 자격도 있다. 글렌의 말처럼 신이 창조한 이 세상, 바로 여기에 우리는 얼마든지 자유롭게 있어도 된다. 하루하루를 옥죄는 가면을 벗고 자신의 진짜 모습으로 살아가는 길을 발견한 글렌은 토머스 제퍼슨^{Thomas Jefferson}의 명언을 평생의 가르침으로 새기고 살아간다.

"신의 존재까지도 대담하게 질문하라. 만일 신이 정말로 있다면 맹목적인 두려움보다는 이성에 경의를 표하는 인간을 더 받아들일 것이다."

25
마라에게 차를 대접하라

임상심리학 박사인 타라 브랙^{Tars Brach}은 서양의 대표적인 불교사상 및 명상전문가다. '워싱턴 내면 명상 커뮤니티^{Insight Meditation Community of Washington}'를 설립했고, '타라브랙닷컴^{tarabrach.com}'에 올라오는 그녀의 강연은 매달 수십만 건 이상의 다운로드 수를 기록한다.

내게 타라를 처음 소개해준 사람은 마리아 포포바다. 마리아는 그녀가 자신의 삶을 가장 심오하게 바꿔준 사람이라고 격찬했다. 그후 나는 타라의 첫 책《받아들임^{Radical Acceptance}》을 선물 받아 욕조 안에서 처음 10페이지를 읽었다. 그런 다음 욕조를 빠져나와 나머지를 모두 읽었다. 그리고 즉시 타라의 가르침을 실생활에 적용하기 시작했다.

《받아들임》중에서 내가 가장 좋아하는 '마라에게 차 대접하기' 섹션을 발췌해 소개한다. 이 부분은 분노를 비롯한 부정적인 감정들을 다루는 지혜를 선물한다. 억누르거나 쫓아내지 않고 부정적인 감정들에게 '나는 너를 보고 있어'라고 말하면 충분하다.

예를 들어 명상 도중에 모욕을 당했던 일 때문에 화가 솟구치면 곧바로 속으로 '아, 분노의 감정이 찾아왔군' 하고 말하면서 그 존재를 의식적으로 알아차리고 나면 금세 다시 집중할 수 있다. 맞서 싸우지 않고 부정적인 감정에 이름을 붙이고 바라만 보면, 그것들에 우리는 휘말리지 않는다. 감정과 싸우는 것은 모래 늪에서 허우적거릴수록 점점 더 깊이 발이 잠기는 것과 같다. 상황을 계속해서 악화시킬 뿐이다. 이름 붙이고, 알아차리고, 바라보는 것. 그것이 우리에게 가장 필요한 지혜이자 최선의 공격이자 최선의 방어다.

자, 그럼 타라의 향기로운 글을 고요하게 읽어보자.

타라 브랙 : 마라에게 차 대접하기

인간의 삶은 여인숙이다.

매일 아침 새로운 여행자가 찾아온다.

기쁨, 슬픔, 비열함 등등

매 순간의 경험은

예기치 못한 방문자의 모습이다.

이들 모두를 환영하고 환대하라!

어두운 생각, 수치스러움, 원한,

이들 모두를 문 앞에서 웃음으로 환대하고 맞이하고

안으로 초대하라.

찾아오는 누구에게나 감사하라,

이들은 모두

영원으로부터 온 안내자들이다.

_루미Rumi

내가 가장 좋아하는 붓다의 얘기들 중 하나는 깨어 있는 친절한 마음의 힘을 보여준다.

붓다가 깨달음을 얻은 아침, 마왕魔王 마라는 몹시 낙담하며 도망쳤
지만 곧 반격을 꾀한다. 붓다가 인도 전역에서 깊은 존경을 받게 되
었을 때조차 마라는 예기치 못한 모습으로 계속 나타났다. 스승을 헌
신적으로 살폈던 붓다의 제자 아난다는 마라가 나타날 때마다 헐레
벌떡 스승에게 뛰어와 이를 알리곤 했다.

그러면 붓다는 호통을 치거나 쫓아내는 대신 "마라여, 내가 너를
본다"라고 말하며 그를 조용히 맞이해 들였다. 귀한 손님으로 모시
기라도 하듯 마라에게 방석을 권하고, 차가 채워진 흙으로 빚은 찻잔
두 개를 그들 사이의 낮은 탁자에 내려놓은 다음에야 붓다는 자신의
자리에 앉았다. 마라는 잠시 동안 앉아 있다가 가곤 했다. 붓다는 내
내 자유롭고 흔들리지 않았다.

오늘날 우리에게도 다양한 얼굴의 마라가 찾아온다. 환영의 인사
를 건네며 따뜻한 차를 대접하라. 그를 정면으로 바라보며 친절로 감
싸 안아라. 그렇게 바라보고 의식적으로 알아차리면 우리는 마라의
구체적인 실체를 발견할 수 있다. 마라는 곧 우리 자신이다.

인류의 영적 스승 페마 초드론Pema Chodron은 이렇게 말했다. "우리
는 우리 자신, 그리고 우리의 삶과 가장 깊은 수준에서 친구가 되기
를 배워야 한다."

맞서 싸우지 않고 가슴을 열고 기꺼이 마라에게 차를 대접할 때,
비로소 우리는 우리 자신과 가장 좋은 친구가 된다.

26
디로딩 타임을 가져라

디로딩deloading이란 말을 아는가?

디로딩이란 본래 근력 운동이나 경기를 위한 훈련에 사용되는 개념인데, 이 책의 많은 타이탄들은 다양한 분야에서 디로딩의 가치를 적용하고 있다.

디로딩은 '내려놓는', '뒤로 물러나는back-off', '부담을 제거하는' 등의 뜻을 갖고 있다. 즉 촘촘하게 짜인 계획과 일에서 잠시 물러나 컨디션을 조절하고 회복하는 행동을 디로딩이라 할 수 있다. 빌 게이츠에게 '생각 주간think week'이 있다면 타이탄들에겐 '디로딩 주간'이 있다. 디로딩 주간을 가지면 삶의 과부하들을 지혜롭게 예방하고, 더 나은 삶을 위한 속도를 내는 데 큰 도움을 얻을 수 있다. 디로딩 주간은 창의성과 생산성, 삶의 질에 실질적인 기여를 한다. 디로딩을 하는 데 꼭 일주일이란 시간이 필요한 건 아니다. 매일 디로딩의 시간을 갖는 타이탄들도 많았다.

타이탄들이 매일 아침 간단한 일기를 쓰고, 차를 마시고, 명상을 하는 것도 디로딩의 좋은 예다. 또는 작가 커트 보니것처럼 매주 수요일 오전 10시부터 오후 1시까지를 '창의적인 놀이' 시간으로 정해놓고 생각 없이 빈둥거려도 좋다. 친구들과 직접 전화로만 연락하는

'메시지 앱 사용 금지일'이나 노트북과 휴대폰, TV를 완전히 차단하는 '모니터를 끄는 일요일' 등을 설정하는 방법도 디로딩의 좋은 본보기다.

디로딩은 전략적으로 액셀 페달에서 발을 뗀다는 뜻이다. 일정 기간을 정해 업무의 강도를 집중적으로 높인 후 다시 일정 기간은 휴식 기간을 정해 푹 쉬는 것도 효과적이다. 릭 루빈을 비롯한 크리에이티브 디렉터들은 '사흘 집중하고 하루 디로딩한다'는 전략을 통해 창의성을 극대화하기도 한다.

디로딩의 시간을 얼마로 정할지는 개인의 자유다. 중요한 것은 '디로딩 시간'을 실제로 갖는 것이다. 좋은 아이디어는 디로딩 기간에 나온다고 타이탄들은 강조한다. 음표 사이의 침묵이 음악을 만드는 것처럼 말이다. 독창적인 아이디어를 원한다면 15분 후에 회의가 예정되어 있어서는 안 된다. 시간에 구애됨 없이 큰 가능성을 떠올려보는 여유가 절대적으로 필요하다. 더 큰 성공을 하지 못하는 이유는, 더 큰 성공의 그림을 그려볼 시간이 없기 때문이다. 작은 성과들을 차곡차곡 쌓아가되, 이것들을 꿰어 빛나는 보배로 만들 수 있는 큰 생각을 할 시간을 의도적으로 내야 한다.

쉴 새 없이 메일함을 비우면서 원하는 삶을 살겠노라 말하는 건 공허한 메아리다. 아무도 그걸 믿어주지 않는다. 메일함은 잃어버리고 놓친 자들의 땅이다. 거기에서는 모두가 길을 잃는다.

마음대로 떠돌고, 지껄이고, 고민할 수 있는 시간을 마련하라. 온갖 시끄러운 잡음 속에 당신의 삶을 바꿀 신호가 들어 있는 경우도 반드시 나타난다. 디로딩 계획을 일에 대한 계획보다 더 헌신적으로 지켜야 한다. 디로딩 시간이 일에 활기를 불어넣어줄 수는 있지만, 그 반대는 전혀 불가능하다.

이 책의 타이탄들을 성공으로 이끈 가장 훌륭한 질문은 이렇다. "나의 목표가 아니라 타인의 목표에 따르는 '반응적인' 삶에서 벗어나려면 어떻게 해야 할까?"

우연히 얻어진 것이 아니라 의도적으로 확보한 여유의 시간이 그 답을 찾아줄 것이다.

그래야만 앞으로 나갈 수 있다.

27
'좋다!'의 힘

이 글은 '네이비 실'에서 강력한 리더십을 보여주었던 조코 윌링크가 이 책의 독자들에게 주는 지혜로운 조언이다. 천천히 읽고, 음미하고, 생각해보자.

조코의 이야기

나는 실패에 어떻게 대처하는가? 매우 간단한 방법으로 극복한다. 이 모든 상황에 대처하는 한 마디가 있다. '좋다^{good!!}'라는 말이다. 내가 이 말을 애용한다는 사실은 내 부하직원이었다가 나중에 절친한 사이가 된 친구가 알려주었다.

그는 내가 큰 문제나 시련을 겪을 때마다 "보스, 뭔가가 잘못돼 가고 있는 것 같은데…"라고 걱정스러운 얼굴로 말한다. 그러면 나는 그를 바라보며 간단히 답한다. "좋아! 잘 될 거야!"

어느 날, 그가 이렇게 말했다.

"상황이 별로 좋지 않은데…. 하지만 보스가 뭐라 말할지는 알아요."

"내가 뭐라 할 건데?"

"'좋아!'라고 하실 거잖아요. 뭔가 잘못되고 악화될 때는 늘 좋다고 하셨으니까요."

나는 고개를 끄덕였다.

"진심으로 하는 말이야. 난 최악의 상황에서도 좋은 일이 생길 수 있다고 생각하거든."

그렇다. 나는 정말 그렇게 생각한다. "좋아!"의 힘은 엄청나게 세다.

"프로젝트가 취소됐어? 좋아! 다른 프로젝트에 집중할 수 있겠군."

"초고속 장비를 구입하지 못했다고? 좋아! 계속 단순하게 나가면 되겠군."

"승진을 못했다고? 좋아! 앞으로 더 열심히 할 시간이 생겼어."

"자금 유치에 실패했다고? 좋아! 회사 소유 지분이 늘어난 거네."

"원하는 일자리를 얻지 못했다고? 좋아! 더 많은 경험을 쌓아서 이력서를 업그레이드해."

"부상을 입었다고? 좋아, 안 그래도 훈련을 잠시 쉴 필요가 있었어."

"실패했다고? 좋아! 실패는 배움의 가장 좋은 기회지."

바로 이것이다. 상황이 나빠져도 당황하지 마라. 좌절도 하지 마라. 그저 상황을 바라보면서 '좋아!'라고 말하라.

상투적인 조언을 하려는 것이 아니다. 항상 웃고 긍정적인 사람인 척하려는 것도 아니다. 그런 사람은 현실을 간과한다. 긍정적인 태도가 문제를 해결해줄 것이라고 생각하지만 그것은 불가능한 일이다. 이는 문제를 깊이 생각해보고자 하는 자세가 아니기 때문이다.

'좋아!'라고 외치는 건 해결책에 초점을 맞추는 자세다. 갖가지 문제, 실패, 장애물을 미리 알고 받아들이는 자세를 갖게 한다. 이 자세만이 우리를 앞으로 나가게 한다.

'좋아!'라고 외치며 기꺼이 받아들여라. 그리고 '좋아!'라고 외치며 앞으로 나가라.

마지막으로 이 말을 꼭 기억하라. '좋아!'라고 말하는 것은 당신이 살아 있다는 뜻이다. 아직 숨 쉬고 있다는 뜻이다.

아직 숨 쉬고 있다면 이겨야 할 싸움이 남아 있다는 뜻이다.

일어나 먼지를 털고 몸을 추스르고 다시 뛰어들어라.

바로 그 순간부터 '이보다 더 좋을 수는 없다!'가 된다.

3장

세상에서 가장
건강한 사람들의 비밀

"현재의 내 모습을 버려야만 바라는 모습으로 변화할 수 있다."

_노자老子

"심하게 병든 사회에 잘 적응한 몸은 건강한 몸이라고 할 수 없다."

_J. 크리슈나무르티J. Krishnamurti

"결국에는 잘 자는 사람이 이기게 마련이다."

_조디 포스터Jodie Foster

TOOLS OF
TITANS

01
건강한 삶을 위한 구글 개척자의 3가지 습관

차드 맹 탄Chade-Meng Tan, @chademeng은 구글의 창업공신이자 탁월한 엔지니어이면서 베스트셀러 작가이기도 하다. 구글의 107번째 직원이었던 맹은 회사 동료들을 위해 '마음챙김mindfulness'을 중심으로 한 '너의 내면을 검색하라Search Inside Yourself'라는 획기적인 명상 강좌를 만드는 작업을 주도했다. 오늘 당신이 이 강좌를 신청하면 6개월 정도 기다려야 참여할 수 있을 만큼 대기자들의 줄이 엄청나다. 맹의 연구는 지미 카터 대통령, 에릭 슈미트Eric Schmidt, 달라이 라마 등의 폭넓은 지지를 받고 있다. 나아가 그는 2015년 노벨 평화상 후보에 오른 원 빌리언 액트 오브 피스One Billion Acts of Peace'의 공동의장이기도 하다. 그가 쓴《조이 온 디맨드Joy on Demand》는 내가 읽은 명상서적들 중 가장 실용적이고 뛰어난 책으로 꼽을 수 있다.

어떻게 하면 명상을 매일의 건강한 습관으로 들일 수 있을까? 어떻게 하면 최고 수준의 명상을 할 수 있게 될까?

자, 지금부터 그가 직접 쓴 '참된 명상을 위한 3가지 습관'과 '명상 수련에서 가장 중요한 두 가지 연습'이라는 지혜로운 글을 천천히 감상해보자.

참된 명상을 위한 3가지 습관

1. 친구와 함께 하라

나는 '구글의 선종禪宗 원장'이라 불리는 노먼 피셔Norman Fischer와 함께 '헬스클럽'을 비유로 들고자 한다. 혼자서 바벨을 들어 올리는 건 어렵지만 함께 다니기로 약속한 '운동 친구'가 있으면 규칙적으로 헬스장을 찾을 가능성이 훨씬 커진다. 어려움을 나눌 동행이 있기 때문이기도 하고, 또 한편으로는 친구가 있으면 서로를 독려하고 상대에게 책임감 있는 모습을 보이는 데(나는 농담으로 이걸 '상호 괴롭힘'이라고 표현한다) 도움이 되기 때문이기도 하다.

노먼 피셔와 나는 당신에게 '마음챙김 친구'를 사귀고, 매주 다음과 같은 두 가지 주제를 놓고 최소 15분씩 대화를 나눌 것을 권유한다.

첫째, 명상 수련을 위해 어떻게 노력하고 있는가?

둘째, 명상 수련과 관련해서 내 생활에 어떤 일이나 변화가 생겼는가?

그런 다음 '방금 나눈 대화가 어땠는가?'라는 질문으로 대화를 끝마치도록 한다.

2. 자기가 할 수 있는 것보다 적게 하라

이건 티베트 불교의 젊은 지도자 밍규르 린포체Mingyur Rinpoche에게 배운 것이다. 그가 쓴《삶의 기쁨The Joy of Living》은 내가 주변 사람들에게 적극 추천하는 책이기도 하다. 이 개념은 정식 수련을 자기가 할 수 있는 것보다 '짧게 하라'는 것이다. 예를 들어 명상을 할 때 당신은 5분쯤 지나기 시작하면 따분함을 느끼는가? 그렇다면 명상을 3~4분으로 끝내되, 이를 하루에 몇 차례 되풀이하면 된다. 명상 수련이 부담스럽게 느껴지는 걸 피하기 위해서다. 명상을 따분하게 느끼면 절대 꾸준히 지속할 수 없다.

내 친구 이본느 긴스버그Yvonne Ginsberg는 "명상은 하고 싶은 대로 하는, 방종과 같다"라는 말을 자주 한다. 그녀의 통찰이 린포체가 제시한 명상의 핵심을 멋지게 포착한 듯하다. 명상도 너무 오래 하려다 보면 부담스러운 짐이 될 수 있으니 그러지 말자. 짧게 자주 명상을 하다 보면, 조만간 '마음챙김' 수련이 '즐거운 일탈'처럼 느껴지는 날이 반드시 온다.

3. 하루에 한 번씩 숨쉬기를 하라

나는 어쩌면 세상에서 가장 '게으른' 명상 수련 강사일지도 모른다. 학생들에게 그들이 해야 할 일은 오직 하루에 한 번씩 마음을 다해서 숨을 쉬는 것뿐이라고 말하니까 말이다. 단 한 번이면 충분하다. 마음을 다해 숨을 들이쉬었다가 내쉬기만 하면 그날 해야 할 일이 다 끝난다. 그 밖의 모든 활동은 보너스일 뿐이다.

한 차례의 제대로 된 호흡이 중요한 이유는 두 가지다.

첫째, 추진력 때문이다. 하루에 한 번 제대로 된 호흡을 하겠다고 약속할 경우, 이는 쉽게 지킬 수 있는 것이기 때문에 수련을 위한 추진력이 보존된다. 나중에 그보다 더 많은 걸 할 수 있는 준비가 됐다고 느껴지면 더 차원 높은 수련을 시작할 수 있다. 오늘 10분 동안 명상을 할 시간이 없다고 말할 수는 있지만, 호흡 한 번을 할 시간이 없다고 말할 수는 없다. 따라서 호흡 한 번을 매일의 수련 과제로 삼는 건 매우 효과적인 방법이다.

둘째, 명상을 하겠다는 목표를 갖고 있는 것 자체가 명상이기 때문이다. 한 번의 호흡을 하는 그 짧은 시간 동안에도 우리는 매일 자신을 위해 사려 깊고 유익한 뭔가를 하고 있다는 생각을 무의식적으로 하게 된다. 그리고 자신에 대한 이런 배려는 점점 소중한 정신적 습관으로 자리를 잡는다. 자신을 너그럽게 대하고 배려하는 마음이 강해지면 명상 수련 또한 한결 쉬워진다.

그러므로 호흡 한 번의 힘을 과소평가해서는 안 된다는 걸 명심하자. 마음의 건강과 행복을 발견하는 기술은 모두 한 번의 호흡에서 출발한다.

명상 수련에서 가장 중요한 두 가지 연습

1. 사라졌음을 알아차려라

신체적 · 정신적 · 감정적 고통에서 벗어나는 지혜로운 방법들 중 하나는 '사라졌다'는 사실을 알아차리는 것이다. 예전에 경험한 뭔가가 더 이상 존재하지 않는다는 걸 깨닫도록 마음을 훈련하는 것이다.

예를 들어, 호흡을 마치면 호흡이 끝났다는 걸 깨달을 수 있다. 사라진 것이다. 숨소리가 점점 희미해지면서 그게 언제 완전히 끝났는지 알 수 있다. 생각이 끝나면 그 생각이 끝났다는 걸 알아차린다. 사라졌다. 느끼던 감정(기쁨, 분노, 슬픔 등등)이 끝나면 그게 끝났다는 데 주목한다. 사라진 것이다.

이는 역사상 가장 중요한 명상 수련법 가운데 하나임이 분명하다. 명상 지도자인 신젠 영Shinzen Young은 자신이 만일 집중의 기술을 딱 하나만 가르칠 수 있다면, 이걸 가르칠 것이라고 말했다. 신젠이 쓴 〈사라진 것의 힘The Power of Gone〉이라는 논문에는 다음과 같은 글이 실려 있다.

감각적인 경험의 전부 또는 일부가 갑자기 사라질 때마다, 그 사실에 주목해야 한다. 여기서 주목하라는 말은 존재하는 모든 것과 더 이상 존재하지 않는 어떤 것 사이의 전이점을 발견하면 그걸 분명하게 인정하라는 뜻이다.

원한다면 이런 변화에 주목할 수 있게 도와주는 정신적인 꼬리표를 사용할 수도 있다. 이렇게 갑작스럽게 끝난 것에는 모두 '사라졌다'는 꼬리표를 붙인다.

잠시 동안 아무것도 사라지지 않는다면 그것도 괜찮은 일이다. 뭔가가 사라질 때까지 그냥 시간을 보내면 된다. 만약 아무것도 끝나지 않는다는 사실이 걱정되기 시작한다면, 그 생각이 끝날 때마다 거기에 주목하면 된다. 그것도 '사라진' 것이다. 머릿속에 많은 문장들이 들어 있다면 마침표도 그만큼 많을 것이다. 끝, 사라졌다!

사라졌다고? 그래서 뭐가 어떻게 됐다는 걸까? 왜 우리는 특정한 정신적 재잘거림이나 특정한 외부의 소리, 또는 특정한 신체 감각이 갑자기 사라지는 순간을 감지할 수 있는지의 여부에 신경을 써야 하는 걸까?

이 질문에 답하기 위한 첫 걸음으로, 극단적인 예를 하나 드는 것부터 시작해보자.

당신이 신체적 통증, 정서적 고통, 정신적 혼란, 생각이나 인지의 방향 상실 같은 끔찍한 상황을 동시에 경험하고 있다고 해보자. 당신은 어디에서 위안과 치유를 얻을 수 있을까? 어디에서 의미를 찾아야 할까?

당신의 육신에 의지하는 건 도움이 되지 않는다. 그곳에는 고통과 두려움만 있을 뿐이다. 당신의 마음에 기대는 것도 도움이 되지 않는다. 그곳에는 혼란과 불확실성뿐이다. 시력과 생각, 청각 등의 감각에 의지하는 것도 불가능하다. 소란과 혼돈밖에 없으니까.

이처럼 엄청난 압력을 받는 상황에서 당신이 위안을 구할 수 있는 곳이 있을까? 있다. '모든 감각에 대한 공격은 곧 사라진다'는 사실에 집중하면 된다. 다시 말해 새롭게 '떠오르는 것들'에 의지하던 평소의 습관을 바꿔, 이제 새롭게 '지나가는 것들'에 의지하면 된다. 이런 위안은 언제든 얻을 수 있다.

2. 사랑과 친절, 그리고 7년 중 가장 행복한 날

나는 공개 강연을 할 때면 늘 간단한 '10초 수련법'을 사람들에게 알려준다. 강연장에 모여든 사람들 중 두 명을 선택해 앞으로 불러낸다. 그런 다음 사람들에게 이 두 사람이 행복해지기를 딱 10초 동안만 진심으로 소원해보라고 권한다. 그러고 나면 모두들 미소를 짓는다. 10초 전보다 훨씬 행복한 상태를 경험한다.

10초 수련법의 핵심은 사랑과 친절에서 우러나오는 기쁨을 맛보는 것이다. 친절한 생각을 하는 것 자체가 보상이 된다는 사실은 이미 많은 연구에서 과학적으로도 규명된 바 있다. 다른 조건이 모두 똑같은 상태일 때, 자신의 행복감을 고조시키려면 다른 누군가의 행복을 무작위로 빌어주기만 하면 된다. 그게 전부다. 기본적으로 시간과 노력이 전혀 들지 않는 방법이다.

이런 사랑과 친절의 기쁨을 얼마나 멀리까지 퍼뜨릴 수 있을까?

예전에 캘리포니아에 있는 '스피릿 록Spirit Rock'이라는 명상 센터에서 강연을 한 적이 있다. 나는 평소처럼 청중들에게 10초 훈련법을 가르치고는 재미삼아 숙제를 내줬다. 내가 강연을 한 날이 월요일 저녁이었는데, 화요일 아침에 회사에 출근하면 스쳐 지나가는 사람들 중 무작위로 두 명을 골라 몰래 그들의 행복을 빌어주라고 제안했다. 어떤 행동이나 말도 필요 없이, 그냥 속으로 '이 사람이 행복해졌으면 좋겠다'라는 생각만 하면 된다. 이 연습은 아무도 모르게 할 수 있는 만큼 들킬 염려도 얼굴이 빨개질 일도 없다. 10초 뒤에는 다시 하던 일로 돌아가면 된다. 그것뿐이다.

나는 수요일 아침, 한 여성에게서 이메일을 받았다. 그녀는 이렇게 말했다. "저는 매일 아침 출근하는 게 정말 고역이었습니다. 지옥이 따로 없었죠. 그러다가 지난 월요일 저녁, 선생님의 강연을 들었습니다. 그리고 내주신 숙제를 화요일에 했습니다. 그랬더니 그 화요일은 지난 7년의 회사생활 중 가장 행복한 날이 되었답니다."

그녀가 화요일을 7년 중 가장 행복한 날로 만든 데에는 무엇이 필요했을까? 10초 동안 남몰래 다른 두 사람의 행복을 빌어주는 행동을 8번 반복한 것이었다. 그러니까 총 80초 동안의 생각이었다. 이것이 바로 사랑과 친절의 위대한 힘이다.

무작위로 선택한 사람의 행복을 10초 동안 빌어주는 것은 비공식적인 명상 수련방법이라 할 수 있다. 그렇다면 이제 '공식적인 수련 방법'에 대해 소개해보자.

공식적인 수련 방법: 사랑과 친절의 기쁨에 주의를 기울인다

어떤 자세든 간에, 기민한 정신 상태를 유지하면서 그와 동시에 긴장을 풀 수 있는 자세로 앉는다. 눈은 감아도 되고, 뜨고 있어도 좋다.

이 주기를 1분에 한 번씩 반복한다. 당신이 쉽게 사랑스럽고 친절한 마음을 느낄 수 있는 사람을 머릿속에 떠올린다. 그가 행복하기를 기원한다. 사랑과 친절의 기쁨이 샘솟기 시작할 텐데, 그렇게 되면 그 기쁜 마음이 사라질 때까지 거기에 모든 정신을 집중한다. 그리고 남은 시간 동안에는 마음을 비우고 쉰다.

다음 1분이 시작되면 이 주기를 다시 시작하며, 총 3분 동안 한다.

당신이 원하면 몇 분 동안이건 상관없이 계속할 수도 있다. 1분당 한 번이라는 원칙에 너무 얽매일 필요도 없고, 각 주기 사이에는 원하는 만큼 오래 쉬어도 된다. 타이밍은 중요하지 않다. 중요한 건 사랑과 친절의 기쁨에 관심을 기울이는 것, 오직 그것뿐이다.

이상 우리가 일상에서 쉽게 실천할 수 있는 차드 멩 탄의 지혜로운 명상 수련법에 대해 살펴보았다. 나, 팀 페리스는 주로 밤에 3~5분 동안 내가 행복하게 해주고 싶은 사람 3명을 떠올린다. 대개 그 중 두 명은 현재 친하게 지내는 친구이고, 한 명은 몇 년 동안 만나지 못한 옛 친구다. 이 책의 집필 작업을 하는 동안 나는 파리에서 이 연습을 시작했다. 시작한 지 사흘 만에, 나는 하루 종일 '내가 왜 이렇게 행복하지?'라며 의아해하는 내 자신을 깨달았다.

이 명상 수련은 정말 효과적이다. 대체로 명상은 '나 자신'에게 집중하는 활동이라서, 자칫하면 내가 갖고 있는 것들에 대한 집착의 소용돌이에 빠져들기 쉽다. 그런데 사랑과 친절을 보내는 연습은 집중의 초점을 내가 아닌 완전히 다른 데로 돌린다. 덕분에 내 경우에는 머릿속을 시끄럽게 하는 재잘거림이 최소 90퍼센트 이상 즉시 사라진다.

당신도, 지금 당장 시작해보라.

세상에서 가장 건강한 사람들의 특징은 아주 간단해서 쉽게 실천에 옮길 수 있는 습관을 갖고 있다는 것이다.

02
최고의 지구력을 키우는 6가지 비결

아멜리아 분Amellia Boone, @ameliaboone은 전 세계에서 가장 상을 많이 받은 장애물 경주OCR 선수다. 워싱턴 대학교 로스쿨 출신의 그녀는 이 운동을 시작한 이래로 30회 이상 우승을 거머쥐었고 시상대에 오른 횟수를 모두 합치면 50회도 넘는다.

2012년 '세계 최강 머드 레이스(World's Toughest Mudder, 16개의 장애물이 설치된 8킬로미터 코스를 계속 반복해서 달리는 경기로, 24시간 동안 가장 긴 거리를 주파한 사람이 승자가 됨 - 옮긴이)' 대회에서 그녀는 전체 2등을 차지했다(아멜리아는 이날 하루 145킬로미터를 달리면서 300개 가까운 장애물을 통과했다). 그런데 이 경기에 참가한 1,000명이 넘는 선수들 중 80퍼센트가 남자였다. 그녀를 제치고 우승한 남자는 겨우 8분 먼저 결승선을 통과했다.

아멜리아가 세운 중요한 우승 기록에는 스파르탄 레이스 월드 챔피언십Spartan Race World Championship과 스파르탄 레이스 엘리트 포인트 시리즈Spartan Race Elite Point Series 등이 포함되어 있고, 그녀는 세계 최강 머드 레이스에서 3차례나 우승한 유일한 인물이기도 하다.

2014년에는 무릎 수술을 받고 겨우 8주 뒤에 열린 대회에서 우승을 했다. 데스 레이스Death Race를 세 차례나 완주한 아멜리아는 애플Apple

사에서 상근 변호사로 일하면서 여가 시간은 모두 울트라 달리기에 쏟고 있다.

아멜리아는 비가 오고 추운 날에 달리기 연습하는 걸 좋아한다. 자신의 경쟁자들은 그런 날씨에는 연습을 하지 않는다는 걸 알기 때문이다. 그녀는 이렇게 말했다. "나는 세상에서 가장 빠르지 않다. 단 누구보다 역경은 잘 견딘다."

아멜리아만의 비법과 전술

아멜리아를 가장 지구력이 강한, 가장 역경을 잘 견디는 최고의 선수로 만들어준 6가지 비법과 전술에 대해 소개해보자.

① **가수분해 젤라틴 + 비트 가루:** 예전에 손상된 결합 조직을 회복시키려고 젤라틴을 섭취한 적이 있는데, 젤라틴을 찬물에 섞으면 갈매기 똥 같은 질감이 되기 때문에 장기간 계속 먹기가 힘들었다. 그런데 아멜리아가 물에 잘 섞이는 그레이트 레이크Great Lakes 사의 가수분해 젤라틴(녹색 라벨)을 소개해준 덕에 내 미각과 관절이 구원받았다. 비트엘리트BeetElite 같은 비트 가루를 1큰술 넣으면 젤라틴에서 소 발굽을 핥는 듯한 맛이 나는 걸 막을 수 있기 때문에 상황이 180도 달라진다. 아멜리아는 경기 전이나 연습 전에 지구력을 향상시킬 목적으로 비트엘리트를 사용하지만, 나는 그보다 훨씬 더 적극적으로 활용하고 있다. 이걸로 시큼한 저탄수화물 젤리를 만들어서 내 안의 뚱보가 탄수화물을 갈구할 때마다 먹는 것이다.

② **럼블롤러**RumbleRoller: 이 운동기구의 생김새가 궁금하다면 운동용 폼롤러foam roller와 거대한 몬스터트럭 타이어가 만났다고 생각하면 된다. 폼롤러는 지금까지 내게 별로 도움이 안됐지만, 이 고문기구는 사용하자마자 회복에 상당한 영향을 미쳤다(잠자기 전에 사용하면 숙면을 취하는 데도 좋다). 주의사항은 '서두르지 말고 천천히 시작하자'다. 아멜리아를 따라하려고 처음부터 20분 넘게 럼블롤러로 운동을 했더니, 이튿날 누가 날 침낭에 둘둘 말아 몇 시간 동안 나무 벽에 내동댕이친 것처럼 온몸이 욱신거렸다.

③ **바닥에 놓인 골프공 위에 발을 올리고 앞뒤로 굴리면:** '햄스트링'이 유연해진다. 크기가 좀더 큰 라크로스lacrosse 공보다 골프공이 훨씬 효과가 좋다. 골프공이 날아가서 구경하던 강아지 눈에 맞는 불상사를 피하려면 공 아래에 수건을 깔고서 해야 한다.

④ **컨셉트2 스키에르그**Concept2 SkiErg: 하체 부상을 당했을 때 사용할 수 있는 훈련 기구다. 아멜리아는 무릎 수술을 받은 뒤 8주의 회복기간 동안 신체에 충격이 덜 가는 이 기계를 사용해 심폐 지구력을 유지하면서 2014년 세계 최강 머드 레이스 대회에 출전하기 위한 준비를 했다.

⑤ **건식 침 요법**dry needling: 아멜리아를 만나기 전에는 들어본 적도 없는 용어다. 그녀는 이렇게 말했다. "(침술에서는) 침을 꽂아도 환

자가 고통을 느끼지 않아야 한다. 건식 침 요법의 경우 근복(muscle belly, 근육의 가장 튀어나온 부분 - 옮긴이)에 침을 꽂아서 경련을 일으키는데, 이렇게 경련이 일어나면서 통증이 완화된다." 이 요법은 매우 단단하게 뭉친 근육을 푸는 데 사용되며 치료가 끝난 뒤에는 침을 뺀다. 마조히스트가 아닌 이상 종아리에 이 요법을 써서는 안 된다.

⑥ **지구력 강화를 위한 사우나:** 아멜리아는 사우나를 하면 지구력이 높아진다는 걸 알아냈는데, 전미 타임 트라이얼 챔피언십(U.S. National Time Trial Championship, 타임 트라이얼은 선수들이 일정한 거리를 개별적으로 달려서 소요된 시간을 측정하는 경주 방식이다 - 옮긴이)에서 몇 차례 우승한 데이비드 자브리스키David Zabriskie를 비롯한 많은 운동선수들 또한 사우나의 효과를 입증해준다. 데이비드는 사우나 훈련이 고도 적응 훈련을 위한 모의실험 텐트보다 훨씬 실용적인 대안이라고 생각한다. 그는 2005년 투르 드 프랑스에서 제1구간 타임 트라이얼 우승을 차지해, 3대 그랑 투르(Grand Tours, 투르 드 프랑스, 지로 디탈리아, 부엘타 아 에스파냐 등 유럽의 3대 자전거 경주 대회 - 옮긴이)에서 모두 구간 우승을 차지한 최초의 미국인이 되었다. 자브리스키는 당시 평균 시속 54.676킬로미터로 달려 랜스 암스트롱Lance Armstrong을 몇 초 차이로 이겼다(!). 나도 요즘에는 일주일에 4번 이상 사우나를 하면서, 그 탁월한 효과를 경험하고 있다.

03
기록을 깨려면 온열 요법을 실시하라

론다 퍼시벌 패트릭Rhonda Perciavalle Patrick, @foundmyfitness 박사는 솔크 생물학 연구소Salk Institute for Biological Studies에서 임상 실험과 노화 연구를 진행했고, 세인트 주드 아동병원St. Jude Children's Research Hospital에서 암과 미토콘드리아성 대사, 세포 소멸 등을 집중 연구했다. 최근에는 비타민D가 뇌에서 세로토닌 생성을 조절할 수 있는 메커니즘과, 이 것이 조기 사망 및 신경정신 장애와 관련이 있다는 다양한 가능성을 내비치는 중요한 논문들을 발표했다.

새롭게 떠오르는 체온 1도의 중요성

패트릭 박사를 이 책에서 소개하는 가장 큰 이유는 그가 '온열 요법' 전문가이기 때문이다. 온열 요법(계획적인 열 노출)은 성장 호르몬 수치를 높이고 지구력을 대폭 향상시킨다. 일주일에 최소 4번 정도 운동이나 스트레칭 후 71~77도의 온도에서 20분간 사우나를 하면 탁월한 효과를 얻을 수 있다. 최소한 근육통은 크게 감소한다.

　패트릭 박사는 지구력과 성장 호르몬에 초점을 맞춘 몇 가지 관찰 결과에 대해 이렇게 말한다. "한 연구를 통해, 운동을 한 뒤 일주일에 두 번, 30분씩 3주 동안 사우나를 하면 체력이 고갈될 때까지 달릴 수 있는 시간이 기준점보다 32퍼센트 늘어난다는 사실이 입증되었다. 이 특정한 실험에서는 32퍼센트의 달리기 지구력 향상뿐 아니라 혈장량 7.1퍼센트 증가, 적혈구 수 3.5퍼센트 증가 등의 결과도 나왔다."

그는 또한 섭씨 80도에서 20분간 사우나를 하고 30분 동안 열을 식힌 뒤 다시 20분간 사우나를 하면 성장 호르몬 수치가 기준치보다 두 배로 증가한다고 설명한다. 반면에 섭씨 100도의 건열 사우나에 15분간 있다가 30분 동안 몸을 식히고 다시 사우나를 15분 동안 하면 성장 호르몬이 5배 증가한다. 대개의 경우 사우나를 마친 뒤에도 성장 호르몬 효과가 두어 시간 정도 지속된다.

온욕과 사우나의 효과

온욕溫浴도 성장 호르몬을 기준치보다 증가시키며, 사우나와 온욕 모두 부상을 치료하는 역할을 하는 프로락틴prolactin이 대량으로 분비되도록 한다는 연구 결과가 있다. 나는 평소 뜨거운 욕조나 사우나에 20분 정도 들어가 있는데, 그 정도 시간만으로도 내 심박동수를 크게 높일 수 있다.

다이놀핀dynorphin이 분비되는 몇 분 동안은 불쾌감이 느껴져서 얼른 나가고 싶은 마음이 들지만 꾹 눌러 참는다(하지만 현기증이나 어지럼증이 일어나서 그런 건 아니다). 대개의 경우 이런 따뜻한 열기 속에서 닐 게이먼Neil Gaiman의 《그레이브야드 북The Graveyard Book》 같은 오디오북을 듣다가 얼음 욕조(커다란 욕조에 18킬로그램의 얼음을 넣어서 수온을 약 7도 정도 낮춘다)에 들어가고, 또 얼음물을 마셔서 5~10분 정도 몸을 식힌다. 이 과정을 2~4번 반복하면 건강에 큰 도움을 얻을 수 있다.

자신의 기록을 깨려면 사우나와 온욕이 가장 지혜로운 처방들 중 하나다.

04
미친 듯이 땀을 흘리면 알게 되는 것들

조 드 세나**Joe De Sena, @SpartanRace**는 데스 레이스**Death Race**, 스파르탄 레이스(전 세계 14개국에서 100만 명 이상이 참가하는 경주) 등을 만든 세계적인 모험 전문가다. 스파르탄 레이스는 총 6.4킬로미터를 걷고 뛰는 복합 장애물 마라톤이다. 1만 볼트가 흐르는 전선 통과하기, 진흙 구덩이 통과하기, 얼음이 가득 담긴 쓰레기통 통과하기, 불타오르는 석탄 점프하여 통과하기 등 전 세계에서 가장 터프한 스포츠로 명성이 자자하다.

스파르탄 레이스는 난이도에 따라 총 4단계로 구분되는데, 스파르탄 레이스, 슈퍼 스파르탄, 스파르탄 비스트, 그리고 데스 레이스다. 가장 높은 난이도를 자랑하는 데스 레이스는 참가자 중 90% 이상이 완주를 포기한다.

이런 말도 안 되는 미친 레이스를 만든 조 드 세나는 대체 어떤 인물인가?

그는 사람을 녹초로 만들기로 유명한 아이디타로드**Iditarod** 개 썰매 경주 코스(1,600킬로미터)를 걸어서 완주했다. 또 배드워터 울트라마라톤(Badwater Ultramarathon, 49도가 넘는 날씨에 217킬로미터를 달리는 경기), 버몬트 100(Vermont 100, 100마일을 달리는 경기), 레이크플래시드 아이언

맨(Lake Placid Ironman, 수영 2.4마일, 사이클 112마일, 마라톤 26.2마일을 달리는 철인경기)을 일주일 내에 모두 참가해 완주했다.

이 남자는 미치광이인 동시에 지략이 매우 뛰어난 사업가이기도 하다. 나는 서밋 시리즈(Summit Series, 젊은 기업가와 혁신가, 아이디어 소유자들이 참가하는 비즈니스 네트워킹 행사 - 옮긴이)를 통해 그와 처음 만났다. 그는 자신을 만나러 버몬트에 오라고 계속 초대하고 있지만, 나는 일말의 두려움 때문에 계속 거절하고 있다.

그가 정신 나간 일에 뛰어들기 시작한 이유

그는 월스트리트에서 주식중개인으로 일했다. 바꿔 말하면, 고객의 주문을 제대로 이행하지 못하거나, 고객들이 더 이상 거래하지 않겠다고 말하면 눈 깜짝할 사이에 3만~4만 달러를 잃는 일이었다. 스트레스가 극심한 일이었다.

조 드 세나는 지긋지긋한 월스트리트를 빠져나와 자기 삶의 중심으로 돌아가고 싶었다. 그러던 어느 날 그의 친구가 조에게 말했다. "흠, 잘못하면 죽을 수도 있긴 한데… 알래스카에 아이디타로드라는 코스가 있어. 기온이 영하 30도 이하로 내려가는 한겨울에 죽을 때까지 걷는 경기야. 어때? 지금 너에게 꼭 필요한 대회인 것 같은데?"

조는 즉시 등록했다. 그에게 필요한 건 단순한 삶이었다. 물과 빵, 쉼터, 그리고 완전한 탈진과 완전한 회복이면 충분한 삶. 그는 아이디타로드 썰매 코스를 미친 듯이 걸으며 자기 삶의 모든 미친 짓을 천천히 털어냈다.

데스 레이스의 기원

점점 자신의 한계를 돌파하는 일에 깊은 흥미를 느낀 조는 새로운 삶을 얻은 기분이었다. 나아가 생각보다 많은 사람들이 극단적인 레이스를 즐긴다는 사실을 알게 되었다.

어느 날 그는 친구와 대화를 나누다가 문득 '데스 레이스'라는 경기를 만들면 사업적으로도 성공할 것 같은 느낌이 들었다. 죽음의 레이스? 그렇다. 레이스에 참가한 사람들을 실제로 미치게 만드는 경주 말이다. 경기가 언제 시작하고 언제 끝나는지 알려주지 않고, 물도 제공하지 않고, 경기 도중에 버스를 보내서 '언제든 그만둘 수 있습니다. 그냥 버스에 올라타기만 하세요. 이건 당신에게 어울리는 경기가 아닙니다. 당신은 너무 약하니까요'라고 약을 잔뜩 올린다면?

결과적으로 '데스 레이스'는 대성공을 거두었다. 미치지 못해 안달한 선수들이 입소문을 타고 계속 몰려들었고, 또 그만큼 많은 선수들이 나가떨어졌다.

조는 이렇게 말했다. "어떤 선수는 갑자기 철퍼덕 주저앉아 울기 시작했다. 데스 레이스에 참가하기 전까지 그는 자신이 뛰어난 달리기 선수임을 한 번도 의심해본 적 없었다. 그런데 정신이 완전히 붕괴된 것이다. 왜냐하면 도중에 주저앉아 펑펑 눈물을 쏟는 상황에 처하리라곤 꿈에도 몰랐기 때문이다. 그뿐 아니다. 올림픽 대표로 출전한 경험이 있는 스키 선수 더그 루이스Doug Lewis도 참가한 적 있다. 그는 15시간, 18시간씩 버티다가 결국 무너졌다. 그는 이렇게 말했다. '나는 올림픽에도 참가한 선수다. 평생 훈련에만 매진했다. 다시 말해 난 정말 강한 사람이다. 그런데 이건 정말 미친 짓이다.' 바로 그 순간, 나는 레이스를 만든 우리가 승리했음을 알았다."

상황은 언제나 더 나빠질 수 있다

수백 킬로미터를 초인의 정신과 체력으로 완주해야 하는 데스 레이스를 3회 완주한 사람이 있다. 아멜리아 분이다. 그녀는 내게 이런 메시지를 보냈다.

"태풍 때문에 조 드 세나가 소유한 토지 내에 있던 다리가 강물에 휩쓸려서 무너졌다. 그 바람에 1톤짜리 철제 I빔이 몇 년 동안 물속에 방치되고 있었다. 참다못한 주 정부에서 그걸 치우지 않으면 그에게 어마어마한 액수의 벌금을 물리겠다고 경고했다. 그 기둥을 치우려면 몇만 달러의 비용이 들 터였다. 그런데 그는 데스 레이스에 참가한 사람들에게 1월의 강추위 속에서 강물에 들어가 자기 대신 기둥을 치우게 했다. 아마 치우는 데 8시간쯤 걸렸을 것이다. 덕분에 나도 발가락에 가벼운 동상을 입었고 다른 참가자들도 마찬가지였다. 정말 웃겼던 건 사람들은 이런 정신 나간 경험을 한 대가로 조에게 돈을 냈다는 것이다. 그리고 조는 벌금도 피하고 기둥 제거 비용도 아낄 수 있었다. 그는 천재였다."

조 드 세나는 스트레스 치유를 위해 카페인이나 알코올을 섭취하는 것은 도움이 되지 않는다고 생각한다. 그가 제시하는 가장 효과적인 스트레스 해소법은 다음과 같다.

"매일, 경찰에게 쫓기는 것처럼 땀을 흘려라. 그것만이 우리 정신

속의 찌꺼기들을 밖으로 내보내는 유일한 배출구다. 우리는 어느 날 갑자기 사업이 망하거나 경제적으로 몰락하는 데는 극도의 경계와 준비를 한다. 하지만 정작 현실에서는 건강이 가장 먼저 무너진다. 언제나 지금보다 더 나빠질 수 있다는 사실을 기억하라. 지금 땀을 흘리지 않으면 언젠가는 진짜 '데스 레이스'를 뛰게 될 것이다."

05
추위는 엄청난 힘을 발휘한다

빔 호프Wim Hof, @Iceman_Hof는 극한 추위를 잘 견딘다는 뜻의 '아이스맨iceman'이라는 별명으로 더 유명한 네덜란드 모험가다. 그는 늘 스포츠 과학자들에게 달려가 자신이 이룬 업적들을 측정하고 검증해달라고 요구하면서 앞뒤 가리지 않고 덤벼드는 괴짜다.

몇 가지 예를 살펴보자.

- 2007년에 그는 반바지와 구두만 착용한 채 에베레스트 산의 '죽음의 고도(해발 7,500미터)'를 지나 더 위까지 올라갔다.

- 2009년에 빔은 핀란드의 북극권 한계선 위쪽에서 마라톤 풀코스를 완주했는데, 이때도 기온이 영하 20도에 육박하는데도 불구하고 반바지만 입고 달렸다.

- 빔은 얼음물 속에서 참고 버티기와 관련해 여러 개의 기록을 세웠는데, 가장 오래 버틴 기록은 거의 2시간에 가깝다.

- 2011년에는 나미비아 사막에서 물 한 방을 마시지 않고 마라톤

풀코스를 완주했다. 그는 또 험준한 고지를 달리면서도 고산병
을 전혀 앓지 않는다.

찬물 샤워의 힘

빔 호프를 비롯한 이 책의 많은 타이탄들은 '추위'를 신체 기능 향상
을 위한 훌륭한 도구로 활용한다. 몸이 추위에 노출되면 면역 기능이
개선된다. 지방 손실이 늘어나며 기분이 극적으로 고조된다. 화가 빈
센트 반 고흐는 자신의 귀를 자른 뒤에 들어간 정신병원에서 하루 두
번씩 냉수욕을 하라는 처방을 받기도 했다.

빔 호프는 이렇게 말했다. "찬 공기에 노출되면 일상에서 내가 겪
는 모든 문제가 차분히 가라앉는 느낌이다. 근사한 냉기에 나를 노출
시키면… 훌륭한 정화 능력이 발휘된다."

빔은 무서울 정도로 극단적인 냉기에 도전하지만(한번은 얼음이 언 호
수에서 수영을 하다가 망막이 언 적도 있었다), 우리는 샤워를 할 때 냉수로
'마무리'하는 수준에서 시작할 수 있다. 샤워의 마지막 30~60초 정도
를 완전히 찬물로만 하는 것이다. 나발 라바칸트, 조시 웨이츠킨, 그
리고 내가 이 방법을 적극 활용하고 있다. 조시는 그의 어린 아들 잭
에게도 찬물 샤워를 시킨다. 잭은 '참을 수 없을' 정도가 되면 '너무
좋아!'라고 말하도록 교육을 받았고, 또래아이들보다 훨씬 건강하다.

찬물 샤워는 특히 운동을 한 후에 효과적이다. 앞에서 설명한 '온
열요법'과 함께 교대로 반복하면 금상첨화다.

추위에 신체를 노출하는 운동은 우리의 심폐기능을 활성화한다.

나는 빔과 함께 찬물 샤워부터 시작해 차례차례 단계를 높여 추위에 몸을 노출시키는 훈련을 몇 달간 지속했다. 그리고 나자 40초밖에 참지 못했던 숨을 최대 4분 45초까지 늘릴 수 있었다. 경이로운 기록이다. 에베레스트 산을 오르고 싶다면, 히말라야 산맥 트레킹이 오랜 꿈이라면 먼저 찬물 샤워부터 시작하라.

마법의 식이요법

나는 빔 같은 돌연변이는 남들과는 다른 독특한 식이요법을 갖고 있을 것이라 예상했다. 그래서 평소 저녁으로 뭘 먹느냐고 물었는데, 돌아온 대답에 피식 웃고 말았다. "파스타를 좋아해요. 그리고 맥주도 두어 잔 반주로 마시죠."

이런 음식을 먹으면서 어떻게 그렇게 뛰어난 능력을 발휘하는 걸까? 뛰어난 유전자 덕분일지도 모르지만 그는 저녁 6시 이전에는 거의 뭘 먹지 않는, 하루에 한 끼만 먹는 습관이 있다고 했다. 요즘 유행하는 말로 하자면, 그는 수십 년 동안 '간헐적 단식'을 실천해 온 것이다.

서로의 심장을 맞대는 포옹

나는 캘리포니아 주 말리부에서 빔과 처음으로 개별훈련을 할 때, 그가 일반 사람들과는 사뭇 다른 방식으로 포옹을 한다는 사실에 주목했다. 빔은 자기 왼팔을 상대의 어깨에 걸치고, 상대의 머리 오른쪽에 자기 머리를 댄다. 그래서 나는 그의 팀 동료에게 빔이 왼손잡이

인지 물었다. 그는 이렇게 답했다.

"아뇨, 그냥 모든 사람과 심장을 맞대고 싶어서 그러는 거예요."

왠지 나는 이 마법 같은 말에 몹시 끌렸다. 어쩌면 빔의 엄청난 운동력이 이 포옹에서 나오는 것인지도 모른다는 생각이 들었다. 생각해보라. 이 세상에는 정말 설명할 수 없는 많은 일들이 일어나고, 그 안에서 우리는 기적과 마법을 경험한다는 것을. 아이스맨의 포옹 방식인 만큼, 당신도 기회가 있다면 한번 따라해보라. 나도, 그리고 이 책에 등장하는 몇몇 타이탄도 종종 이런 방식으로 포옹을 한다. 이유는 묻지 마라. 모른다.

다만 이 방식을 활용하고 싶다면 상대에게 사전에 말을 해둬야 한다. 악수를 할 때 왼손을 내미는 것처럼 상대를 당황하게 할 수 있으므로 미리 설명해두는 게 좋다(자기 가슴을 두드리면서 '서로 가슴을 맞대봅시다'라고 말하기만 하면 된다). 서로 머리를 부딪치는 상황을 피하는 데도 도움이 된다.

06
매일 자신감을 쌓는 가장 좋은 연습

레어드 해밀턴Laird Hamilton, @LairdLife은 역사상 최고의 빅 웨이브 서핑 선수로 평가받고 있다. 그는 '토우 인 서핑(tow-in surfing, 제트 스키를 이용해 서퍼들이 거대한 파도를 탈 수 있게 이끌어주는 방식)'의 창시자이자 스탠드업 패들 보딩stand-up paddle boarding의 부활을 이끈 사람으로도 인정받는다. 그는 여러 편의 서핑 영화에 출연했고, 빅 웨이브 서핑에 관한 다큐멘터리인 〈라이딩 자이언트Riding Giants〉에서 주인공을 맡기도 했다.

가브리엘 리스Gabrielle Reece, @GabbyReece는 〈위민스 스포츠 앤드 피트니스Women's Sports & Fitness〉가 뽑은 '스포츠계에서 가장 영향력 있는 20인의 여성' 중 한 명이고, 배구 선수로 활약하면서 거둔 성공을 통해 널리 알려졌다. 리스는 여자 비치발리볼 리그에서 네 시즌 연속으로 자신의 팀을 우승으로 이끌었다. 이 경력을 활용해 성공적인 모델 활동도 했고 〈도전! 팻 제로The Biggest Loser〉에 트레이너로 출연하기도 했다. 이처럼 다양한 분야에서 성공을 거둔 덕에 나이키Nike 신발을 디자인한 최초의 여성 운동선수가 될 수 있었다. 〈롤링스톤〉은 그녀를 '원더우먼Wonder Women' 목록에 올렸다.

브라이언 맥켄지Brian MacKenzie, @iamunscared는 크로스핏 인듀어런스Cross-Fit Endurance의 창시자이자 〈뉴욕 타임스〉 선정 베스트셀러인 《언브레이커블 러너Unbreakable Runner》의 저자이기도 하다. 장거리 달리기뿐 아니라 강도 높은 근력 훈련을 이용한 5킬로미터 달리기부터 울트라 마라톤에 이르기까지 모든 걸 정복한 인물이다.

솔선수범의 건강한 습관

레어드와 가브리엘은 부부이고 브라이언은 이 부부의 친구다. 내가 이 책에서 이 세 사람을 동시에 소개하는 이유는, 그들의 엄청난 운동력 뒤에는 매사에 '솔선수범'하는 습관이 숨어 있기 때문임을 알리기 위해서다. 적극적으로 먼저 나서 타인을 돕고 세상에 기여하는 습관을 통해 자신의 몸과 정신의 건강을 이끄는 이들의 남다른 습관은 이 책에 등장하는 타이탄들에게도 귀감과 모범이 되고 있다.

그들은 언제나 '자신이 먼저 하겠다'고 큰소리로 말한다. 상점에서 계산을 할 때도 먼저 돈을 내고, 먼저 인사를 건네고, 낯선 이와 스쳐 지나가면서 시선이 마주칠 때도 먼저 미소를 보낸다.

가브리엘은 이렇게 말했다. "먼저 솔선수범하는 태도는 항상 그렇지는 않아도 대개의 경우 나 자신에게 더 유리하게 작용한다. 물론 상대에게서도 더 놀라운 반응을 이끌어낸다. 솔선수범은 큰 자신감을 쌓는 연습이다. 자신감이 없으면 우리는 운동을 할 수 없다. 언제나 '난 못 해낼 거야'라고 중얼거리는 사람이 멋진 운동력을 보여주는 경우는 없다."

레어드와 브라이언도 동의한다. 두 사람은 얼마나 개방적이고 열린 마음을 갖느냐에 따라 운동 효과도 매우 달라진다고 설명한다. "매사에 주도적인 모습을 보이는 사람은 다른 사람들보다 더 빨리, 더 멀리, 더 높이 뛸 수 있는 가능성이 크다. 이미 일상에서 솔선수범 함으로써 다양한 성취감을 맛보았기 때문이다. 나아가 다른 사람들 보다 오랫동안 운동할 확률도 상대적으로 높다. 성취감은 중독성이 강하기 때문이다. 끊기가 어렵다는 뜻이다."

세 사람의 이야기에 귀 기울이다 보니 배우 레일런 기브스^{Raylan} ^{Givens}가 한 말이 생각났다. "아침에 우연히 기분 나쁜 사람과 마주쳤 다면 그 사람이 나쁜 놈이다. 하지만 하루 종일 기분 나쁜 사람들과 마주쳤다면 당신이 나쁜 거다."

세 사람과의 만남이 있은 후 나는 아침에 일기를 쓸 때 스스로를 독려하기 위해 '솔선수범'이라는 단어를 자주 적어 넣는다. 타인을 위해, 세상을 위해, 궁극적으로는 나를 위해 먼저 할 일이 없는지를 생각하는 습관은 정신을 맑게 하고 삶을 즐거움으로 채워 넣는다.

가브리엘은 이렇게 말했다. "카이트보딩(서핑과 패러글라이딩을 결합한 레저 스포츠 - 옮긴이)을 즐기는 사람이 지금처럼 많지 않았던 시절, 우 리는 프랑스에서 만든 카이트를 처음 손에 넣은 사람들이었다. 일단 바람을 타기 시작하면 카이트가 망가질 때까지 계속 날다가 끝내 아 무 데고 추락하고는 했다. 한번은 먼 바다로 3킬로미터 넘게 나가기 도 했는데, 거기서 다시 해변까지 헤엄쳐서 돌아오려면 정말 말도 못 하게 힘들었다. 그래도 우리는 웃었다. 믿기는가? 우리는 그냥 웃었 다. '젠장, 오늘 일진이 정말 사납군'이라고 투덜대면서도 우리는 웃고 있었다. 솔선수범의 습관은 모든 순간을 즐기게 만든다."

솔선수범의 확장 버전

브라이언은 82세인 돈 와일드먼Don Wildman의 놀라운 육체적 능력에
대해 얘기한다. "2015년에 돈은 80일 동안 스노보드를 탔다. 그보다
한두 달 전에는 나와 함께 알래스카로 헬기 스노보드를 타러 가기도
했다. 헬기 보딩은 정말 힘든 운동이다. 그런데 돈은 일주일 내내 하
루에 15~16번씩 탔다. 젊은 사람들도 다리가 후들거리는 수준이다.
그럼에도 돈은 전혀 아무렇지도 않아보였다. 더군다나 나는 프로 선
수가 아니면 사이클 경기에서 져본 적이 없다. 그런데 돈에게는 사이
클로도 도저히 당해낼 수가 없었다."

나는 돈의 엄청난 능력이 어디에서 오는 건지 궁금했다. 그에 대한
답은 가브리엘이 주었다. "돈이 정말 잘하는 일이 한 가지 있다. '함
께 하자'고 다른 사람들을 끌어들이는 것이다. 함께 하자고 먼저 제
안하고 이끄는 것은 솔선수범의 확장 버전이라고 할 수 있다. 돈 주
변에는 늘 그와 함께 할 사람들이 모여 있는데, 대부분 그보다 훨씬
어리다. 돈과 그들은 다들 넘치는 자신감을 발휘하며 마음껏 몰려다
닌다."

07
실력을 키울 생각이 없으면 포기하라

폴 레베스크^{Paul Levesque, @TripleH}는 '트리플H'라는 이름으로 더 유명한 전직 프로 레슬러다. 그는 WWE^{World Wrestling Entertainment}에서 14차례나 세계 챔피언 자리에 올랐고, 현재 WWE의 탤런트, 라이브 이벤트, 크리에이티브 담당 수석부사장이기도 하다.

그에게는 세 명의 자녀가 있다. 그는 평소 밤 10시부터 새벽 한 시사이에 헬스장에서 운동을 한다. 그러고는 새벽 6시에 일어나 하루일과를 시작한다. 새벽 한 시까지 운동을 했음에도 왜 그렇게 빨리하루를 시작하느냐는 질문에 그는 이렇게 답했다. "아이들 때문이다. 아이들은 부모가 하라는 대로 하지 않는다. 자신들이 본 대로 할 뿐이다. 따라서 어른은 아이들의 본보기가 될 수밖에 없다. 운동을 하는 모습, 일찍 일어나는 모습은 아이들에게 좋은 자극을 준다."

아주 간단한 운동의 힘

폴은 매일 밤 여러 도시에서 벌어지는 경기에 참가하느라 1년에 260일 이상 집을 떠나 생활한 적도 있다. 장기간 여행과 출장을 하게 되면 생활 리듬이 깨지게 마련이다. 자기 관리와 통제도 점점 느슨해진다. 그래서 그는 간단하지만 강력한 규칙 하나를 만들었다. 그의 설명을 들어보자.

"비행기가 착륙하면 호텔에 체크인 한다. 그리고 체크인 하자마자 '헬스장이 열려 있습니까? 가서 연습을 해도 될까요?'라고 묻는다. 단순히 실내 자전거를 15분 정도 타는 것만으로도 생체 리듬을 회복시킬 수 있다. 그렇게 비행기에서 내려 바로 운동을 하면 시차에 따른 후유증을 절대 겪지 않는다. 장기 여행과 출장을 가는 사람의 시작은 밤이든 낮이든 상관없이, 어느 한 도시에 막 도착했을 때부터다. 평소 하루의 시작을 운동으로 열면 활기에 넘치듯이, 비행기에서 내리자마자 운동을 하면 좋은 리듬을 계속 유지할 수 있다."

꿈보다 목표가 중요하다

전설의 복서 에반더 홀리필드Evander Holyfield를 기억하는가? 그를 세계 헤비급 챔피언으로 만든 코치가 처음으로 그를 가르치게 된 날 이런 말을 했다고 한다. "에반더, 너는 제2의 무하마드 알리가 될 수도 있다. 그렇게 되고 싶으냐?" 에반더는 고개를 힘껏 끄덕이며 "네!"라고 말했다. 그러자 그는 에반더에게 다시 물었다. "좋아. 그럼 그건 네 꿈이냐, 아니면 목표냐? 꿈과 목표는 서로 매우 다르거든."

폴은 에반더의 코치가 던진 질문을 가슴에 깊이 새기고 살아간다. "꿈은 일어나지 않을지도 모르는 일을 그냥 상상하는 것이다. 하지만 목표는 그걸 이루기 위한 구체적인 계획을 세우고 열심히 노력해 마침내 이루는 것이다. 내게 성공의 본보기가 되어주는 사람들은 모두 조직적인 목표를 갖고 이를 달성하기 위한 탁월한 계획을 세운 사람들이다."

오늘 밤은 그냥 보여주는 것뿐이다

폴은 또 세계 챔피언을 지낸 복서 플로이드 메이웨더Floyd Mayweather와 절친한 사이이다. 플로이드가 아주 중요한 경기를 곧 시작할 어느 날 저녁, 그는 긴장된 마음을 안고 경기장에 좀 일찍 가보았다. 플로이드의 스텝들이 그를 발견하고는 손을 흔들었다. "플로이드가 경기 시작하기 전에 잠깐 당신과 인사를 하고 싶어 해요."

그는 아내와 함께 플로이드의 대기실을 찾아갔다. 플로이드는 소파에 누워 농구 경기를 보고 있었다. 그러다가 그를 발견하고는 "어서 와, 친구!" 하며 반갑게 맞이했다. 그는 플로이드가 곧 중요한 시합을 치러야 하기 때문에 몇 마디 가볍게 인사를 나누고는 곧장 퇴장하려고 했다. 그러자 플로이드가 손을 내저으며 "아냐, 아냐, 나갈 필요 없어. 그냥 앉아 있게나. 한창 얘기가 재밌어지려는데 왜 그래?" 하는 것이었다. 플로이드는 전혀 긴장하지 않는 모습이었다. 긴장은 커녕 너무 느슨하게 풀어져 있는 듯 보였다.

폴이 물었다. "이봐, 친구. 좀 있으면 중요한 결전이 펼쳐질 텐데, 전혀 긴장이 되지 않는 거야?" 플로이드가 웃으며 답했다. "아니, 왜 긴장을 해야 해? 내가 이기면 준비를 잘한 결과일 거고, 내가 지면 준비가 부족한 때문이겠지, 뭐. 지금 와서 걱정한다고 해서 변하는 건 하나도 없어. 그렇잖아? 일어나게 돼 있는 일은 일어나게 마련이야."

폴은 플로이드가 왜 그렇게 여유에 넘치는지 조금씩 알게 되었다.

그는 이미 모든 준비를 끝내놓고 있었던 것이다. 그 준비 속에는 경기 당일 날의 긴장과 초조함을 해소하는 방법도 물론 들어 있었으리라.

배우이자 작가인 휘트니 커밍스도 아주 중요한 무대를 앞에 두었을 때 이렇게 말한 바 있다. "내 일은 오늘 밤에 끝나는 게 아니다. 벌써 3개월 전에 끝났다. 오늘 밤은 그냥 보여주는 것뿐이다."

폴은 어떤 일을 잘하기 위해 실력을 키울 생각이 없다면 처음부터 그 일을 하지 말라고 조언한다. 그에 따르면 최악의 인생은 '나를 늘 못하는 사람으로 상대가 생각하게끔 만드는 것'이다. "링 위에서 경기를 하다 보면, 실력을 보여줄 때가 되었는데도 여전히 제자리걸음인 선수를 만날 때가 있다. 재능이 없어서라기보다는 생각이 없어서였다. 그게 아니라 정말 재능이 없는 경우라면 링 위에 오르지 말아야 한다. 인생엔 세 가지 길이 있다. 실력을 키우거나, 포기하거나, 다른 사람에게 위임하는 것이다."

나는 그의 말을 들으면서 내 삶을 돌아보는 기회를 가졌다.

'내가 잘하지 못함에도 계속 하고 있는 일은 무엇일까?'

한 달에 한 번, 분기에 한 번, 이 질문을 스스로에게 던질 때 당신과 나는 한 걸음 앞으로 나갈 수 있게 될 것이다.

08
생각을 쉽게 하라

세계적인 게임 프로듀서이자 디자이너인 제인 맥고니걸**Jane McGonigal, @avantgame** 박사는 미래연구소**Institute for The Future**의 연구회원이다. 〈뉴욕 타임스〉 베스트셀러인 《누구나 게임을 한다**Reality Is Broken**》의 저자이며 〈이코노미스트〉 〈와이어드〉 〈뉴욕 타임스〉 등에 글을 싣는다. 그녀는 〈비즈니스위크**BusinessWeek**〉가 선정한 '주목해야 할 10대 혁신가', 〈패스트 컴퍼니**Fast Company**〉가 선정한 '비즈니스 분야 가장 창조적인 100인'에도 이름을 올렸다. 그녀의 게임에 관한 테드**TED** 강연은 조회 수 1,000만 회를 돌파했다.

게임이 상처를 치유한다

내가 제인을 소개하는 이유는 하나다. 그녀의 '테트리스 예찬론' 때문이다.

잠이 잘 안 와서 고생하는가? 그렇다면 테트리스 게임을 10분만 해보라. 최근 실시된 연구에 따르면, 테트리스를 비롯한 캔디 크러시 사가**Candy Crush Saga**나 비주얼드**Bejeweled** 등의 게임이 부정적인 감정을 극복하는 데 탁월한 도움을 준다는 사실이 밝혀졌다.

테트리스를 하면 과식과 같은 중독적인 습관을 멀리할 수 있다.

'외상 후 스트레스 장애PTSD'도 예방할 수 있고 나와 같은 불면증 환자에게도 활용할 수 있다. 이는 시각적으로 강렬하게 문제 해결을 요구하는 게임의 특성 때문이다. 제인은 이렇게 말했다.

"게임을 하면 시각적인 플래시백(벽돌이 떨어지거나 조각들의 위치가 바뀌는 등)을 경험하게 된다. 이것이 뇌의 시각처리 중추를 차지하기 때문에 우리가 갈망하는 것(혹은 집착하는 것, 매우 시각적인 대상)을 떠올릴 수 없게 된다. 이 효과는 3~4시간 정도 지속된다. 나아가 충격적인 사건을 목격한 뒤에 테트리스를 하면 그 일이 자꾸 떠오르는 걸 막아주고 외상 후 스트레스 장애의 증상들을 완화하는 것으로 밝혀졌다(가능하면 사건 목격 후 6시간 이내에 하는 게 이상적이지만, 24시간이 지난 뒤에도 효과가 있다는 게 증명되었다)."

와우, 놀랍다. 흔히 게임 하면, 집중력을 흐뜨리고, 숙면을 방해하며, 은둔형 외톨이를 만든다는 부정적 이미지로 떠오르는 게 사실이다. 하지만 경우에 따라 게임 또한 얼마든지 자신의 상처를 치유하고 마음을 힐링하는 데 유용한 도구로 쓸 수 있음을 제인은 우리에게 알려준다.

상상력을 펼쳐라

제인은 정신 건강을 위해 '상상력'을 펼치는 시간을 갖는 습관을 들이라고 조언한다. 우리가 매일 정신적으로 지치는 중요한 이유들 중 하나는, 너무 이성적으로 살아가려고 노력하기 때문이다. 언제나 우리는 '옳고 합리적이고 타당한 것'을 찾는 데 익숙하게 골몰한다. 그러다 보니 정신은 '딴 짓을 할 시간'을 전혀 갖지 못한다. 지치는 건 당연하다. 지치고 피곤할 때는 테트리스를 하라. 그리고 딴 생각, 내가 할 수 있는 가장 말도 되지 않는 생각을 떠올리며 웃어라. 그러면 정신의 주름살이 빠르게 펴지는 것을 깨닫게 된다. "우리에게 창의적인 생각이 필요한 이유는 정신을 쉬게 해주기 위해서다. 지금 주변 사람과 대화를 나눠보라. 지금 당신이 하는 말이 그들에게 계속 합리적으로 들린다면, 당신은 창조적이고 혁신적인 공간에 있는 것이 아니다. 즉각, 빠져 나와라."

타인을 비난하지 마라

제인은 정신 건강을 위한 또다른 습관으로 '공개적인 비난을 삼갈 것'을 주문한다. 타인을 비난하는 것은 우리가 가장 중독되기 쉬운 나쁜 습관이다. 내가 내뱉은 부정적인 말은 누군가의 하루를 망치거나 그의 마음에 깊이 상처를 내는 데서 그치지 않는다. 상대를 비난하는 순간, 내 마음과 시간에도 상처가 생겨난다. 다만 우리는 그것을 의식하지 못할 뿐이다.

그녀는 이렇게 말했다. "타인을 공격할 때마다 우리는 한 명 한 명 내 목숨을 구해줄 수도 있는 귀한 사람들을 잃는다. 세상에 그것보다 더 큰 상처와 실패는 없다. 낯선 사람을 따뜻하게 맞이하라. 그는 변장을 한 채 당신을 찾아온 천사일지도 모르니까 말이다."

09
아무것도 하지 않는 즐거움을 찾아라

팀 크라이더Tim Kreider는 에세이 작가이자 만화가다. 그의 최신 저서 《우리는 아무 것도 배우지 않는다We Learn Nothing》를 읽은 후 나는 너무 마음에 들어 그에게 연락을 취했고 함께 오디오북을 제작하기도 했다. 다음에 소개하는 '팀 크라이더의 이야기'는 이 책에서 발췌한 것이다.

〈뉴욕 타임스〉〈뉴요커〉〈맨스 저널〉 등에 실리는 그의 글은 바쁜 현대인의 몸과 마음을 일깨우는 통찰로 가득하다.

바쁘고 치열하게 살아가는 삶이란 어떤 의미인지, 그런 삶을 익숙하게 받아들이고 있는 우리에게 꼭 필요한 가치는 무엇인지에 대해 팀은 조용히 일깨운다.

호흡을 편안히 고르며 천천히 감상해보자.

팀 크라이더의 이야기

21세기 들어 가장 많이 발견되는 유형이 있다면, 아마도 '바쁘다'고 말하는 사람들일 것이다. 바쁘다는 말은 안부를 물어오는 사람에게 건네는 가장 흔한 대답이 되어버렸다.

"바빠!" "엄청 바빠!" "정신없어!"

바쁜 사람은 뭔가 중요한 일을 하는 사람처럼 보인다. 그래서 그에 대한 반응 역시 축하의 의미다.

"바쁜 게 좋은 거지, 뭐.""한가한 것보다 백 배 낫지."

바쁘다면서 탄식하는 사람들은 자진해서 바쁜 경우가 대부분이다. 자발적으로 일과 의무를 맡거나 아이들에게 온갖 수업과 활동에 참여하라고 '격려'하는 이들이다. 그들이 바쁜 이유는 스스로의 야망이나 추진력, 불안 때문이다. 그들은 바쁨에 중독되어 있으며 바쁘지 않게 될까봐 몹시 두려워한다.

내가 아는 거의 모든 사람이 바쁘다. 그들은 일하지 않을 때는 불안과 죄책감을 느낀다. 그들은 마치 대학 입학 때 유리하게 작용할 각종 과외활동을 챙기는 학생처럼 친구들에게 뒤지지 않도록 빈틈없이 스케줄을 세운다.

최근에 나는 친구에게 연락을 해 만나자고 말했다. 하지만 돌아온 대답은 '바쁘다'는 것이었다. 그는 당장 5시간 후의 상황도 예측 불가능했다. 정말 우리는 몇 시간 후에 상황도 알 수 없을 정도로 일에 치여 사는가? 아니면 그저 바쁘다는 생각에 쫓겨 사는가?

바쁨은 인생에 필수적이거나 불가피한 상태가 아니다. 그것은 자신이 선택한 상황이며 묵묵히 따라야만 가능하다. 얼마 전에 비싼 월세 때문에 뉴욕을 떠나 남프랑스 소도시에 있는 예술가들의 창작 공간으로 터전을 옮긴 친구와 스카이프로 화상 통화를 한 적 있다.

그녀는 오랜만에 행복과 여유를 느낀다고 했다. 여전히 열심히 일을 하는 삶이지만 과거처럼 24시간 일을 한다거나, 뇌 용량을 하루에 모두 다 쏟아 붓지는 않는다. 대신 친구들과 카페에 가거나 매일 밤 함께 대화를 나누는 등 대학시절로 돌아간 기분이라고 했다. 월세를 내는 데 급급한 삶을 선택하지 않은 용기가 준 여유였다.

그녀는 다시 남자친구도 사귀고 있다. 뉴욕에 살 때는 다들 너무 바쁘고 자기 한 몸 돌보기에도 시간이 모자랐던 터라 로맨틱한 연애는 먼 나라 사람들 얘기였다. 그녀는 자신이 신경질적이고 초조해하며, 매우 예민한 성격의 소유자라고 생각했었다. 하지만 프랑스에 오고 나니 절대 그렇지 않다는 것을 생생하게 알았다. 자신을 히스테릭한 사람으로 만든 건 성격이 아니라 '환경' 때문이었다.

동물학자 콘라트 로렌츠Konrad Lorenz는 이렇게 말했다. "산업화와 상업화는 인간이 직접 바쁜 생활 속으로 뛰어 들어가게 만들었다. 그리고 이 경쟁이 궤양, 고혈압, 신경쇠약 같은 질병과 불균형한 삶, 진화 부적응을 불러왔다. 인간은 매혹적인 긴 깃털 때문에 날지 못해 손쉬운 먹잇감으로 전락한 새가 되고 말았다."

우리가 '바쁘다'는 말을 입에 달고 사는 이유는, 우리가 지금 하고 있는 일의 대부분이 그다지 중요하지 않다는 사실을 가리기 위한 과장된 피로는 아닐까?

주로 맛집을 소개하는 잡지사에서 일했던 내 친구는 모니터 앞에서 빵으로 점심을 때우기 일쑤였다. 하지만 그 잡지사는 각 가정 TV 리모컨에 음식 배달 버튼이 생기자마자 사라졌다. 이런 경우는 수도 없이 많다. 생각해보라. 우리는 모두 '바쁘게' 사라지고 있지 않은가? 아무도 보지 않는 뉴스, 콘텐츠, 기사를 비롯해 잡다한 것을 만드느라 정신없는 건 아닌가?

물론 모두가 바쁜 건 사실이다. 하지만 우리는 스스로에게 질문을 던져야 한다. '나는 지금 정확히 무슨 일을 하고 있는가?'라고. 정신 없이 바빠 회의에 늦고, 전화기에 대고 소리 지르지만 정녕 말라리아 를 없애거나 화석 연료의 대체 에너지를 개발하고, 아름다운 작품을 만드느라고 바쁜 것인가?

바쁨은 존재의 확인이자 공허함을 막아주는 울타리 역할을 한다. 노트에 일정이 꽉 차 있는 사람의 삶은 어리석거나 하찮거나 무의미 할 수가 없을 것이다. 시끄럽고 정신없고 스트레스 넘치는 생활은 우 리 삶의 가운데에 위치한 '두려움'을 가리기 위함인 듯하다. 하루 종 일 각종 업무를 처리하고 이메일에 답하고 영화도 보면서 도저히 한 눈 팔 틈새 없이 바쁘게 움직이다가 잠자리에 들면, 낮에는 성공적으 로 막아두었던 평소의 걱정거리와 질문이 밤에 불을 끄는 순간 옷장 에서 쏟아져 나오는 괴물들처럼 머릿속을 가득 메운다. 고개를 세차 게 흔들어도 지금 당장 신경 쓰지 않으면 안 되는 다급한 일들이 튀 어나온다. 그래서 누군가는 우리가 두려워하는 것은 '혼자 남겨지는 것'이라고 했는지도 모르겠다.

단언컨대 이 글을 쓰고 있는 나는 바쁘지 않은 사람이었다. 목표가 있지만 나처럼 게으른 사람은 보지 못했다. 나는 대부분의 작가처럼 글을 하루라도 쓰지 않으면 살아갈 가치가 없다고 생각하지만 그와 동시에 하루 4~5시간 작업만으로도 충분했다. 내게 가장 이상적인 하루는 오전에 글을 쓰고, 오후에는 천천히 자전거를 타거나 볼일을 보고, 저녁에는 친구를 만나거나 책을 읽거나 TV를 보는 것이다. 이는 이상적이라기보다는 소박하고 평범한 하루에 가까울 것이다. 내게는 이것이 정상적이고 쾌적한 속도의 하루다. 누군가 연락을 해와 잠시 일은 밀쳐두고 미술관의 새로운 전시회를 보러 가거나 공원을 산책할 수도 있다. 칵테일을 마시자고 하면 '바빠, 언제 끝날지 몰라'라고 말하는 대신 기꺼이 '몇 시에?'라고 해줄 수도 있다.

　최근에는 나도 일 때문에 바빠졌다. 난생처음 사람들에게 진지한 표정으로 '정말 바쁘다'고 말할 수 있게 되었다. 사람들이 바쁘다는 불평을 왜 즐기는지 알 것 같았다. 여기저기에서 찾는 바람에 혹사당하는 '중요한' 사람이 된 기분을 느끼기 때문이었다. 게다가 바쁘다는 것은 따분한 초대를 거절하고 달갑지 않은 프로젝트를 외면하고 사람들과의 접촉을 피할 수 있는 좋은 핑계가 되기도 했다. 하지만 정작 나는 바쁜 것이 싫었다. 매일 아침 메일함에는 하기 싫은 일을 해달라는 것과 해결하기 싫은 문제의 처리를 부탁하는 편지로 넘쳐났다. 결국은 도저히 참을 수 없는 지경이 되었고 아무도 모르는 장소로 도망쳐 지금 이 글을 쓰고 있다.

　이곳에서는 의무 때문에 방해 받지 않을 수 있다. TV도 없고 이메일을 확인하려면 차를 타고 도서관으로 가야 한다. 일주일 동안 아무도 만나지 않을 수도 있다. 미나리아재비, 노린재, 별을 바라본다. 책 읽을 시간도 많다. 그리고 몇 달 만에 처음으로 제대로 된 글을 썼다. 세상에 몰입하지 않은 채로 글의 소재를 찾기는 힘들지만, 세상에서 벗어나지 않으면 소재에 대해 깊이 생각해보고 가장 잘 표현할 수 있는 방법을 찾을 수 없다. 물론 세상 모든 사람이 현실에서 도피할 한적한 별장을 갖고 있지는 않다. 하지만 휴대폰이나 인터넷을 잠시 꺼두는 훨씬 저렴한 방법도 있다. 비록 인간이 자연에 접근하는 방법을 비싸게 만들기는 했지만 여전히 자연은 공짜다. 시간과 고요함은 사치품이 되어서는 안 된다.

'무위無爲'는 단순히 휴가나 탐닉, 나쁜 것이 아니다. 비타민D가 우리 몸에 그런 것처럼 무위는 우리의 뇌에 꼭 필요하다. 비타민D가 부족하면 구루병에 걸려 신체가 변형되는 것처럼 무위가 부족하면 정신적인 고통이 초래된다. 무위가 주는 공간과 고요함은 일상에서 잠시 물러나 전체를 바라볼 수 있는 기회를 마련해준다. 전혀 예상하지 못했던 연결고리를 우연히 찾아 여름날의 번갯불처럼 번쩍 하고 영감이 떠오르기를 기다릴 수도 있다.

역설적이게도 무위는 일의 필수조건이다. 작가 토머스 핀천Thomas Pynchon은 이렇게 말했다. "우리가 하는 일은 본질적으로 아무것도 하지 않으면서 꿈꾸는 것일 때가 많다."

아르키메데스가 목욕 중에 외친 '유레카!'나 뉴턴의 사과, 《지킬 박사와 하이드》, 케쿨레의 벤젠고리 등등 역사는 천천히 생각하는 사람들에게 빛나는 영감을 준 이야기들로 가득하다. 한가하고 느린, 그래서 하찮은 사람들로 받아들여졌던 사람들이 열심히 일하는 사람들보다 위대한 아이디어와 발명, 명작을 더 많이 탄생시켰을지도 모른다.

"미래의 목표는 완전한 실업으로 다들 놀게 만드는 것이다. 그래서 정치·경제 시스템을 파괴해야만 한다."

322

정신 나간 무정부주의자의 선언처럼 들리는 말이지만, 사실은 스쿠버다이빙과 당구를 즐기면서 소설《유년기의 끝》을 쓰고 통신위성을 생각해낸 아서 C. 클라크^{Arthur C. Clarke}가 한 말이다.

시사만화가이자 작가인 테드 롤^{Ted Rall}은 최근의 칼럼에서 일과 수입을 분리시켜 모든 시민에게 '기본 월급'을 보장해야 한다고 제안했다. 이 또한 정신 나간 말 같지만 약 100년 후에는 노예제도 폐지와 보통 선거권, 8시간 근무제처럼 '기본 월급 보장'은 인권의 기초 개념이 될 것이다. 우리를 끝없이 경쟁으로 내모는 '바쁜 일'을 소아마비처럼 이 지구상에서 멸종시키지 않을 이유는 없을 것이다. 신이 인간에 대한 벌로 '노동'을 만들었다는 사실을 잊은 채 노동을 '미덕'으로 왜곡한 것은 청교도들이었다. 이제 그들도 없으니 담배를 피우며 긴 휴식을 취할 수 있을지도 모른다.

나 같은 사람들만 있으면 세상은 곧 망할지도 모른다. 하지만 이상적인 삶은 나 같은 사람들의 반항적인 게으름과 그 나머지 사람들의 정신없는 바쁨 사이 어딘가에 위치할 것이다. 내 삶은 그동안 터무니없을 정도로 쉽고 간단했다. 그런 특권을 누렸기에 독특한 관점이 생겼는지도 모른다. 마치 대리운전기사 같다. 술에 취하지 않은 사람이 만취에 대해 더 분명하게 볼 수 있지 않은가?

안타깝게도 내가 바쁜 사람들에게 해줄 수 있는 조언은 사람들이 술 취한 이들에게 해주는 조언처럼 달갑지 않은 종류일 것이다. 하지만 술을 끊으라는 게 아니다. 그러니까 일을 그만두라는 말이 아니라 일을 제외한 나머지 시간에는 휴식을 취하라는 것이다. 산책도 하고 사랑도 나누고 딸아이의 공연도 보러 가라. 마치 교실 밖에서 우스꽝스러운 표정을 지으며 친구에게 한 번만이라도 책상을 박차고 나가 놀자고 떼쓰는 아이처럼 아내에게 영화를 보러 가자고 졸라라.

내 자신의 단호한 나태함은 대부분 미덕보다는 사치에 가까웠지만 오래 전 의도적으로 결심한 것이 있다. 돈은 언제든 벌 수 있으니 돈보다는 시간을 선택하기로. 제한된 시간을 가장 훌륭하게 투자하는 방법은 사랑하는 사람들과 보내는 것이라는 사실을 알고 있다.

죽음을 앞두고 더 열심히 일하지 않고 글을 더 많이 쓰지 않은 것을 후회할 수도 있을 것이다. 하지만 나는 닉과 게임을 하고 로렌과 늦은 밤에 긴 대화를 나누고 헤럴드와 배꼽 빠지게 웃던 시간이 더 많았으면 싶을 것이다.

인생은 바쁘게 살기에는 너무 짧다.

10
단 하나의 결단

살아가다 보면 누구나 좌절감을 느낄 때가 있다.

특히 건강을 위해 새로운 운동이나 다이어트를 시작했을 때 그렇다. 오랫동안 꾸준히 연습했는데도 체중이 그대로이거나, 더 먼 거리를 달릴 수 없을 때, 더 나아지고 달라지는 걸 느끼기가 어려울 때 우리는 좌절한다.

그럴 때 나는 거의 자동적으로 크리스토퍼 소머Christopher Sommer를 떠올린다. 미국 체조 국가대표팀 코치를 지낸 그는 자신의 제자들을 세상에서 가장 강하고 뛰어난 선수들로 키워냈다. 무려 40년 동안 말이다. 그는 이렇게 말했다. "나는 선수들에게 이렇게 말하곤 한다. 세상에는 어리석은 선수도 있고, 나이든 선수도 있다. 하지만 나이가 들어서까지 어리석은 선수는 없다. 그런 사람은 벌써 다 죽었으니까."

그렇다. 우리는 나이가 들어서까지 어리석으면 안 되며, 좌절해서도 안 된다. 뭔가 잘 안 풀릴 때는 처음부터 다시 점검하고, 나보다 더 현명하고 지혜로운 사람에게 조언을 얻어야 한다. 소머 코치는 "승자가 되려면 가장 쉬운 것부터 시작하라"고 말한다. "반드시 천천히 하라, 서두르지 마라"고도 말한다.

가장 쉬운 것부터 시작했음에도, 천천히 서두르지 않고 연습했음에도 성과가 지지부진하다면, 소머의 '단 하나의 결단'에 대한 조언이 강력한 효과를 발휘할 것이다.

　다음은 조언을 구하는 이메일을 소머에게 보냈을 때, 그가 내게 보내준 답장의 글이다. 소머의 답장이 필요한 사람은 비단 나뿐이 아닐 것이기에, 그리고 소머의 이 지혜로운 글은 건강뿐 아니라 우리 삶 전체에 큰 영향을 줄 것이라는 확신 하에 이 책의 지면을 빌려 마지막으로 소개해보고자 한다.

　친애하는 팀에게.

눈에 보이는 발전이 없을 때 나타나는 좌절감은 탁월함을 향해 나가는 과정에서 필수불가결한 일입니다. 좌절감을 느끼지 못하는 사람은 아무것도 배우지 못하니까요. 탁월함을 추구하는 게 쉽다면 누구나 할 수 있을 겁니다. 탁월함은 좌절감에 대처하는 방법을 찾아낸 사람들이 가는 길입니다. 그러니 괴로워할 일이 아닙니다. 제대로 된 길을 가고 있는지를 점검하는 좋은 기회입니다.
우리가 실패하는 건 좌절감 때문이 아닙니다. '조급함' 때문이죠. 좌절감과 싸우는 동안 조급함을 느끼기 때문에 대부분의 사람들이 목표 달성에 실패합니다. 우리가 알아야 할 것은 우리가 걷고 있는 탁월함의 길이 곧장 뻗은 '직선'이 아니라는 것입니다. 우리는 한 지점에서 다른 한 지점으로 가장 빨리 가는 직선을 그리기 위해 조급함과 초조함을 안고 삽니다. 하지만 비범한 성과는 이 직선 위에서는 만날 수 없습니다. 가장 빨리 결승선을 통과하는 사람은 가장 많은 거리를 뛰어온 사람이기 때문입니다.

우리가 좌절감, 초조함, 조급함을 극복하는 비결은 간단합니다. 일터에 가서 일을 하고, 집에 가서 휴식을 취하는 것입니다. 그러면서 일단 결심을 한 것은 절대 그 생각을 의심하거나, 바꾸지 않는 것입니다. 타협하지도 말고요.

눈에 띄는 진전이 없다는 것은 아마도 당신이 일터에 가서 일을 하고, 집에 가서 휴식을 취하고, 결심한 것을 바꾸지 않는 것 외에도 많은 것을 생각하고 행했기 때문일 겁니다. 다시 말해 집중해야 할 대상이 많아져서 집중을 하지 못하는 역설적 상황을 맞았기 때문일 겁니다.

명심하세요, 드라마 같은 일은 벌어지지 않습니다. 길을 걷다가 작게 튀어나온 돌부리에 발이 걸렸다고 해서 자책할 일도 아니고, 뭔가 새로운 일이 생길 것이라고 기대할 일도 아니라는 겁니다. 당신의 심플하지만 단단한 루틴과 습관을 계속해 나가야 합니다. 그러면 당신의 자세와 걸음걸이를 살펴보며 현명한 조언을 해주는 사람이 나타날 수 있습니다. 아마도 목표를 이루는 데 필요한 행운은 여기까지일 겁니다. 내가 40년 이상 재능을 가진 어린 친구들을 최고의 선수로 키워낸 경험에 비춰보면 말입니다. 발전과 성과가 없다고 해서 자꾸만 자세를 바꾸고, 생각을 고치고, 이것저것 다 해보는 사람에겐 좋은 조언자가 나타나지 않습니다. 너무 변화무쌍하니까요.

정해진 일정 같은 건 잊어버리세요. 시간은 필요한 만큼 걸릴 겁니다.

일련의 작은 중간 목표가 아니라 장기적인 목표를 이루기 위해 노력한다면 당신이 결정하고 지켜야 할 일은 한 가지뿐입니다. 명확하고 단순하면서 직설적이죠. 매 단계를 거칠 때마다 궤도를 벗어나지 않기 위해 작은 결심들을 하고 또 하는 것보다, 단 하나의 큰 결단을 유지하는 게 훨씬 쉽습니다. 작은 결심을 계속 하는 경우에는 당신이 선택한 목표를 무심코 벗어나서 표류할 기회가 너무 많아집니다.

'단 하나의 결단'은 우리가 가진 것들 중에서 가장 강력한 힘을 발휘하는 도구입니다.

책을 마무리하며

"프로처럼 배우고 예술가처럼 깨뜨려라."

_파블로 피카소

"즐겨라."

_친한 친구들에게 "어떻게 살아야 하지?"라고 물을 때마다 듣는 답변

이 책을 쓰다가 늦은 밤이 찾아오면 30분 정도 따뜻한 욕조에 등을 대고는 창밖 나무 사이로 드리워진 별을 바라보았다. 전구가 하나뿐인 희미한 욕실 안에서 월트 휘트먼Walt Whitman의 시집《풀잎Leaves of Grass》이나 오이겐 헤리겔Eugen Herrigel의 《활쏘기의 선Zen in the Art of Archery》을 읽으며 머리를 식히곤 했다.

양궁을 배운 지 얼마 안 됐을 때, 나는 매일 18발의 화살을 쏜 후 잠시 휴식을 취하는 연습을 반복했다. 코치와《활쏘기의 선》이 옆에서 나를 지켜보고 있었다.《활쏘기의 선》의 80퍼센트는 허튼소리이고 20퍼센트는 진실한 통찰이었다. 하지만 이 책은 고도의 집중을 요

하는 작업을 할 때 머리가 쉴 수 있는 시간을 준다는 것만으로도 그 가치가 충분했다.

어느 날 아침,《타이탄의 도구들》의 집필 마감 작업을 도와주기 위해 캐나다에서 날아온 젊은 친구가 냉장고 문을 닫는 나를 잠깐 멈춰 세웠다. "팀, 당신이 생각보다 훨씬 담담하고 침착해서 적잖이 놀라고 있는 중이에요." 그때 나는 냉장고에서 꺼낸 먹을거리와 생수를 양손에 들고 있었다.

곰곰이 생각해보니 그의 말이 맞았다.

당시 나는 정신없이 바쁜 날들을 보내고 있었다. 원고 최종 마감일이 코앞으로 다가왔고, 예상치 못한 일이 10가지도 넘게 생겼고, 반려견이 심한 부상을 당한데다, 자동차가 고장 나 있었다. 마치 세 개의 접시를 각각의 막대 위에 올려놓고 아슬아슬하게 돌리고 있는 서커스 단원 같았다.

예전 같으면 이런 상황에서 심한 불안감을 나타내며 어쩔 줄 몰라 했을 것이다. 옆에 있는 사람들에게 괴롭고 짜증나는 존재가 되었을 것이다. 그런데 이 책을 집필하는 동안 나는 어떻게 침착과 평정을 잃지 않는 사람이 될 수 있었던 것일까?

그건 바로 이 책에 실린 가르침을 읽고 또 읽는 과정에서 생각보다 훨씬 많은 것을 흡수한 덕분이었다. 집필 작업을 하는 내내 나는 나도 모르게 조코 윌링크처럼 "좋아!"라고 외쳤다. 타라 브랙처럼 마라에게 차를 대접했다. BJ 밀러처럼 밤하늘의 별을 바라보았고, 금문교를 올랐던 캐롤라인 폴처럼 '두려움'을 떨어뜨리는 연습을 했다.

나는 노트를 쓰고 리스트를 만드는 사람이다. 그 방법으로 내 삶과 세계를 정리한다. 하지만 내가 새롭게 얻은 차분함과 평온함은 그간 내가 만들어온 리스트와는 아무런 관련이 없다는 사실에 나는 문득 문득 놀라곤 한다. 그저 이 책의 타이탄들이 알려준 방법을 바쁜 생활에서 하나 둘씩 실험해서 얻고 있는 결과일 뿐이었다.

칼 퍼스먼은 "좋은 것은 남는다"고 했다. 타이탄들의 가르침은 내가 필요로 하는 순간마다 적절하게 떠올랐다. 그들의 지혜를 읽으면 읽을수록 더 큰 영향이 내 삶에 나타났다.

냉장고 앞에서 대화를 나눈 지 약 16시간이 지났을 때, 나는 땀을 닦으며 휴식을 취할 준비가 되어 있었다. 혼자 사우나 욕실로 가 참나무의 향기를 들이마셨다. 조금씩 한기가 느껴지면서 《활쏘기의 선》 끝부분에 도달했다. 스승이 제자를 마침내 떠나보내는 내용이 담긴 한 대목에서 나는 몇 분이나 멈춰 섰다.

"마지막으로 한 가지만 얘기하고자 한다. 너는 이 몇 년 사이에 완전히 다른 사람이 되었다. 그 변화가 곧 활과 화살이 그려내는 의미의 전부다. 네가 돌아가 다시 세상으로 나가면 깨닫게 될 것이다. 인생이란 늘 자신과의 활쏘기 대결임을."

스승님은 내게 당신께서 가장 아끼는 활을 건넸다.

"가져가라, 이 활을 쏠 때마다 나의 기운이 가까이에서 느껴질 것이다."

나는 미소를 지었다.

〈스타워즈〉의 열혈 팬들이라면 자연스럽게 〈제다이의 귀환〉을 떠올릴 만한 대목이다. 루크 스카이워커가 엔도의 밤하늘을 쳐다보면서 오비완 케노비와 요다, 아나킨 스카이워커를 떠올리며 미소 짓는 장면 말이다.

그 세 사람은 앞으로 영원히 그와 함께 할 것이다.

당신이 이 책을 다시 읽을 때마다 타이탄들의 에너지를 새롭게 느낄 수 있게 되기를 바란다. 아무리 힘든 시련과 역경이 눈앞에 놓여 있어도, 그들은 언제나 당신과 함께 할 것이다.

당신은 혼자가 아니며 당신이 생각하는 것보다 훨씬 더 나은 사람이다.

타이탄들은 그런 당신에게 언제나 이렇게 말할 것이다.

도전하라.

부록

부록 1
타이탄들의 케톤 식이요법

도미니크 다고스티노 박사Dominic D'agostino, @DominicDAgosti2는 사우스플로리다 대학교 모사니 의대의 분자약리학 및 생리학과 부교수이자 인간기계인지연구소IHMC의 수석 연구 과학자다. 또한 그는 7일간 단식한 뒤에도 227킬로그램짜리 바를 10회나 데드리프트 할 수 있다. 이 괴물 같은 도미니크가 일하는 연구소의 핵심과제는 영양 공급·치료를 위해 케톤증을 유발하는 데 필요한 케톤식ketogenic diet, 케톤 에스테르, 케톤 보충제 같은 대사요법과 독성이 낮은 신진대사 기반의 약물을 개발하고 테스트하는 것이다. 그가 하는 일의 대부분은 극한 환경에서 최상의 능력과 회복력을 발휘하기 위한 대사요법 및 영양 전략과 관련이 있다. 미국 해군연구소, 미국 국방부, 여러 민간단체와 재단들이 그의 연구를 후원하고 있다.

도미니크 박사로 인해 내 삶이 바뀐 것은 분명하다. 그렇기 때문에 이 글은 일반적인 형식에서 벗어나, 케톤증의 모든 것을 알려주는 간략한 입문서 역할을 한다. 식이요법에 관한 내용이 많지만 보충제와 금식은 별도의 도구로 취급할 수 있고 베이컨이나 헤비 크림(heavy cream, 유지방 함량이 높은 크림)을 섭취할 필요도 없다. 비전문가인 독자들이 읽기 편하도록, 개념들 가운데 일부는 약간 단순화했다. 내가 현재 이용하는 개인적인 식이요법도 포함되어 있다.

몇 가지 기본 사항

- 흔히 '케토keto'라고 부르는 **케톤 식이요법**은 단식 생리를 흉내 낸 고지방식이다. 우리의 뇌와 몸이 에너지를 얻기 위해 혈당(글루코오스) 대신 케톤(체내에 저장되어 있거나 섭취한 지방에서 유래된)을 사용하기 시작하는 상태를 케톤증이라고 한다. 이 식이요법은 원래 간질을 앓는 아이들을 치료하기 위해 개발된 것이지만, 앳킨스Atkins 다이어트를 비롯해 수많은 변형이 존재한다. 여러분도 단식이나 다이어트, 외부 케톤 주입, 또는 이런 방법들을 다양하게 조합해서 케톤증 상태가 될 수 있다.

- **본인이 케톤증 상태인지 어떻게 알 수 있을까?** 가장 확실한 방법은 애보트Abbott 사에서 만든 '프리시전 엑스트라Precision Xtra'라는 장비를 사용하는 것이다. 이 장비는 글루코오스와 베타하이드록시부티레이트의 혈중 농도를 모두 측정할 수 있다. 혈중 농도가 0.5밀리몰(mmol, 농도의 단위)이 되면 가벼운 '케톤증'이라고 간주할 수 있다. 나는 1밀리몰 이상이 되면 정신이 더 맑아지는 느낌이 든다.

- **당신이 앞으로 찾아보게 될 주요 자료 창고:** 도미니크가 케톤 식이요법과 관련해 가장 자주 찾는 자료실은 FAQ, 식단 등 다양한

자료를 제공하는 ketogenic-diet-resource.com이다.

도미니크 박사는 이렇게 말한다. "나는 건강과 장수를 위해서는 경미한 수준의 케톤증이 있는 것이, 즉 케톤체 농도가 1~3밀리몰 정도 되는 게 좋다고 권장하고 싶다."

다른 장점도 많지만 이 정도 농도의 케톤체는 무엇보다 DNA 손상을 막아준다.

케톤증이나 케톤 보충제를 고려해야 하는 이유는?

- **지방 감소 및 신체 조직 재구성**

- **강력한 항암 효과**

- **산소 활용도 증가:** 도미니크의 경우, 케톤체 농도가 높을 때는 평소보다 두 배나 오랫동안 숨을 참을 수 있다(2분 → 4분). 나도 똑같은 현상을 목격한 적이 있다. 기본적으로 케톤 대사가 이루어질 때는 산소 분자 한 개당 더 많은 에너지를 얻을 수 있다. 이런 산소 이용상의 이점 때문에 뛰어난 자전거 선수들 몇 명도 케톤 식이요법 실험을 진행 중이다. 이것은 평지에서 높은 산으로 올라가는 등 고도가 높은 곳에서도 좋은 성과를 올릴 수 있게 해준다.

- **기력 유지 또는 강화:** 12명의 실험 대상과 함께 진행한 연구에서, 도미니크는 실력이 뛰어난 역도 선수들의 경우에도 지방을 통해 열량의 75~80퍼센트를 섭취하고(MCT와 코코넛 오일로 보충) 탄수화물 섭취는 하루 22~25그램으로 제한하는 케톤 식이요법에 2주 동안 적응하고 나면 힘과 운동성과가 향상되고 비대증도 나아진다는 사실을 증명했다. 케톤에는 '이화 작용(catabolism, 생물이 체내에서 고분자유기물을 좀 더 간단한 저분자유기물이나 무기물로 분해하는 과정)'을 막는 단백질 절약 효과와 소염 효과가 있다.

- **라임병:** (경고: 이건 과학적 연구를 거친 사안이 아니라 개인적인 경험일 뿐이다.) 단식을 통해 심한 케톤증 상태에 도달한 뒤(내 경우, 3~6밀리몰), 그때부터 일주일 동안 칼로리를 제한하는 케톤 식이요법을 계속하자 다른 방법을 아무리 동원해도 고치지 못했던 라임병 증상들이 말끔히 사라졌다. 이는 항생제를 처음 복용한 이후로 병 치료에 도움이 된 유일한 방법이었다. 이 요법은 밤낮으로 차이를 만들어, 정신적인 능력과 명료성이 10배나 개선되었다. 이런 현상이 미토콘드리아성 '재활'과 케톤의 항염증 효과와 관련된 것 아닌가 하는 생각이 든다. 1년여의 시간이 흘렀고, 그 사이 90퍼센트 이상의 시간 동안 케톤체가 생성되지 않는 '저탄수화물 식이요법(Slow-Carb Diet, 탄수화물 흡수를 느리게 만드는 식단)'을 따랐음에도 불구하고 증상은 다시 재발하지 않았다.

왜 단식을 해야 할까?

도미니크는 동료인 보스턴 대학교의 토머스 사이프리드Thomas Seyfried 박사와 함께 치료를 위한 '정화 단식purge fast'이라는 개념을 논한다. 도미니크에 따르면, "암에 걸리지 않은 사람이 1년에 1~3번씩 치료 목적의 단식을 하면, 치료하지 않으면 암으로 발전할 가능성이 있는 체내의 세포들을 제거할 수 있다"고 한다.

당신의 나이가 마흔 살이 넘었다면, 암은 80퍼센트의 확실성으로 당신을 죽음에 이르게 할 4가지 질병 가운데 하나다. 따라서 이 방법은 현명한 보험처럼 보인다.

당신에게 제시할 증거도 있다. 과학적인 세부사항은 건너뛰고 요점만 말하자면, 3일 이상 단식을 하면 줄기세포 기반의 재생을 통해 면역 체계를 효과적으로 '재시동' 할 수 있다. 도미니크는 매년 2~3번씩 5일 동안 단식할 것을 제안한다.

도미니크는 예전에 7일 동안 단식을 한 적이 있는데, 단식하는 동안에도 사우스플로리다 대학교에서 계속 강의를 했다. 7일째 되는 날에는 글루코오스 농도가 35~45mg/dL, 케톤은 5밀리몰 정도인 상태로 수업에 들어갔다. 그리고 단식을 끝내기 전에 체육관에 가서 227킬로그램짜리 바를 10번 데드리프트하고, 585파운드짜리도 한 번 들어올렸다. 도미니크가 처음으로 7일간의 단식을 하게 된 것은 1970년 〈인간의 굶주림Starvation in Man〉이라는 놀라운 논문을 발표한 하버드 의대 연구원 조지 카힐George Cahill에게 영감을 받았기 때문이다. 조지 카힐은 이 연구를 하면서 사람들을 40일 동안 굶겼다.

단식을 한다고 해서 비참하고 나약해질 필요는 없다. 사실 단식은 그와 완전히 반대되는 효과를 발휘할 수 있다. 하지만 단식을 하지 않아도 되는 방법부터 먼저 살펴보자.

몇 가지 개인적인 배경

내가 처음으로 장기간 단식을 한 것은 병을 치료하기 위한 마지막 수단이었다. 라임병이 내 건강을 심하게 해치는 바람에 거의 9개월 동안 평소 능력의 10퍼센트 정도밖에 발휘하지 못하는 상태였다. 관절이 너무 아파서 침대에서 일어나는 데만 5~10분씩 걸리고 단기 기억력도 악화되어 친한 친구들의 이름까지 잊어버리기 시작했다. 몸속에 투입되는 것들(약물, IV 치료 등)을 늘려봐도 도움이 되지 않는 것 같기에 음식을 포함해 몸속으로 들어가는 걸 전부 없애기로 했다. 조사를 통해 미국에서 가장 평판이 좋은 단식 병원을 찾아내 그곳으로 향했다.

처음 해본 7일간의 단식은 몹시 고통스러웠다. 병원에서 숙식하면서 의료진들의 감독 하에 단식을 진행했다. 환자들이 섭취할 수 있도록 허락된 것은 증류수뿐이었다. 수돗물과 치약도 입에 대지 못하게 했고 심지어 목욕도 하지 말라고 했다. 법적 책임 때문에 운동을 하거나 병원 밖으로 나가는 것도 금지했다.

3일째부터 4일째 되는 날까지는 허리 통증이 너무 심해서 태아처럼 몸을 웅크린 자세로 계속 침대에 누워 지냈다. 의사들은 '독소'가 빠져나가고 있어서 그렇다고 말했지만 나는 그 설명을 인정하지 않았다. 대신 혈액 검사를 해달라고 계속 요구했고, 허리 통증의 원인은 간단했다. 지나치게 높은 요산 수치 때문에 신장이 공격을 당하고 있었던 것이다. 운동도 하지 못하게 했기 때문에(힘차게 걷는 것조차도 안 된다고 했다) 케톤증 상태가 되기까지 엄청나게 오랜 시간이 걸렸다. 내 몸이 분해한 근육조직을 간이 글루코오스로 변환시키고 있었고, 요산은 그 부산물이었다. 무엇보다도 증류수만 마시게 했기 때문에, 거의 대부분의 단식자들(전부 다해서 40명 정도 되는)이 전해질 고갈과 이로 인한 콜린성 반응(자려고 할 때면 심박 수가 빨라지는 등) 때문에 잠을 자지 못했다. 그럼에도 불구하고 몇 가지 이점은 있었다. 며칠이 지나자 오랫동안 지속되던 피부 문제가 사라졌고 만성 관절 통증도 마찬가지였다.

7일째 아침에는 자리에서 일어나자마자 마우스 가드에서 피가 흘러나오는 걸 보았다. 딸기 케이크 꿈을 꾸다가(진지하게 하는 말이다) 너무 세게 씹는 바람에 잇몸이 갈라진 것이었다. 자, 이만하면 충분하지 않은가.

단식이 끝나자마자—의사의 지시를 듣지 않고—돼지고기 스튜를 먹었다. 그리고 두 가지를 결심했다. 단식이 매우 흥미롭긴 하지만 이런 식으로는 두 번 다시 하지 않을 거라고.

잠깐… 그렇다면 난 지금 어떤 단식을 하고 있을까?

지난 2년 동안 뜬소문(단식을 끝낼 때는 반드시 잘게 자른 양배추와 사탕무를 먹어야 한다는 등)이 아닌 진짜 과학에 초점을 맞춰서 수많은 단식 실험을 진행했다. 현재는 매달 3일씩 단식을 하고, 매 분기마다 5~7일간 단식하는 걸 목표로 삼고 있다. 그리고 1년에 한번은 14~30일간 단식을 하고 싶지만 이를 실행하기 위한 계획을 세우기란 여간 어려운 일이 아니었다.

내가 지금까지 가장 오랫동안 단식한 기록은 10일이다. 10일간 단식을 하면서 비타민C IVs와 고압 산소(2.4 ATA × 60분)를 일주일에 3번씩 추가했다. 그리고 상태 추적을 위해 2~3일마다 한번씩 DEXA 신체검사를 받았고, 아침에 일어나면 BCAA를 1.5그램 정도, 그리고 운동할 때는 BCAA 3그램 정도를 섭취했다. 10일간의 단식이 끝난 뒤에도 근육이 전혀 손실되지 않았다. 그에 비해 생애 처음으로 한 7일간의 단식에서는 근육이 거의 5.5킬로그램이나 빠졌다.

어떻게 이런 차이가 생기는 걸까?

첫째, 나는 '단식'을 하는 동안 매일 미량의 BCAA와 300~500칼로리의 순수 지방을 섭취했다.

둘째, 근육이 쇠약해지는 걸 피하기 위해 최대한 빠른 시간 안에 케톤증 상태에 진입했다. 이제는 3~4일이 아니라 24시간 이내에 케톤증 상태가 될 수 있다. 케톤 식이요법을 자주 하면 할수록 전환이 빨리 진행된다. 모노카르복실산 수송체와 내 기본 등급을 넘어선 다른 것들과 관련된 생물학적인 '근육 기억'이 존재하는 듯하다. 단식이 열쇠인 것 같다. 존스홉킨스Johns Hopkins에서 약물 저항성 발작을 일으키는 아이들에게 케톤 식이요법 치료 계획을 적용할 때 금식부터 시작하는 것도 그런 이유 때문이다.

목요일 저녁부터 일요일 저녁까지 매달 3일씩 금식을 할 때 주로 사용하는 방법은 다음과 같다.

- 수요일과 목요일에는 금요일에 할 전화 통화 계획을 세운다. 4시간 동안 휴대폰을 통해 생산성을 발휘할 수 있는 방법을 정한다. 이 말의 의미를 곧 이해하게 될 것이다.

- 목요일 저녁 6시쯤에 저탄수화물 식사를 한다.

- 금요일, 토요일, 일요일 아침에는 최대한 늦게까지 일어나지 않는다. 수면이 당신에게 도움이 되도록 하는 것이 핵심이다.

- 아침에 일어나면 외부 케톤 또는 MCT 오일을 섭취하고 하루 종일 3~4시간의 간격을 두고 두 번 더 섭취한다. 나는 주로 KetoCaNa와 브레인 옥탄Brain Octane 같은 카프릴산C8을 사용한다. 외부 케톤은 탄수화물 공급 중단으로 고생할 수 있는 1~3일 동안 '결함을 보완해' 준다. 심한 케톤증 상태가 되어 체지방을 사용하게 되면 이건 생략해도 된다.

- 금요일에는(필요한 경우 토요일에도) 카페인을 약간 섭취하고 걸을 준비를 한다. 잠에서 깬 순간으로부터 30분 안에 문을 나서야 한다. 나는 냉장고에 넣어둔 차가운 물이나 스마트워터Smartwater

1리터에 가당하지 않은 순수한 레몬즙을 약간 넣어 밍밍함을 없애고 통증·두통·경련을 예방하기 위해 소금을 몇 꼬집(한 꼬집은 엄지와 집게손가락으로 들어올린 양) 넣어서 가지고 나간다. 그리고 걷거나 전화 통화를 하면서 이걸 조금씩 마시는 것이다. 팟캐스트 방송을 할 때도 물론 좋다. 물을 다 마셨으면 다시 채워 넣거나 다른 걸 산다. 물에 소금을 조금 넣고 계속 걸으면서 꾸준히 마신다. 활발한 걷기와—과격한 운동이 아니라—끊임없는 수분 공급이 핵심이다. 걷기 대신 달리기나 고강도 웨이트 트레이닝을 시도한 친구들도 있는데, 여러 가지 복잡한 이유 때문에 이런 운동들은 효과가 없다. 나는 그 친구들에게, "3~4시간 동안 활기차게 걸으면서 물을 많이 마셔라. 그러면 다음날 아침에 틀림없이 0.7밀리몰이 되어 있을 거다"라고 말해 줬다. 그 친구들 가운데 한 명이 다음날 아침에 문자를 보냈다. "말도 안 돼, 진짜 0.7밀리몰이야."

- 단식을 할 때는 매일 외부 케톤이나 지방(차나 커피에 코코넛 오일을 넣는 등)을 최대 4큰술까지 섭취해도 괜찮다. 나는 단식 날 오후가 저물 무렵에 코코넛 크림을 약간 넣은 아이스커피로 스스로에게 보상을 해주는 경우가 종종 있다. 사실대로 말하자면, 가끔은 시스냅스^{SeaSnax}에서 나온 김을 한 봉지씩 먹기도 한다. 이 얼마나 심한 타락인가.

- 일요일 밤에 단식을 끝낸다. 그 순간을 즐기자. 14일 이상 단식을 하는 경우에는 음식을 다시 먹기 시작할 때 매우 주의해야 한다. 하지만 3일 정도의 짧은 단식을 할 때는 뭘 먹든지 크게 상관이 없다고 생각한다. 나는 스테이크도 먹고, 샐러드도 먹고, 기름진 부리토도 먹는다. 진화론적으로 볼 때, 굶주린 인류의 조상이 아사를 면하기 위해 잘게 썬 양배추나 그런 비슷한 걸 찾아 먹어야 한다는 건 말도 안 되는 얘기다. 눈에 띄는 건 뭐든 먹어도 된다.

단식 없이 케톤증 상태를 계속 유지할 수 있는 방법은?

간단하게 말하자면, 아주 많은 양의 지방(체중 1킬로그램당 1.5~2.5그램)과 극소량의 탄수화물, 적정량의 단백질(체중 1킬로그램당 1~1.5그램)을 매일 섭취하면 된다. 우리는 곧 도미니크의 일상적인 식단을 살펴볼 텐데, 먼저 중요한 주의사항이 몇 가지 있다.

- 고단백질과 저지방은 효과가 없다. 우리의 간은 남아도는 아미노산을 포도당으로 전환하면서 케톤체 생성을 차단한다. 섭취하는 칼로리의 70~85퍼센트를 지방에서 섭취해야만 한다.

- 그렇다고 해서 매 끼니마다 립아이 스테이크를 먹어야 한다는 얘기는 아니다. 닭 가슴살만 먹으면 케톤증에서 벗어나게 되지만, 다량의 올리브오일과 페타 치즈를 곁들인 채소 샐러드에 닭

가슴살을 얹어서 먹고 방탄 커피Bulletproof Coffee까지 같이 마시면 케톤증 상태를 유지할 수 있다. 케톤 식이요법의 문제점 가운데 하나는 이 상태를 유지하기 위해 섭취해야 하는 지방의 양이다. 섭취하는 총 칼로리의 70~80퍼센트 정도를 지방에서 얻어야 하기 때문이다. 모든 식사에 지방 덩어리를 포함시키려고 하기보다(그러면 기름진 스테이크와 달걀, 치즈만 계속 먹는 데 물리게 될 것이다), 도미니크는 식사 사이에 기름진 음료를 마시고(커피를 물 대신 코코넛 밀크로 끓이는 등) 이를 보충해줄 아이스크림을 추가할 수도 있다.

- 도미니크는 유제품이 지질 농도에 문제를 일으킬 수 있다는(예: LDL 급증) 걸 깨닫고 크림과 치즈 같은 식품 섭취를 최소화하기 시작했다. 나도 같은 경험을 했다. 케톤 식이요법을 유지하기 위해 끔찍할 정도로 많은 양의 치즈를 먹는 경우가 생기곤 한다. 유제품 대신 코코넛밀크(아로이-디 퓨어 코코넛밀크Aroy-D Pure Coconut Milk)를 먹는 걸 고려해보자. 도미니크는 다른 혈액검사 지표들의 상태가 나빠지지 않는 한(높은 CRP, 낮은 HDL 등) LDL이 치솟는 건 걱정하지 않는다. 그는 이렇게 말한다. "내가 가장 중점을 두는 건 중성지방이다. 중성지방 수치가 높아진다면 당신의 몸이 케톤 식이요법에 적응하지 못한다는 뜻이다. 어떤 사람들은 섭취하는 칼로리를 제한해도 중성지방 수치가 올라간다. 이건 케톤 다이어트가 당신에게 맞지 않는다는 걸 의미한다….

이건 모든 사람에게 다 맞는 식이요법은 아니다."

각설하고, 도미니크가 먹는 음식은 다음과 같은 것들이다. 그의 체중이 약 100킬로그램 정도 나간다는 걸 염두에 두고, 당신의 체중에 맞춰서 양을 조절해야 한다.

아침식사

달걀 4개(버터와 코코넛오일을 모두 넣어서 요리한 것)

올리브오일에 절인 정어리 통조림 1캔

굴 1/2캔(크라운 프린스Crown Prince 브랜드. 주의: 라벨에 적힌 탄수화물은 혈당을 높이지 않는 식물성 플랑크톤에서 나온 것임)

아스파라거스나 다른 채소 약간

* 도미니크와 나는 여행을 다닐 때도 정어리, 굴, 대량의 마카다미아 넛을 가지고 다닌다.

점심식사

도미니크는 점심 대신 퀘스트 뉴트리션 MCT 오일 파워Quest Nutrition MCT Oil Power를 통해 하루 종일 많은 양의 MCT를 섭취한다. 그는 또 버터 반 스틱과 MCT 파우더 1~2숟갈을 넣은 커피를 보온병에 담아 갖고 다니면서 하루 종일 조금씩 마시는데, 총 3컵 분량 정도 된다.

저녁식사

도미니크는 말한다. "내가 배운 비법 중 하나는 하루의 주된 식사인 저녁을 먹기 전에 먼저 수프를 한 그릇 먹는 것이다. 대개 브로콜리 크림수프나 버섯 크림수프를 먹는다. 이때 우유로 만든 크림 대신 농축 코코넛밀크를 사용한다. 농축액에 (물을 약간 넣어) 묽게 해서 사용하므로 칼로리가 그렇게 높지는 않다. 수프를 먹고 나면 내가 먹고 싶은 음식의 양이 반으로 줄어든다."

도미니크의 저녁식사에는 항상 다량의 샐러드가 포함되는데, 대개 다음과 같은 재료로 만든 것이다.

각종 채소와 시금치 섞은 것

엑스트라 버진 올리브오일

아티초크

아보카도

MCT 오일

파마메산 치즈나 페타 치즈 약간

적당한 양(50그램 정도)의 닭고기, 소고기 또는 생선. 가장 지방질이 많은 부위를 쓰고 그날 운동을 한 경우에는 샐러드에 들어가는 단백질 양을 70~80그램으로 늘린다.

도미니크는 샐러드 외에도 방울양배추, 아스파라거스, 케일 같은 다른 채소를 버터나 코코넛오일로 조리해서 먹곤 한다. 그는 채소를

'지방 전달 시스템'으로 여긴다.

채식주의자를 위한 도미니크의 팁

"MRM 베지 엘리트 퍼포먼스 단백질**MRM Veggie Elite Performance Protein** '초콜릿 모카'는 맛이 아주 좋다. 이걸 한 숟갈 정도 떠서 코코넛밀크와 섞은 다음 아보카도 반 개와 MCT 오일—C8 오일—을 약간 넣어서 만든 셰이크는 전체 칼로리의 70퍼센트를 지방에서, 20퍼센트는 단백질, 10퍼센트는 탄수화물에서 얻게 해준다."

단식과 암 치료에 관한 다른 사실들

"암환자 병동의 환자들이 화학요법을 받기 전에 단식을 하게 해야 한다"고 도미니크는 말한다. 그는 또 "기본적으로 단식은 세포들의 분열 속도를 늦추고(때로는 중단시키고) 암세포들이 화학요법과 방사선에 선택적으로 취약해지는 '활력상의 위기'를 불러온다"는 말을 덧붙였다.

진행성 고환암을 앓던 내 친구 한 명은 이 같은 단식을 통해 암세포가 빠르게 사라지고 있다는 '관해판정'을 받은 바 있다. 그와 함께 화학요법 치료를 받은 다른 환자들은 한번 치료를 받을 때마다 2~3일씩 침대에 누워 지냈지만, 치료를 받기 전에 3일씩 단식을 한 내 친구는 치료받은 다음날 아침에 16킬로미터 달리기까지 했다. 앞서 얘기한 것처럼, 단식은 암세포들이 화학요법에 민감하게 반응하게 해주고 정상세포들은 독성에 저항하게 해준다. 물론 모든 환자에게 적합한 방법은 아니고, 특히 극심한 악액질(근육 소모)을 앓는 환자들에게는 적합하지 않지만, 그래도 많은 환자에게 적용할 수 있다.

악액질의 경우, 안드로겐(2차 호르몬)의 영향 없이 테스토스테론(과 다른 합성 대사 스테로이드)의 동화 조직 형성 능력을 갖도록 설계된 몇몇 선택적 안드로겐 수용체 조절제SARM가 도움이 될 수도 있다. 도미니크는 또 BCAA 사용에 대해서도 연구하고 있다. 그는 케톤 식이요법에 분지사슬아미노산branched chain amino acid을 첨가함으로써 암에 걸린 쥐의 생존율을 최대 50퍼센트까지 높였다. 또 한 가지 조짐이 좋은 것은, 이 쥐들의 체중이 그대로 유지되었다는 것이다.

한 연구에서 활동적인 전이성 뇌종양에 걸린 쥐들을 케톤 식이요법과 '고압 산소 치료법HBOT'을 사용해서 치료한 도미니크와 과학자들은 평균 생존 시간을 31.2일(표준 식이 집단)에서 55.5일로 늘릴 수 있었다. HBOT 치료 계획의 경우, 도미니크는 월요일, 수요일, 금요일에 2.5기압2.5 ATA을 60분 동안 사용했다. 가압 및 감압 시간을 포함하면 1회 치료에 약 90분이 소요된 셈이다.

최악의 상황(환자가 삽관 치료를 받거나 다 죽어가는 경우)에서도 IV에 포도당과 함께(혹은 포도당 대신) 외부 케톤을 추가할 수 있는 가능성이 있다. 외부 케톤은 식이성 탄수화물을 섭취한 경우에도 상당한 종양 억제 또는 수축 효과가 있다는 게 증명되었기 때문이다. 내가 보기에는 식이성 탄수화물을 섭취했는데도 효과를 발휘했다는 것이 가장 주목할 만한 부분이다.

케톤 식이요법은 미친 사람들이나 하는 거라고 생각할지도 모르지만, 외부 케톤exogenous ketones은 물에 한 숟갈 타서 그냥 꿀꺽꿀꺽 마시기만 하면 된다.

저탄수화물 식이요법의 커닝 페이퍼

체중 감량을 시도하다가 희망을 잃는 사람들이 많다.

다행한 사실은 살을 빼기 위해 반드시 복잡한 방법을 쓸 필요는 없다는 것이다. 요즘에는 주기적으로 단식을 하면서 케톤증 상태가 되지만, 저탄수화물 식이요법SCD은 내가 10년 넘게 활용해 온 기본식단이다. 믿을 수 없을 정도로 효과적이고 외모뿐 아니라 훨씬 많은 부분에 영향을 미쳤다. 이렇게 말한 사람도 있었다. "팀 페리스에게 진심으로 감사한다. 그의 팟캐스트 방송에서 소개한 저탄수화물 식단 연구 덕분에 60대 후반인 어머니가 체중을 20킬로그램이나 줄이고 20년 넘게 복용한 고혈압 약도 끊으셨다. 이 모든 일을 3개월 만에 해내셨다. 이 말은 곧 어머니를 더 오랫동안 뵐 수 있게 되었다는 뜻이다."

기본 규칙은 간단한데, 매주 6일 동안 이 규칙을 따라야 한다.

규칙 1: '흰색'(또는 흰색으로 변할 수 있는) 전분 탄수화물을 피한다.
모든 빵과 파스타, 쌀, 곡물(퀴노아까지)이 다 해당된다. 이건 먹어도 되느냐고 물어봐야 하는 것들은 전부 먹지 말아야 한다.

규칙 2: 아침과 점심에는 몇 가지 종류의 똑같은 음식을 계속 반복해

서 먹어야 한다. 좋은 소식: 당신은 이미 그렇게 하고 있다. 새로운 기본 메뉴를 정하기만 하면 된다. 일을 간단하게 하고 싶다면 접시를 3등분해서 각각 단백질과 채소, 콩류로 채우자.

규칙 3: 고칼로리 음료를 마시면 안 된다. 예외: 매일 밤 드라이한 적포도주를 1~2잔 정도 마시는 건 괜찮다. 하지만 폐경기 전후 여성들의 경우에는 고조기가 유발될 수 있다.

규칙 4: 과일을 먹으면 안 된다(과당 → 인산 글리세롤 → 대개의 경우 체지방 증가). 아보카도와 토마토는 먹어도 된다.

규칙 5: 가능한 경우 자신의 진척 상황을 총 킬로그램 수가 아니라 체지방률로 측정한다. 저울은 당신을 기만하고 탈선시킬 수 있다. 예를 들어 저탄수화물 식이요법을 할 때는 근육이 생기면서 동시에 지방이 감소하는 경우가 흔하다. 그게 바로 당신이 바라는 것이겠지만 이 경우 저울 숫자는 바뀌지 않으므로 좌절감을 느끼게 될 것이다. 나는 저울 대신 골밀도 검사DEXA scan나 보디메트릭스BodyMetrix 가정용 초음파 장치, 아니면 헬스장 전문가와 함께 캘리퍼스calipers를 사용한다(잭슨-폴록Jackson-Pollock 7점 방식을 권장한다).

규칙 6: 일주일에 하루는 쉬면서 먹고 싶은 걸 마음껏 먹는다. 나는 토요일이 좋은데 당신에게도 추천한다.

이날이 바로 '치팅데이cheat day'인데, '지방의 날'이라고 부르는 사람들도 많다. 억지로 참지 않는 게 생화학적으로나 심리적으로나 중요하다. 어떤 사람들은 주중에 '먹어야 할 것' 목록을 작성하기도 하는데, 그걸 보면 6일 동안만 죄를 짓는 걸 참으면 된다는 사실을 되새길 수 있다.

이러한 6가지 규칙만 잘 지켜도 한 달 안에 10킬로그램 가까이 빼서 옷 치수를 두 사이즈나 줄일 수 있다. 저탄수화물 식이요법을 통해 체중을 45~90킬로그램씩 뺀 사람들도 매우 많다.

부록 2

타이탄들의 운동 계획,
짐내스트 스트롱(Gymnast Strong)

"세상에서 가장 강한 사람들은 매일 더 강해지려고 안간힘을 쓰고 있는데, 왜 당신은 아무것도 하지 않는가?"

미국 체조 국가대표팀 코치를 역임한 크리스토퍼 소머의 말이다. 그는 내가 지난 8개월간 시험해본 훈련 시스템인 '짐네스틱보디GymnasticBodies'를 개발한 인물이다. 소머 코치는 40년이라는 긴 세월 동안 코칭 경력을 쌓으면서 본인이 사용하는 훈련 기술—그리고 그 성공과 실패 여부까지—을 꼼꼼하게 기록해 그중 가장 좋은 요소들만 골라서 상급 선수와 초보 선수 모두를 위한 뛰어난 연습 시스템을 만들 수 있었다. 40년에 걸친 세심한 관찰을 통해 '짐네스틱 스트렝스 트레이닝(Gymnastics Strength Training, GST)'이 탄생했다.

GST와 아크로요가AcroYoga를 꾸준히 하면서 지난 1년 동안 내 몸은 완전히 개조되었다. 20살 때보다 39살이 된 지금이 더 유연하고 활동적일 정도다. 구글에서 검색하면 손쉽게 연습법 동영상을 찾아볼 수 있다.

약점을 극복하는 데 공을 들이자

"언젠가 승자가 되고 싶다면 지금 쉬운 것부터 시작해야 한다."

이는 내가 어깨 벌림 운동(양손을 목 뒤에서 깍지 끼고 팔을 곧게 편 다음 손목을 구부리지 말고 팔을 위로 들어올리는 동작을 상상해보라)의 진도가 너무 느리다고 불평했을 때 소머 코치가 해준 말이다. 이 말이 사실인지 의심스럽다면 당신이 가장 쑥스럽게 여기는 결점을 극복하기 위해 한번 노력해보자. 내 가장 큰 약점은 어깨 벌림과 흉추를 이용한 브리징bridging이었다. 3~4주 동안 노력한 끝에 10퍼센트 정도 개선되자 '코치가 진절머리를 내는' 수준에서 간신히 '코치를 웃길 수 있는' 정도로, 오랫동안 날 괴롭히던 신체적인 문제들 상당수가 말끔히 사라졌다. 당신의 가장 큰 약점이 뭔지 파악하려면 먼저 기능적 움직임 검사FMS를 받을 수 있는 곳을 찾는 일부터 시작해보자.

강도보다 꾸준함이 중요하다

"천천히 해요. 어디 불이라도 났어요?" 소머 코치는 좋은 운동 습관을 들이려면 몇 주 혹은 몇 달씩 지속적으로 자극을 줘야 한다는 것을 계속 상기시킨다. 서두를 경우에 얻을 수 있는 대가는 부상뿐이다. GST의 경우 오랫동안 아무 진전이 없다가 어느 순간 놀랍게도 한 단계씩 발전하게 된다. 그가 제안한 '햄스트링 운동 시리즈'를 6개월 정도 진행하면서 근력이 아주 조금씩 늘어나다 보니, 어느 날 갑자기 최대 근력이 두 배로 늘어난 기분이 들었다.

또한 소머 코치는 식이요법과 운동을 병행하는 것을 권하지 않는다. 그는 오랜 관찰과 연구 끝에 탁월한 운동 효과를 보려면 '먹으면서 훈련하는 데 집중'하는 편이 훨씬 생산적이라는 사실을 깨달았다. 하나는 미美를 위한 방법이고 다른 하나는 건강을 위한 것이다. 전자에는 명확한 목표가 없을 수도 있지만 후자는 항상 목표를 갖고 있다.

누구나 연습해야 하는 3가지 동작

① 제퍼슨 컬(Jefferson Curl, J-컬)

② 어깨 관절 펴기: 나무 봉dowel을 등 뒤쪽으로 들어올리거나(선 자세에서), 바닥에 앉아서 양손을 엉덩이 뒤쪽에서 걷듯이 움직인다.

③ 흉곽 브리지thoracic bridge: 허리가 아니라, 등 위쪽과 어깨가 잔뜩 늘어난 게 느껴질 정도로 양발을 높이 들어올린다. 양발이 바닥에서 거의 1미터 가까이 떠 있어야 한다. 양팔(가능하다면 다리도)을 곧게 펴고 자세를 유지하면서 호흡하는 데 집중한다.

체조 선수가 아닌 일반인에게 적합한 목표

다음의 목표는 힘과 가동성의 다양한 측면들을 단일한 동작으로 결합시킨 것들이다.

초급: J-컬

중급: 스트래들 물구나무서기(나도 이 동작을 연습 중이다)

고급: 슈탈더 물구나무서기

짐내스트 스트롱

크리스토퍼 소머 코치가 만든 운동 계획인 '짐내스트 스트롱'은 특이하면서도 효과적인 체중 운동이다. 그의 운동 계획을 따른 지 8주도 채 안 되어, 내가 거의 포기하다시피 했던 부분들이 믿기 어려울 정도로 나아진 것을 알아차렸다. 지금부터 내가 좋아하는 짐내스트 스트롱의 몇 가지 동작을 소개한다. 이를 직접 해보면 체조 선수들은 당신이 자신에게 있는지조차도 몰랐던 근육들을 사용한다는 사실을 금세 깨닫게 될 것이다.

QL 워크^{walk} : 특이한 준비 운동

소머 코치는 바벨 들어올리기 전문가인 도니 톰슨**Donnie Thompson**이 고안한 이 운동을 빌려왔는데, 톰슨은 이걸 '엉덩이 걷기'라고 부른다. 도니 톰슨은 총 1,360킬로그램 이상의 바벨을 들어올린(벤치 프레스 + 데드리프트 + 쪼그려 앉아서 들어올리기) 최초의 인물이다. QL 워크는 둔근과 요방형근(quadratus lumborum, QL)을 활성화하기 위한 것인데, 도니 톰슨은 요방형근을 가리켜 '우리 허리에 있는 성난 트롤'이라고 부른다.

① 매트 위에 앉는다(엉덩이를 햄버거용 다진 고기처럼 만들고 싶다면 자갈 위에 앉아도 무방하다). 다리를 앞으로 쭉 뻗는데, 이때 양 발목은 서로 닿거나 약간 떨어진 정도가 되고 등은 꼿꼿하게 세운다. 나는 항상 다리를 붙이고 앉는다. 이걸 '파이크^{pike}' 자세라

고도 한다.

② 케틀벨이나 아령을 쇄골 높이까지 들어올린다(프런트 스쿼트를 생각하면 된다). 체중이 77킬로그램인 나는 13~27킬로그램짜리 기구를 사용한다. 그리고 대개 케틀벨의 '뿔' 부분을 잡고 들어올리지만, 도니 톰슨은 손바닥 위에 기구를 놓고 아래에서 떠받치는 걸 선호한다.

③ 다리를 곧게 편 상태(무릎이 구부러지면 안 된다)에서 엉덩이로 걸어―왼쪽, 오른쪽, 왼쪽, 오른쪽―바닥을 가로지른다. 나는 대개 3~5미터 정도를 그런 식으로 이동한다.

④ 이제 방향을 바꿔 뒤쪽으로 3~5미터 정도 이동한다. 그게 끝이다.

제퍼슨 컬(J-컬)

이 동작은 아주 조심스럽게 천천히 몸을 구부리는 스티프 레그드 데드리프트stiff-legged deadlift라고 생각하면 된다. 소머 코치는 말한다. "천천히 끈기 있게 진행해야 한다. 서두르는 건 금물이다. 이렇게 부하를 이용한 가동성 운동을 할 때는 너무 무리하거나, 지나치게 여러 번 반복하거나, 관절 가동 범위를 억지로 늘리려고 해서는 안 된다. 여기에는 부드럽고 제어된 동작이 어울린다."

최종 목표는 자기 몸무게만큼 들어올리는 것이지만 처음 시작할 때는 7킬로그램짜리를 사용한다. 나도 현재 23~27킬로그램 정도만 사용하고 있다. 이 동작은 흉곽 또는 등 가운데 부분의 가동성을 높이는 데 기적 같은 효과를 안겨주는 동시에 파이크 자세에서 햄스트링의 유연성이 증가하도록 도와준다. 소머 코치에게 이 동작을 얼마나 자주 해야 하느냐고 묻자, "우리는 숨 쉬는 것처럼 늘 한다"고 말했다. 다시 말해, 적어도 주된 운동을 시작할 때면 항상 J-컬을 준비운동으로 삼아야 한다는 얘기다.

① 먼저 똑바로 서서 다리를 고정시키고 양팔을 어깨 너비로 벌려서 바를 허리 높이까지 든다(그림 A). 데드리프트의 상위 자세를 생각하면 된다.

② 턱을 가슴 쪽으로 단단히 밀어 넣고(이 동작을 하는 내내 턱을 가슴에 붙이고 있어야 한다) 천천히 몸을 구부리는데, 이때 목부터 시작해 아래쪽으로 내려가면서 한 번에 등골뼈를 하나씩 구부리는 기분으로 해야 한다(그림 B). 팔은 계속 쭉 뻗은 상태를 유지하고 바는 다리 가까이에 있어야 한다. 더 이상 팔을 뻗을 수 없는 지점에 도달할 때까지 계속해서 몸을 구부린다. 몸이 더 유연해지면 상자 위에 올라가서 이 동작을 하는데(나는 로그 플리오Rogue plyo 상자를 이용한다), 손목이 발가락을 지나 더 아래까지 내려가는 걸 목표로 삼아보자. 다리는 가급적 바닥과 직각을 이루어야 하며, 머리가 허리 아래로 내려가기 전까지는 엉덩이를

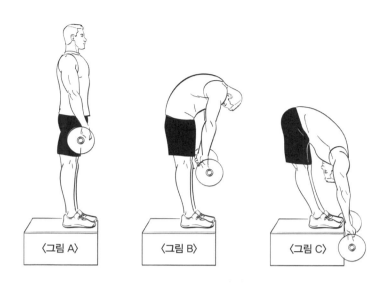

| 〈그림 A〉 | 〈그림 B〉 | 〈그림 C〉 |

내밀지 않도록 애써보자.

③ 등골뼈를 한 번에 하나씩 펴는 느낌으로 천천히 몸을 일으킨다.
이때 턱을 마지막에 들어올려야 한다(그림 C). 여기까지가 한 세
트다. 이 동작을 총 5~10회 반복한다.

RTO^{Ring Turn Out} 딥스

RTO^Ring Turn Out^ 딥스

당신은 일반 딥스(dips, 대흉근의 하부를 발달시키는 데 효과적인 운동)를
10~20개쯤 할 수 있단 말인가? 정말 대단하다. 그렇다면 이제 링을
잡고 제대로 턴아웃시킨 상태에서('지탱 자세') 딥스 동작을 천천히 5번
하는 걸 도전해보자. 손가락 관절이 정점에서 10시와 2시 방향을 가

리킨다고 상상하면 된다. 파이킹(엉덩이를 구부리는 것)이나 몸통을 앞으로 구부리는 일 없이 이 동작을 해야 한다. 그러려면 위쪽에 있을 때는 상완신근이 아주 열심히 일을 해줘야 하고 아래로 내려갈 때는 어깨 근육이 충분히 확장되어야 하는데, 나로서는 아직 감당이 안 되는 자세다. 처음에는 날 저주하겠지만 8주 뒤에는 고마워하게 될 것이다. 일반 딥스를 15개 정도 하지 못한다면, RTO 자세로 팔굽혀 펴기를 하는 것부터 시작하는 것도 한 방법이다. 팔굽혀 펴기를 할 때는 캐스트 월 워크cast wall walk부터 시작해서 할로우  자세와 연장 자세protracted position를 이용해야 한다.

힌지 로우Hinge Rows

물구나무서기와 체조의 거의 모든 동작에 사용되는 승모근 중앙부와 외측 회전근의 부상 위험을 낮출 수 있는 매우 좋은 운동이다. 관에 드러누운 드라큘라처럼 벌떡 일어난 뒤 이두근 포즈를 취하는 모습을 머릿속에 그려보자. 주의: 양손으로 계속 링을 잡고 있어야 한다. 힌지 로우를 20회 반복할 수 있다면 구글에서 '랫 플라이lat fly'를 검색해서 그 동작으로 한 단계 더 나아가 본다.

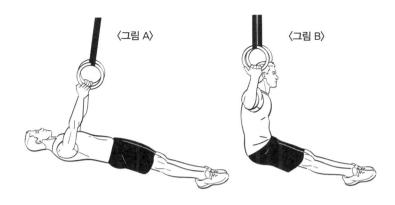

〈그림 A〉　〈그림 B〉

① 링 한 쌍을 당신이 바닥에 앉았을 때 머리 위 30센티미터 높이
에 오도록 설치한다.

② 바닥에 앉아서 링을 잡는다. 발뒤꿈치를 바닥에 붙이고 똑바로
누운 자세에서 팔을 곧게 뻗어 엉덩이를 바닥에서 들어올린다.
자신의 몸(머리부터 발뒤꿈치까지)이 완벽하게 일직선이 되도록
해야 한다(그림 A).

③ 머리가 링 사이에 위치할 때까지 몸을 일으켜 앉아서(파이크) 이
두근 포즈를 취한다. 이때 허리와 팔꿈치의 구부러진 부분이
90도 각도를 이뤄야 한다(그림 B).

④ 몸을 천천히 다시 뒤로 눕힌다. 5~15회 반복한다.

후방 지지 자세로 'Ag 워크walk'

이 동작은 매우 효과적이며 대부분의 사람들에게 잠들어 있던 신체를 깨우는 결정적인 역할을 한다. 99퍼센트의 사람들은 이 중요한 자세를 취하면서 자신의 어깨 유연성이나 힘이 형편없다는 사실을 깨닫게 될 것이다. 구글에서 'Ag walk'를 검색하면 쉽게 연습 동영상을 찾을 수 있으니 참고하라.

① 가구 슬라이더furniture sliders를 몇 개 준비한다. 컵 받침처럼 생긴 이 물건은 원래 가구를 옮길 때 바닥에 흠집이 나지 않게 하려고 쓰는 것이다.

② 바닥에 파이크 자세로 앉아서 발뒤꿈치를 가구 슬라이더 위에 올려놓는다(요샌 여행을 가서도 운동을 하려고 이걸 항상 갖고 다닌다).

③ 양손으로 엉덩이 옆의 바닥을 짚고—팔은 곧게 뻗은 채로—엉덩이를 바닥에서 들어올린다. 힌지 로우를 할 때처럼, 어깨부터 발뒤꿈치까지 몸 전체가 완벽한 직선을 이루도록 한다.

④ 쉬운가? 이제 손을 이용해 앞으로 걸으면서 양발로 바닥을 민다. 이 동작은 앞으로도 할 수 있고 뒤로도 할 수 있다. 5분 동안 계속 움직이는 걸 목표로 삼되, 처음에는 60초 정도만 해도 된다(왜 그러는지 두고 보면 알 것이다). 프로의 비결: 호텔 복도에서

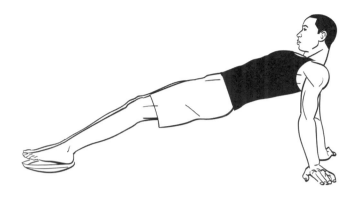

새벽 2시에 이 운동을 하면 사람들을 기겁하게 만들 수 있다.

파이크 펄스 Pike Pulses

얼뜨기 친구들 가운데 한 명이 내 GST 운동을 보고 비웃기에 그들에게 이 동작을 해보라고 했다. 그러자 다들 고개를 절레절레 흔들면서 당황스러운 목소리로 "빌어먹을!"이라고 외쳤다.

① 바닥 중앙부에 파이크 자세로 앉는다. 발가락을 꼿꼿이 세우고 무릎은 계속 움직이지 말아야 한다.

② 손으로 바닥을 걸어 최대한 발 가까이까지(발을 지나가도 괜찮음) 다가간다.

③ 이제 발뒤꿈치를 2.5~10센티미터 정도 들어올리는데, 여기까

지가 한 세트 또는 '펄스'
다. 아마도 당신은 이 동작
을 하는 게 아예 불가능해
서 마치 얼음 조각상이 된
듯한 기분이 들 것이다. 다
시 손을 뒤로 움직여서 양
손이 엉덩이와 무릎의 중간 지점에 오게 한다. 자신의 현 상태
를 확인한 뒤 15~20펄스쯤 버틸 수 있을 정도까지만 손을 앞으
로 움직인다.

이 동작을 정말 잘 해냈다면, 이제 허리를 벽에 밀착시킨 상태로
다시 해보자. 어떤 일이 벌어지는가?! 미안하지만, 지금까지 당신은
실제로 리듬을 탄 게 아니고 아기 요람처럼 앞뒤로 몸을 흔들기만 했
던 것이다. 벽에 몸을 대고 하면 스스로에게 정직해질 수 있다.

캐스트 월 워크 Cast Wall Walk

지금까지 체조를 해본 적이 없다면 이 동작이 재미있을 수도 있고 아
주 끔찍하게 느껴질 수도 있다. 나는 운동을 끝마칠 때 이 동작을 하
는데, 당신도 나처럼 하길 바란다. 왜냐하면 이걸 한 다음에는 아무
것도 할 수 없는 상태가 되기 때문이다. 먼저 당신이 유지해야 하는
자세들을 정의해보자.

몸통 '할로우hollow': 의자에 앉아서 등을 곧게 펴고 양손은 무릎 위에 올린다. 이제 흉골(가슴뼈)을 배꼽 쪽으로 구부리면서, 배에 힘을 줘 잔뜩 수축시켜서 몸통이 7~10센티미터 정도 '짧아지게' 한다. 운동을 하는 동안에는 계속 이 자세를 유지해야 한다. 등 아래 부분을 구부리거나 몸을 축 늘어뜨리면 안 된다.

어깨 '연장protracted': 위의 방법에 따라 몸통 '할로우' 자세를 유지한다. 이제 전신주를 끌어안고 있는 척해보자. 어깨가 가슴 앞으로 나오고 흉골은 확실하게 끌어들인다. 양팔을 똑바로 펴고 이 자세를 유지한다. 그런 다음, 앞서 언급한 자세를 전혀 흐트리지 않은 채로 양팔을 머리 위로 최대한 높이 들어올린다. 아주 잘했다. 이제 운동을 시작할 수 있다.

① 벽을 이용해 물구나무서기 자세를 취해서 코가 벽을 향하게 한다(그림 A).

② 몸 전체가 일직선을 유지한 채 손으로 천천히 걸으면서 그와 동시에 발은 벽을 타고 내려온다(그림 B). 무릎을 곧게 펴고 발목을 이용해서 걷는다. 걸음을 아주 작게 떼야 한다.

③ 아래까지 다 내려와서 발이 바닥에 닿으면 옆

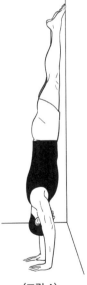

〈그림 A〉

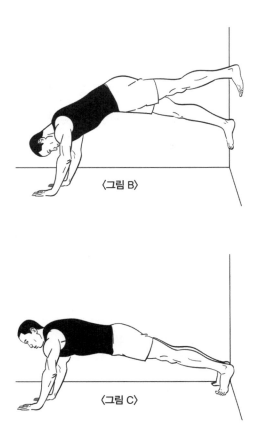

〈그림 B〉

〈그림 C〉

드려 '팔굽혀 펴기' 자세를 취하게 된다(그림 C). 할로우와 연장

자세를 최대한 유지할 수 있도록 폼을 교정한다.

④ 이번에는 반대로 벽을 타고 올라가서 아까와 같은 물구나무서

기 자세로 돌아간다. 이게 한 세트다.

목표는 10세트지만 너무 무리하지 말고 근육이 탈진되기 몇 세트 전에 중단해야 한다. 그렇지 않으면 중력이 당신의 납작한 머리에 일격을 가해 얼굴에 재난이 닥치게 된다.

옮긴이

박선령

세종대 영문과를 졸업하고 출판번역 에이전시 베네트렌스에서 활발한 활동을 펼치고 있다.
세상 곳곳에 숨어 있는 좋은 책들을 국내 독자들에게 발굴, 소개하는 데 주력하고 있다.

정지현

현재 미국에 거주하면서 베네트랜스에서 번역가로 일하고 있다.
몸은 정적이고 머리는 동적인 이 작업을 사랑하는 그녀는 오늘도 즐거운 고민을 하면서 글을 옮긴다.

타이탄의 도구들

1판 1쇄 발행 2017년 4월 3일
4판 15쇄 발행 2024년 9월 25일

지은이 팀 페리스
옮긴이 박선령 정지현
발행인 오영진 김진갑
발행처 토네이도미디어그룹(주)

기획편집 박수진 박민희 유인경 박은화
디자인팀 안윤민 김현주 강재준
마케팅팀 박시현 박준서 김예은 김수연
경영지원 이혜선

출판등록 2006년 1월 11일 제313-2006-15호
주소 서울시 마포구 월드컵북로5가길 12 서교빌딩 2층
원고 투고 및 독자 문의 midnightbookstore@naver.com
전화 02-332-3310 팩스 02-332-7741
블로그 blog.naver.com/midnightbookstore
페이스북 www.facebook.com/tornadobook

ISBN 979-11-5851-061-9 03190

이 도서의 국립중앙도서관 출판예정도서목록(CIP)은 서지정보유통지원시스템 홈페이지
(http://seoji.nl.go.kr)와 국가자료공동목록시스템(http://www.nl.go.kr/kolisnet)에서
이용하실 수 있습니다. (CIP제어번호: CIP2017004854)